CONSTITUCIONALISMO BRASILEIRO EM PRETUGUÊS

TRABALHADORAS DOMÉSTICAS E LUTAS POR DIREITOS

CB010423

Catalogação na Fonte
Elaborado por: Dayanne Leal Souza
Bibliotecária CRB 9/2162

L864c
2024
	Lopes, Juliana Araújo
	     Constitucionalismo brasileiro em pretuguês: trabalhadoras domésticas e
	lutas por direitos / Juliana Araújo Lopes. – 1. ed. – Curitiba: Appris, 2024.
	     237 p. : il. color. ; 23 cm. – (Coleção Direito e Constituição).
	
	     Inclui referências.
	     ISBN 978-65-250-6521-2
	
	     1. Constitucionalismo brasileiro. 2. Trabalhadoras domésticas.
	3. Pretuguês. I. Lopes, Juliana Araújo. II. Título. III. Série.
	
	                                                                      CDD – 331.4

Livro de acordo com a normalização técnica da ABNT

Appris editora

Editora e Livraria Appris Ltda.
Av. Manoel Ribas, 2265 – Mercês
Curitiba/PR – CEP: 80810-002
Tel. (41) 3156 - 4731
www.editoraappris.com.br

Printed in Brazil
Impresso no Brasil

Juliana Araújo Lopes

CONSTITUCIONALISMO BRASILEIRO EM PRETUGUÊS

TRABALHADORAS DOMÉSTICAS E LUTAS POR DIREITOS

Appris editora

Curitiba, PR
2024

FICHA TÉCNICA

O colonialismo é uma ferida que nunca foi tratada.
Uma ferida que dói sempre, por vezes infecta, e outras vezes sangra.

(Grada Kilomba)

AGRADECIMENTOS

Escrever este livro foi muito doido. Habitar este corpo nos corredores da Faculdade de Direito da UnB é um eterno atar as pontas entre parecer que este não é o meu lugar e fazer todo o sentido estar aqui, sem nunca achar um lugar muito confortável, e é bom que seja assim. Agradeço primeiramente à minha família, aos que pude conhecer e àqueles que vieram antes de nós, sobretudo aos meus pais, Antônia e Agostinho, pelo suporte à minha educação, e à Cris, por dividir a jornada interior. À Maria, pelo cuidado e aprendizado. À família que eu escolhi e que me escolheu, especialmente Manu, Helô e Raissa, pelo apoio na escrita, Lady, Najara, Íris e Isa, pelas trocas no curso da pesquisa, e a minha companheira, Mariana, por compartilhar comigo a beleza da existência, ajudar na pesquisa e encorajar a publicação.

Ao Núcleo de Estudos de Cultura Jurídica e Atlântico Negro (Maré), pela ousadia e o brilhantismo desse laboratório de pedagogia jurídica anticolonial, especialmente nas pessoas de Marcos, Rodrigo, Fernanda, Bruna, Emília, Iago e Laysi. Este trabalho foi gestado coletivamente com vocês. Ao Grupo de Estudos de Mulheres Negras da UnB, nas pessoas de Taís, Bruna e Raissa, pela magia de juntar mulheres negras no interior da universidade. Mais que um produto ou mérito individual, a educação com vocês é uma experiencia erótica e de uso criativo da raiva, o sonho coletivo do movimento negro e de nossas ancestrais. Agradeço ainda à Ana Laura, pelas trocas profundas sobre os temas que atravessam estas páginas.

Agradeço aos professores Menelick, Evandro, Uã e Joaze, pelas contribuições na formação do mestrado, e à Ana Luiza e Thula, por integrarem a banca da dissertação que deu origem ao livro e por muito mais. Tem muito de vocês neste trabalho. Ao Programa de Pós-Graduação em Direito da UnB, na pessoa da servidora Euzilene, à Coordenação de Aperfeiçoamento de Pessoal de Ensino Superior (Capes), pelo financiamento da pesquisa, e à Fundação de Apoio à Pesquisa do Distrito Federal (FAP/DF), por viabilizar a visita técnica na Universidade Nacional da Colômbia.

Agradeço às Promotoras Legais Populares do Distrito Federal, sobretudo à Turma Marielle Franco, formada em São Sebastião, em 2018, por me reaproximar do feminismo e da extensão na pós-graduação, nas pessoas de Nara e Clarissa. Agradeço à Federação Nacional de Trabalhadoras Domésticas (FENATRAD), nas pessoas de Laísa e Creuza Maria, sobretudo Creuza, por dividir um pouco de seu tempo e de sua vida na entrevista concedida para a pesquisa. Agradeço à Raquel, pela linda e precisa arte da capa. E agradeço finalmente aos (nem sempre) invisíveis que me acompanham, protegem e guiam.

NOTA SOBRE A MÚSICA

Este não é um livro sobre música, mas é um trabalho que bebe, de um jeito ou de outro, da teorização de Paul Gilroy (2012) sobre a diáspora africana, que vê na música um espaço de elaboração de reivindicações normativas e testemunhos históricos da trajetória coletiva de pessoas negras, para além da esfera pública dos senhores de escravos, diante dos padrões extremos de comunicação no sistema escravista; e das aulas da disciplina Direito e Relações Raciais ofertada pelo Núcleo de Estudos em Cultura Jurídica e Atlântico Negro (Maré), na Faculdade de Direito da UnB, que foram embaladas pelas ondas sonoras das expressividades negras. Ao final de cada capítulo, você encontrará um QR Code que te direcionará a uma *playlist* num aplicativo de reprodução de áudio. Aponte a câmera do celular, abra o link e se jogue.

NOTA SOBRE A CAPA

A colagem que ilustra a capa do livro é de autoria da artista, arquiteta e urbanista Raquel de Araújo Freire. Raquel é formada pela Faculdade de Arquitetura da Universidade de Brasília (FAU/UnB) e foi mais ou menos contemporânea à minha própria passagem por lá. Integrante do Calunga, coletivo de arquitetos negros nomeado em homenagem à comunidade quilombola Kalunga do estado de Goiás, e do coletivo Arquitetas Invisíveis, ação de igualdade de gênero na arquitetura, Raquel conduziu sua própria pesquisa sobre memória e territórios negros de Ceilândia/DF. Colagens semelhantes às da capa deste livro vêm dessa pesquisa. Procurei Raquel para a realização desse trabalho, e ao longo de alguns meses de diálogo, ela chegou neste belíssimo resultado. Na introdução do projeto, ela explica:

Uma senhora
Com a Constituição em mãos.
Caminhando, sob pesados passos, em direção a um Congresso Nacional ainda em construção,
Erguido sobre a areia movediça que floresce, sob os passos que anunciam a chegada da anciã.
Entre os passos da senhora, diferentes gerações. Figuras femininas. Entre todas, um sentimento de aguardo.
Em espera.
Do que exatamente? O retorno da anciã, uma vitória, uma mudança?
Nem o tempo é determinável.
Observando o quadro, não se sabe se chegaram após os caminhares da cansada senhora, ou se perduraram tempos antes... fossem segundos, ou até mesmo anos (Freire, 2022).

APRESENTAÇÃO

Fogo no constitucionalismo da casa-grande

No ano de 2015, quando as estudantes negras lutavam pela implementação de ações afirmativas no Programa de Pós-Graduação em Direito da Universidade de Brasília, Juliana Lopes, ainda graduanda, escreveu o poema *Eu-cotista*. Os versos retratavam o clima da época: a disputa pelas cotas no mestrado e no doutorado não se referia apenas à reserva de vagas para estudantes negros, negras e indígenas. Ao desafiar o *delírio da cordialidade das raças* e as *falácias liberais*, encarnados no *panteão de homens brancos* baluartes da suposta *excelência acadêmica*, a reivindicação estudantil expressava a batalha por outro projeto de universidade, assentado em novas bases epistêmicas. Com sua acidez irônica e mordaz, Juliana desvelava o racismo por trás dos discursos de neutralidade e universalidade, que sempre conviveram muito bem com a violência, a exclusão e a ausência de pluralismo no fazer científico: *respeitem aquilo que digo, porque digo com a propriedade do objeto que tomou pra si o microscópio.*

A autora é forjada e parte dessas lutas, que desaguam no presente livro. A presença de estudantes negras no ensino superior produziu novos questionamentos e agendas de pesquisa. Não se trata apenas de quebrar o silêncio sobre o racismo, mas também de se perguntar como os pressupostos das ciências sociais são atravessados pela desumanização da população negra. No campo do direito e, particularmente, do constitucionalismo, enfrenta-se a hegemonia da narrativa eurocêntrica e consular, protagonizada por homens brancos, que tem como pano de fundo a visão de que o povo brasileiro jamais foi sujeito da sua própria história. Diante de uma "massa" passiva e sem cultura cívica, que assiste *bestializada* a política passar, os direitos não teriam sido conquistados, mas dados de cima para baixo, como meras concessões simbólicas. O circuito fechado está montado: a maioria do país é tratada como subcidadã porque nunca aprendeu verdadeiramente a se comportar como cidadã.

Constitucionalismo brasileiro em pretuguês se insurge contra essa epistemologia senhorial colocando no centro do palco jurídico a luta das trabalhadoras domésticas. Para executar esse movimento, Juliana repisa o campo do direito constitucional a partir de três gestos. O primeiro é se somar aos esforços de releitura do sentido de constituição à luz dos sujeitos ocultados pela história do direito. Particularmente, em relação ao projeto de 1988, trata-se de entendê-lo como fruto das contradições empreendidas por uma diversidade de atores sociais, entre eles o movimento negro, os quilombos, os povos indígenas e as trabalhadoras domésticas. Lutas que não começaram no cenário da Assembleia de 1987-88, lutas que não se encerram com o texto ali aprovado. Como bem aponta a entrevista de Creuza Maria Oliveira, a Constituição é uma potência – disputada, realizada e interpretada nos embates cotidianos.

O segundo gesto é mergulhar na tradição do pensamento negro para interpelar a relação entre história, nação e direito. O *pretuguês* de Lélia González é arma de desmonte das prisões de gênero, raça e classe que confinam mulheres negras em imagens de submissão, objetos do desejo escravista da branquidade. Como Juliana aponta, essas representações possuem uma função estratégica, pois consubstanciam uma forma de operar o direito e as instituições do Estado. Ao retratar de forma idílica a classe dominante brasileira, o liberalismo paternalista da casa-grande busca excluir a população negra da esfera da cidadania. A ladainha dos senhores bondosos com os escravizados é atualizada em discursos que buscam diluir as fronteiras entre patrões e empregados. Mais do que isso: no Brasil, além de estar contente com sua situação, o trabalhador supostamente teria mais direitos que qualquer um. No caso das trabalhadoras domésticas, esse discurso foi historicamente sedimentado na ideia de que elas eram *quase da família.*

Na Constituinte, esse discurso foi prontamente respondido: *não queremos ser da família, queremos direitos!* No diálogo com essas lutas aparece a terceira grande contribuição do livro. Juliana evidencia a permanência do patriarcado senhorial no discurso jurídico. Ele está presente nos manuais de direito, na doutrina, no saber autorizado, no senso comum da branquidade reproduzido por professores em salas de aula, nas homenagens e estátuas a enfeiar jardins, corredores e teatros de faculdades e tribunais. Novamente, o padrão é os silêncios sobre o racismo, a visão de direitos como concessão e o estabelecimento do homem branco como interlocutor privilegiado. Formas práticas de dar sobrevida ao mundo póstumo da escravidão.

Nascido das lutas de uma geração que desafiou os dogmas da branquidade na academia, *Constitucionalismo brasileiro em pretuguês* é uma obra fundamental para seguirmos avançando. Pois são com as nossas próprias ferramentas que destruiremos o mundo dos senhores.

Marcos Queiroz
Professor no Instituto Brasileiro de Ensino, Desenvolvimento e Pesquisa (IDP)

PREFÁCIO

Constitucionalismo e Democracia em pretuguês

Juliana Araújo é uma pesquisadora, intelectual e professora negra da nova geração que segue com muito respeito e responsabilidade o legado deixado pelas mulheres que nos fizeram possibilidade. Sabe respeitar o segredo, mas confronta o silenciamento. Transita por lugares inimagináveis para muitas de nós, mas sabe que o chão sobre o qual aprendeu a andar é o que pode lhe sustentar. Segue os rastros, conselhos e sussurros das que luta(ra)m por liberdade e se põe a cavucar e catimbar novas rotas que nos levem ao bem viver.

O seu livro *Constitucionalismo brasileiro em pretuguês: trabalhadoras domésticas e lutas por direitos* nos traz tudo isso! O que mais me fascina no livro é que ele deriva de mulheres extremamente engenhosas, dotadas de uma habilidade política tão sofisticada que boa parte da população brasileira sequer as considera como sujeitas políticas. Sabemos que o racismo e o sexismo respondem por parte dessa incapacidade da sociedade brasileira de perceber nelas uma existência plena e, consequentemente, sua atuação política. Mas a forma como são capazes de, diante do terror racial e sexual, entrar nos recônditos das casas grandes e de lá desenvolver estratégias de sobrevivência para toda uma comunidade é efetivamente fascinante.

São elas, as trabalhadoras domésticas, as mulheres que sustenta(ra)m econômica, cultural e afetivamente as comunidades negras especialmente, mas toda sociedade brasileira em grande medida. Lélia Gonzalez nos alertou para o fato de que foram elas que passaram os valores, ensinaram a falar, a cantar, a andar, a brincar, deram de comer ao imaginário da cultura brasileira, cuja língua é o pretuguês. Lenira de Carvalho afirmou na constituinte:

> [...] nós, domésticas, também votamos. Trabalhamos e fazemos parte deste País, [...]. E achamos que, numa hora em que há uma Constituinte, uma nova Constituição para fazer, acreditamos, temos a esperança de que vamos fazer parte dessa Constituição. Não acreditamos que façam uma nova Constituição sem que seja reconhecido o direito de 3 milhões de trabalhadores deste País. Se isso acontecer, achamos que, no Brasil, não há nada de democracia (ANC, 1987a, p. 189).

Juliana Araújo vem nos lembrar que o movimento de trabalhadoras domésticas produz uma contranarrativa da memória oficial da nação. Assim se faz o constitucionalismo em pretuguês, sustentado nas resistências e lutas por direitos das domésticas, confrontando as hierarquizações de humanidade que forjaram o Estado brasileiro, conformaram as relações nas zonas rurais e instituíram as dinâmicas que possibilitaram a urbanização.

Diante da importância política dessas mulheres, como é que elas não aparecem como sujeitos centrais das discussões sobre Teoria do Estado, Filosofia Política e Direito Constitucional? O racismo e o sexismo da cultura constitucional e política brasileira também vão indicar a resposta a essa pergunta. Mas a questão permanece e precisa ser reposicionada.

O que Juliana Araújo nos oferece é a possibilidade de tomar as categorias trabalho, família e democracia, atravessadas decisivamente pela herança colonial-escravista, como ponto de orientação da memória constitucional, dos sujeitos constitucionais, dos fatores reais de poder, do poder constituinte. E só se pode fazer isso tendo as trabalhadoras domésticas como centro. Se o emprego doméstico, em si, não esgota a intricada relação entre racismo, sexismo, trabalho e poder, é por meio dele que se pode expor o pacto narcísico que favorece pessoas brancas e reitera a exclusão de pessoas negras em contextos intersubjetivos e institucionais.

O livro exalta os infinitos, os oitos dos oitenta e oito dos mil e oitocentos e dos mil e novecentos que misturam "Ecos do absurdo, numa experiência continuada de negação de cidadania que atravessou décadas e séculos, entre Império e República, ditadura e democracia, exceção e regra, atualizando-se cotidiana e perversamente sobre os corpos de mulheres negras por muitas e muitas gerações".

Organizando nossa resistência cotidiana ou organizadas em associações, elas participaram ativamente da luta política nacional pela afirmação de direitos a todas as pessoas, ainda que sigam sendo a categoria preterida pelas garantias trabalhistas e a que mais caracteriza a escravização contemporânea, seja nos lares da tradicional família brasileira, seja nos serviços de limpeza, nas cozinhas e copas das mais distintas instituições.

Na Constituinte, durante a tramitação da PEC 66/2012, da lei complementar 150/2015, da lei 13.467/2017 e nos desafios posteriores, as trabalhadoras domésticas enfrenta(ra)m os interditos impostos por patrões e patroas preocupados com a preservação de seus privilégios e com a manutenção da lógica da servidão. A divisão racial e sexual do trabalho que afeta toda a população, toma a precarização do emprego doméstico como fórmula para renovação da relação entre racismo, patriarcado e autoritarismo. É esse o constitucionalismo que pode fortalecer a democracia brasileira!

Thula Pires
Professora de Direito Constitucional da PUC-Rio

LISTA DE SIGLAS E ABREVIATURAS

ADPF	Ação de Descumprimento de Preceito Fundamental
AI	Ato Institucional
ANC	Assembleia Nacional Constituinte
APED	Associação Profissional de Empregadas Domésticas
Arena	Aliança Renovadora Nacional
Capes	Coordenação de Aperfeiçoamento de Pessoal de Ensino Superior
CEERT	Centro de Estudos das Relações de Trabalho e Desigualdades
Cepe	Conselho de Ensino, Pesquisa e Extensão e do
Cespe	Centro de Promoção de Eventos da UnB relativos
Cfemea	Centro Feminista de Estudos e Assessoria
CLS	*Critical Legal Studies*
CLT	Consolidação das Leis do Trabalho
CNBB	Confederação Nacional dos Bispos do Brasil
CNDM	Conselho Nacional dos Direitos das Mulheres
CNV	Comissão Nacional da Verdade
Conapir	Conferência Nacional de Promoção da Igualdade Racial
CTPS	Carteira de Trabalho e Previdência Social
CUT	Central Única dos Trabalhadores
DEM	Partido Democratas
EC	Emenda Constitucional
Enajun	Encontro Nacional de Juízas e Juízes Negros
EUA	Estados Unidos da América

FAP/DF	Fundação de Apoio à Pesquisa do Distrito Federal
FD/UnB	Faculdade de Direito da UnB
FDUFBA	Faculdade de Direito da Universidade Federal da Bahia
FDUSP	Faculdade de Direito da Universidade de São Paulo
FDV	Faculdade de Direito de Vitória
Fenatrad	Federação Nacional de Trabalhadoras Domésticas
FGTS	Fundo de Garantia por Tempo de Serviço
FGV	Fundação Getúlio Vargas
Funabem	Fundação Nacional do Bem Estar do Menor
HC	*Habeas Corpus*
Ipea	Instituto de Pesquisa Econômica Aplicada
JOC	Juventude Operária Católica
LC	Lei Complementar
LGBT	Lésbicas, Gays, Bissexuais, Transsexuais e Travestis
MDB	Movimento Democrático Brasileiro
MNU	Movimento Negro Unificado
PCB	Partido Comunista Brasileiro
PCdoB	Partido Comunista do Brasil
PDC	Partido Democrata Cristão
PDRR	Programa Direito e Relações Raciais
PDS	Partido Democrático Social
PDT	Partido Democrático Trabalhista
PEC	Proposta de Emenda à Constituição
PFL	Partido Frente Liberal
PL	Partido Liberal

PMB	Partido da Mulher Brasileira
PMDB	Partido Movimento Democrático Brasileiro
Pnad	Pesquisa Nacional por Amostras de Domicílio
PPGD/UnB	Programa de Pós-Graduação em Direito da Universidade de Brasília
PSB	Partido Socialista Brasileiro
PT	Partido dos Trabalhadores
PTB	Partido Trabalhista Brasileiro
PUC-Rio	Pontifícia Universidade Católica do Rio de Janeiro
SAM	Serviço de Assistência ao Menor
SBPC	Sociedade Brasileira para o Progresso da Ciência
Sesc	Serviço Social do Comércio
STF	Supremo Tribunal Federal
TCR	Teoria Crítica da Raça
TJDFT	Tribunal de Justiça do Distrito Federal e Territórios
TRT	Tribunal Regional do Trabalho
TST	Tribunal Superior do Trabalho
UERJ	Universidade Estadual do Rio de Janeiro
UFBA	Universidade Federal de São Paulo
UFMG	Universidade Federal de Minas Gerais
UFRJ	Universidade Federal do Rio de Janeiro
Ufsc	Universidade Federal de Santa Catarina
UnB	Universidade de Brasília
Unesco	*United Nations Educational, Scientific and Cultural Organization*
USP	Universidade de São Paulo

SUMÁRIO

1

PRÓLOGO. EU TAMBÉM SOU ATLÂNTICA: INTELECTUAIS NEGRAS, MEMÓRIA E TRABALHO DOMÉSTICO 27

PARTE I
TRABALHO: TRABALHADORAS DOMÉSTICAS E LUTAS POR DIREITOS

2

TRABALHO DOMÉSTICO COMO CHAVE HERMENÊUTICA DO CONSTITU-CIONALISMO BRASILEIRO 41

2.1 Catimbando a gramática constitucional: democracia racial na mira da diáspora africana 49

2.2 Constitucionalismo em pretuguês: cartografia do texto ou "nossos passos vêm de longe". 63

3

"NÃO QUEREMOS SER DA FAMÍLIA, QUEREMOS DIREITOS!": TRABALHA-DORAS DOMÉSTICAS NA ASSEMBLEIA NACIONAL CONSTITUINTE...... 73

3.1 Onde estamos pisando 78

3.1.1 Direitos fundamentais e imagens de controle 79

3.1.2 Breve contexto pré-Constituinte 82

3.1.3 Estrutura e funcionamento da ANC 85

3.2 Tramitação da proposta das domésticas na Assembleia Constituinte 89

3.2.1 Subcomissão dos Direitos dos Trabalhadores e Servidores Públicos 90

3.2.2 Comissão da Ordem Social. 94

3.2.3 Comissão de Sistematização 96

3.2.4 Plenário, Redação e Epílogo. 100

PARTE II
FAMÍLIA: INTERROGANDO O PATRIARCADO

4

QUEM PARIU AMÉFRICA? PATRIARCADO, RACIALIDADE E TRABALHO...105

5

MANUAIS JURÍDICOS SOBRE EMPREGO DOMÉSTICO...................121
5.1 Parcerias familiares.. 124
5.2 Interesse de longa duração................................... 130
5.3 Os manuais práticos 135

PARTE III
DEMOCRACIA: CONSTITUCIONALISMO EM PRETUGUÊS

6

**DIALÉTICA DO SENHOR E DA MUCAMA: AMEFRICANIZANDO A IDENTI-
DADE DO SUJEITO CONSTITUCIONAL**....................................141

7

TECENDO MEMÓRIA: ENTREVISTA COM CREUZA MARIA OLIVEIRA ...153
7.1 A entrevista... 155

8

EPÍLOGO. UM SOPRO DE ESPERANÇA 205

REFERÊNCIAS...211

PRÓLOGO. EU TAMBÉM SOU ATLÂNTICA: INTELECTUAIS NEGRAS, MEMÓRIA E TRABALHO DOMÉSTICO

> *Recordar é preciso*
> *O mar vagueia onduloso sob os meus pensamentos*
> *A memória bravia lança o leme:*
> *Recordar é preciso.*
> *O movimento vaivém nas águas-lembranças*
> *dos meus marejados olhos transborda-me a vida,*
> *salgando-me o rosto e o gosto.*
> *Sou eternamente náufraga,*
> *mas os fundos oceanos não me amedrontam*
> *e nem me imobilizam.*
> *Uma paixão profunda é a boia que me emerge.*
> *Sei que o mistério subsiste além das águas.*
> *(Conceição Evaristo)*

Em um artigo intitulado "Toni Morrison e o que nossas mães não puderam dizer"[1], publicado na revista *The New Yorker* por ocasião do falecimento da escritora estadunidense, a única mulher negra na história a receber o Prêmio Nobel de Literatura, a autora Doreen St. Félix (2019) fala ternamente de seu luto refletindo sobre a idade que Morrison tinha quando morreu: oitenta e oito anos, como dois símbolos do infinito. Crescer lendo seus livros ajudou a Doreen e outras meninas negras a navegarem o espinhoso terreno da memória.

Se ficassem perguntando às suas mães sobre suas origens, elas respondiam com irritação. Na verdade, era melhor nem perguntar. Na altura em que chegavam, quando despertavam pra entender seu lugar no mundo e na história, as matriarcas já estavam sem paciência. "Você nasceu atrasada ao mistério", ela diz. "Se atualize, mas como?"[2]. A literatura de Toni Morrison a ajudou a fazer isso, contando histórias sobre as

---

[1] Tradução nossa.
[2] Tradução nossa.

vidas de pessoas negras em toda sua complexidade e beleza, conectando gerações como uma espécie de mãe, abrindo uma janela pra vislumbrar o passado (Félix, 2019).

Entendemos as mais velhas. Esse passado também guarda muita dor. Fazer pesquisa sendo uma intelectual negra às vezes vira um pouco isso, o mergulho em si e a procura pelos registros daquelas que vieram antes de você, escritos ou não, tentando curar e entender feridas suas que também são coletivas. É também, em grande medida, saber respeitar o segredo. Transitamos por lugares em que nossas ancestrais nunca puderam estar, seguindo seus passos e seus conselhos, sussurrados em nossos ouvidos. Fazemos parte de uma longa tradição intelectual de mulheres que na maioria das vezes não tiveram acesso à educação formal, mas que produziram uma sabedoria coletiva que é aqui entendida como teoria crítica social (Collins, 2019).

A Academia é um lugar hostil às mulheres "de cor". A escritora chicana Gloria Anzaldúa (2000) diz se sentir falando em línguas no mundo dos homens brancos literatos, um outro idioma marcado pela etnia e pela classe, seu corpo moreno das plantações de tomate no fim do mundo desajustado nos corredores universitários, as mãos calejadas inadequadas para segurar a caneta. Shirley Anne Tate (2018), em diálogo com Audre Lorde, fala da raiva que sentia no departamento de estudos feministas em que dava aula no Reino Unido pelo desrespeito e silenciamento que seu trabalho sofria o tempo todo, uma raiva que não tinha nem nome pra ser expressa na língua inglesa, uma raiva compartilhada por tantas outras.

Grada Kilomba (2019), falando do seu processo de inscrição no doutorado em Psicanálise na Alemanha, conta sobre como a todo momento era exigido dos candidatos negros uma série de documentos novos, mudando a linha de chegada, o que fez vários deles desistirem. Quando chegou à fase final, a diretora do departamento tentou persuadi-la a abandonar a seleção e voltar para casa. Quando ingressou, foi interpelada pela funcionária da biblioteca que disse que o espaço era apenas para estudantes, presumindo que ela não fosse, no que apresentou seus documentos como uma carta de alforria. Sua pesquisa sobre experiências de racismo cotidiano de mulheres negras era "muito interessante", mas não era ciência.

bell hooks ia à faculdade na parte da cidade onde garotas como ela só iam pra trabalhar nas casas dos brancos. No clássico "Intelectuais negras", ela aponta que, mesmo que a educação sempre tenha sido uma demanda e um grande ato de rebeldia para as comunidades negras, uma vez que eram privadas do letramento, ela em geral é valorizada mais como um meio de mobilidade social do que pelo trabalho acadêmico em si. Ser professor é uma coisa, ajudando a elevar nosso povo por meio do ensino das crianças e jovens. Ser intelectual, com estudo demais e dinheiro de menos, já é meio esquisito e meio perigoso, sobretudo para as mulheres (hooks, 1995).

hooks fala ainda sobre como o isolamento necessário para a escrita era interditado para mulheres negras criadas para desvalorizarem ou sentirem-se culpadas pelo tempo dedicado a si, sobretudo pelo cuidado com a casa, os filhos e outras condições materiais. Fala ainda da desconfiança e descrédito com que eram tratadas por seus pares acadêmicos e sobre as inseguranças e sofrimentos psíquicos enfrentados por elas na escrita de trabalhos de conclusão de curso, questionando o valor do fazer acadêmico e sua própria capacidade como intelectuais.

A primeira versão deste prólogo foi escrita como uma homenagem à Manuela Melo, uma amiga querida que passou por esse processo e escreveu uma monografia brilhante sobre a palavra da vítima de estupro no Sistema de Justiça Criminal. Debruçada sobre o mesmo "Intelectuais negras" que marcou gerações de mulheres acadêmicas, Manu anuncia em poucas palavras que carregam o peso do mundo: "Eu tenho o que dizer, então escrevo" (Melo, 2019, p. 9), quando a universidade a convencera do contrário.

A historiadora sergipana Maria Beatriz Nascimento (2018), que teve ela mesma uma relação complicada com a universidade, falou muitas vezes do quanto a incomodava o eterno estudo sobre o escravo na academia, como se nós só tivéssemos existido dentro da nação nessa condição. Escrever traça outras possibilidades de existência para nós. Se temos sido faladas como sujas, incapazes, vulgares, servas, putas, criminosas, o lixo da sociedade brasileira, Lélia Gonzalez dá o recado: "O lixo vai falar, e numa boa" (Gonzalez, 1984, p. 225). Somos mais do que histórias tristes das quais o povo se alimenta como abutres.

Antes de lamentos pessoais de mulheres raivosas e ressentidas, esses são elementos que informam sobre a supremacia branca e masculina nos processos de produção e validação do conhecimento nas instituições de ensino superior. Celebramos a vida de pessoas que produziram contribuições fundamentais para questões que estão no centro dos nossos desafios políticos atuais e a quem tantas vezes foi relegado o esquecimento, o abandono, a loucura, o suicídio, o feminicídio, que se apresentam como fatalidades ou fracassos individuais, mas atuaram sistematicamente na supressão do pensamento das mulheres negras (Collins, 2019).

Oitenta e oito pra nós lembra outros infinitos: 1888 foi o ano em que a escravidão foi abolida no Brasil, e 1988, 100 anos depois, foi o ano da promulgação da Constituição Federal, que restituiu a democracia no país depois da ditadura militar. Entre uma data e outra, muita coisa mudou, mas muita coisa ficou. Ecos do absurdo, numa experiência continuada de negação de cidadania que atravessou décadas e séculos, entre Império e República, ditadura e democracia, exceção e regra, atualizando-se cotidiana e perversamente sobre os corpos de mulheres negras por muitas e muitas gerações.

O trabalho doméstico definitivamente faz parte desse legado, como emblema do nosso destino no mundo moderno: trabalhar, cuidar, servir.

> Falo das violações da carne, que dizem da história de um país que se consolidou na base não só dos açoites, mas também dos estupros, da dissolução dos laços familiares, da negação da infância como uma possibilidade e da velhice como um devir (Flauzina, 2019a, p. 13).

Pra usar a expressão de Beatriz, o corpo é o primeiro documento da travessia, do sequestro de África para as Américas, dos crimes da escravidão e do colonialismo (Nascimento, 2018). O corpo é, muitas vezes, o único documento, porque nossa história não está registrada. Nosso sofrimento é banalizado. Não podemos ser vítimas, não recebemos Justiça (Flauzina; Freitas, 2017). No vaivém das ondas do Atlântico Negro (Gilroy, 2012), a memória é a boia que nos emerge para resistir ao naufrágio. Recordar é preciso. Ouçam as mulheres negras.

O trabalho doméstico, apresentado como caminho único e compulsório, é, em muitos sentidos, um lugar do qual se procura fugir. "Até quando as nobres filhas de África serão forçadas a deixar que seu talento e seu pensamento sejam soterrados por montanhas de panelas e chaleiras de ferro?", questionava Maria Stewart (1831 *apud* Collins, 2019, p. 29).

Mulheres negras não são mais a maioria das trabalhadoras domésticas nos Estados Unidos, mas seguem em empregos precários relacionados à alimentação ou ao cuidado dos outros, como serventes de redes de *fast food* e cuidadoras de idosos, por exemplo. As imigrantes latinas hoje ocupam mais as fileiras da categoria (Collins, 2019), atualizando uma dinâmica de divisão internacional do trabalho que articula inevitavelmente o racismo e o sexismo. Por aqui, algumas têm migrado do emprego doméstico para os serviços de limpeza e copeiragem em empresas terceirizadas, em novas formas de organização de um trabalho muito antigo (Chaves, 2014).

Executado majoritariamente por mulheres negras oriundas de famílias de baixa renda, o trabalho doméstico no Brasil segue sendo marcado pela precarização, informalidade, discriminação e assédio. Contudo, o perfil da categoria vem se alterando nos últimos anos. Se por um lado a ampliação do acesso à educação tem dado às mais jovens a oportunidade de seguir por outro rumo, as mais velhas preenchem as fileiras da categoria numa enorme e inédita proporção[3]. Várias colegas minhas, da geração das ações afirmativas na graduação e, mais recentemente, na pós-graduação, são filhas e netas de domésticas, as primeiras da família a ingressar no ensino superior, rompendo o ciclo geracional que as confinava nessa ocupação.

O trabalho doméstico faz parte da nossa história política e intelectual (Collins, 2019). Na equação de casas grandes, senzalas e quilombos que traça as linhas tortas da história do Brasil, fora da contagem dos feitos heroicos e revolucionários, na engenhosidade dos milagres do cotidiano, essas mulheres realizaram o trabalho silencioso e inglório que nos trouxe até aqui (Evaristo, 2020; Hartman, 2016). Por isso mesmo, nas narrativas particulares de suas vidas, em seus dramas pessoais e lutas coletivas, encontramos os dilemas universais da humanidade, compartilhados "de forma contraditória e incongruente com todos os seres viventes: indivíduos e coletividades, comunidades e nações" (Pinto, 2015, p. 55).

Essa outra latitude da diáspora africana — o espalhamento de gente preta pelo mundo num navio negreiro, a separação forçada da terra-mãe, a experiência do exílio e a reinvenção e resistência dos sobreviventes

---

[3] Um estudo do Ipea publicado em 2019 registra mudanças no perfil das trabalhadoras brasileiras. Se em 1995 17% do total de mulheres ocupadas no país eram domésticas, em 2018, esse número caiu para 14,6%. Enquanto o índice de mulheres brancas em 2018 era de 10%, as mulheres negras eram 18,6%, sinalizando maior mobilidade social das brancas. Ao passo que se observa uma tendência de aumento da remuneração, também aumentou o percentual de empregadas sem carteira assinada, bem como o número de diaristas, que correspondiam então a 44% da categoria; o que aponta para uma fragilização desses vínculos laborais. A redução do número de mulheres que optam pelo emprego doméstico é atribuída ao envelhecimento das profissionais e à elevação da escolaridade, em virtude da ampliação do acesso ao ensino básico e superior. Em 1995, 46,9% das trabalhadoras eram jovens (até 29 anos), número que caiu para 13%, em 2018, ao passo que o número de adultas (de 30 a 59 anos) subiu de 50% para cerca de 80% no mesmo período e o número de idosas (60+ anos) passou de 3% para 7% (Ipea, 2019).

(Gilroy, 2012; Nascimento, 2018) — permeava uma conversa qualquer na Colina[4] depois da aula do mestrado, em que um colega fazia cuscuz, enquanto outro falava das memórias da infância no pé do fogão à lenha em Teresina, outra na beira do Marajó, a comida de mãe, as ladeiras de Salvador e uma certa planta cultivada pelo avô. Trânsitos assim, trazendo na mala bastante saudade (De volta, 1985) e cultura afrobrasileira, zigue-zagueando o mapa continental desse país, são ressaca da travessia, fluxos da fuga e da sobrevivência e a busca de um lugar seguro pra fincar raízes, o que Beatriz Nascimento chamou de transmigração.

> Eu sou Atlântica. [...] O que é a civilização africana e americana? É um grande transatlântico. Ela não é a civilização Atlântica, ela é Transatlântica.
> Foi transportado para América um tipo de vida que era africana. É a transmigração de uma cultura e de uma atitude no mundo, de um continente para outro, de África para América.
> Na medida em que havia um intercâmbio entre mercadores e africanos chefes, mercadores também, havia na relação escravos-escravos um, também, intercâmbio. E essa troca está no nível do "soul", da alma do homem escravo. Ele troca com o outro a experiência do sofrer, a experiência da perda da imagem, a experiência do exílio.
> A cultura negra que conseguiu se amalgamar com a cultura índia é realmente a cultura brasileira, uma cultura muito forte. Mas se insiste em impor como cultura o próprio termo cultura como sendo uma coisa nobre e europeia (Nascimento, 2018, p. 327).

Eu sou de Brasília, essa terra de estrangeiros, satélites e objetos não identificados (Não Identificado, 1968), e cresci num apartamento confortável no fim da Asa Sul, graças aos meus heróis pessoais da migração interna, que me ofereceram aquilo que nunca tiveram. Meu pai, Francisco Agostinho, é de Aracoiaba, no Ceará, e minha mãe, Antônia Maria, veio de Buriti Bravo, no Maranhão. Beatriz, que era de Aracaju, disse que sentiu menos o baque da migração de um estado pra outro, entre Sergipe e Rio de Janeiro, do que dentro da mesma cidade, quando saiu do subúrbio carioca para a Zona Sul, onde cursava História na universidade e só convivia com brancos, tendo que se adaptar a um mundo novo marcado por um profundo isolamento (Nascimento, 2018).

---

[4] Área residencial do campus Darcy Ribeiro da Universidade de Brasília, onde fica a residência estudantil da pós-graduação.

Deve ser porque essas duas zonas antagônicas quase sempre se parecem onde quer que você vá. Uma é a sala de visita da cidade (Jesus, 2014), um lugar sólido, asfaltado, iluminado, empanturrado, preguiçoso. A outra, um lugar mal afamado, onde se nasce e morre em qualquer canto, faminto de pão, de carne e de luz (Fanon, 2005), é o quarto de despejo (Jesus, 2014), onde mora "a mulher-sentada-na-porta-do-barraco [que] era a própria Solidão" (Gonzalez, 2018a, p. 33). Quem passa por ela — a mulher ou a cidade —, ainda que calce os sapatos do branco, que se sente à mesa do branco, que se deite na cama do branco (Fanon, 2005), carrega sempre algo consigo.

Quando deixamos o lugar do qual nunca deveríamos ter saído, somos constantemente interpeladas por ele. Grada Kilomba vai ao médico aos 12 anos por conta de uma gripe, e, ao final da consulta, o doutor pergunta se ela gostaria de limpar a casa dele (Kilomba, 2019). Audre Lorde, fazendo compras no mercado com a filha de dois anos no carrinho, é surpreendida por uma garotinha branca que diz: "Olha, mamãe! Uma empregada bebê!" (Lorde, 2019, p. 158). Cada uma de nós tem seus próprios causos pra contar, como quando batem na nossa porta e perguntam se a patroa está. "É nesse cotidiano que podemos constatar que somos vistas como domésticas" (Gonzalez, 1984, p. 230).

O trabalho doméstico está no centro de discursos feministas negros como um problema de representação, o espelho distorcido do qual buscamos escapar, sempre como domésticas na TV (Collins, 2019). É ainda uma alegoria da posição das mulheres negras em espaços brancos — para além da caricatura de dedicação total e amor abnegado, como querem os brancos, ou de entreguista ou traidora da raça, como julgam alguns negros apressados (Gonzalez, 1984, p. 235). "Quase da família", as domésticas observam e desmistificam o funcionamento da supremacia branca nas casas grandes, ao mesmo tempo dentro e fora delas (Collins, 2019). Não fazem parte da família, mas compartilham impressões sobre seu modo de vida como antropólogos culturais, passando-as adiante a suas filhas como ferramentas de sobrevivência (hooks, 2013).

Esse conhecimento informa a posição de intelectuais negras como forasteiras, *outsiders*, estrangeiras, que não pertencem à academia e a outras instituições, quase intelectuais, que, embora possam ter os mesmos títulos, não têm a mesma legitimidade dos brancos. "Não somos racistas nesta universidade. Veja! Temos até alunas negras", dizem os progressistas, reduzindo-nos à cota da diversidade, enquanto nos assediam sexualmente e "remanejam" nossas vagas. Se os textos de mulheres negras são, de vez em quando, bem-vindos na sala de aula multicultural, não se pode dizer o mesmo de nós mesmas (Collins, 2019).

Mulheres negras de classe média são confrontadas por tensões entre seus pares de classe média brancos, com quem têm profundas diferenças de ordem econômica, ideológica e política, mas por quem precisam ser aceitas, com ou sem embate, mas quase sempre com um enorme custo pessoal; e seus pares negros da classe trabalhadora, de onde a maioria delas vêm, a quem devem gerir, controlar e apaziguar em favor de interesses brancos, de quem querem se distanciar ou a quem querem libertar (Collins, 2019). Seu trabalho não raro se assemelha ao de mães pretas modernas,

> ou seja, cuidar das necessidades pessoais dos pobres e desamparados nas instituições públicas [...] em sistemas que estão em crise por falta de financiamento, deterioração da infraestrutura e desmoralização dos funcionários (Collins, 2019, p. 130-131).

A psiquiatra Neusa Santos Souza (1983), em sua pesquisa sobre negros em ascensão social no Brasil, aponta que a identificação com valores eurocêntricos, que têm o branco como modelo ideal de humanidade, implica uma fragmentação da identidade negra. Há quem abdique das tradições negras, perca a cor e negue suas origens, quem se cobre ser sempre o melhor para provar seu valor e quem simplesmente não fale do assunto. Dentro da "barriga da besta" (Hall, 1993), estão sempre a um passo do descrédito se não se comportarem, como o médico que, apesar de negro, é cordial e inteligente, até o primeiro erro, quando prova que é como todos os outros (Fanon, 2008). "Tinha que ser preto!".

O emprego doméstico em si não esgota os elementos da intricada relação entre racismo, sexismo, trabalho e poder. O dado de que menos de 1% dos advogados das maiores bancas de advocacia do país são negros e negras[5], depois de quase 20 anos de ações afirmativas nas universidades, revela algo de muito grave sobre as dinâmicas do racismo no Brasil

---

[5] Segundo pesquisa realizada pelo Centro de Estudos das Relações de Trabalho e Desigualdades (Ceert), em parceria com a Aliança Jurídica pela Equidade Racial, liga composta por grandes escritórios brasileiros, e a Fundação Getúlio Vargas (FGV), que ouviu 3.624 pessoas das nove maiores bancas de advocacia de São Paulo (a saber: BMA, Demarest, Lefosse, Machado Meyer, Mattos Filho, Pinheiro Neto, Tozzini Freire, Trench Rossi Watanabe e Veirano), dos 9,4% de negros nessas instituições, quase todos são estagiários. Há uns poucos em cargos de sócios e advogados, mas não chegam a 1%, considerados, portanto, estatisticamente irrelevantes (Pinho; Estaeque, 2019).

que não se explica pela falta de mérito ou de qualificação. Expõe antes o pacto narcísico que favorece pessoas brancas e reitera a exclusão de pessoas negras em contextos organizacionais, nos processos de seleção, promoção, treinamento, avaliação e demissão de funcionários, seja em instituições públicas ou privadas (Bento, 2002).

Fiquei surpresa e feliz de ver o conceito de *outsider* interna ser utilizado na terceira edição do Encontro Nacional de Juízas e Juízes Negros[6] para descrever a posição de magistradas e outras funcionárias do alto escalão do Poder Judiciário, que sinaliza não só a presença de mulheres negras nessas instituições, mas disputas epistemológicas a partir de nossas referências intelectuais[7]. Mas certamente é diferente ser a *outsider* no tribunal, na universidade ou trabalhando na casa de alguém.

Em sua qualificação de doutorado sobre trajetórias de mulheres negras na cozinha profissional, no ano de 2019, a socióloga Taís Machado narrou como surgiu seu interesse pelo tema: ficou intrigada com o fato de que a cozinha parece o lugar natural das mulheres negras, mas na alta gastronomia, onde há uma dimensão intelectual e artística da autoria, as caras são sempre brancas. Lembre-se, quem cozinha é a Tia Nastácia, mas o livro de receitas é da Dona Benta (Machado, 2016). Taís é baiana-carioca e sempre gostou de cozinhar. Suas duas avós, dona de casa e doméstica, que cozinhavam por obrigação, odiavam. Nunca entenderam. A mãe, assim que teve a oportunidade, quando ascendeu socialmente como bancária, passou a pagar a alguém que fizesse isso por ela.

Como parte de uma família de classe média que experimentou uma ascensão social significativa por meio do concurso público, filha de um policial branco e de uma contadora negra casados em outubro de 1988, também tive quem fizesse isso por mim. Cresci com empregada em casa. Quem trabalhou na nossa casa por muitos anos foi, inclusive, minha tia, Maria da Cruz. Escrevi timidamente sobre isso em outro momento, refletindo sobre esse duplo lugar laboral e de parentesco.

---

[6] A terceira edição do Encontro Nacional de Juízas e Juízes Negros (Enajun) ocorreu nos dias 24 e 25 de outubro de 2019 no Tribunal de Justiça do Distrito Federal e Territórios (TJDFT), em celebração dos 50 anos da Convenção Internacional sobre a Eliminação de Todas as Formas de Discriminação.

[7] O conceito de *outsider* interna, de autoria da socióloga estadunidense Patricia Hill Collins, foi mencionado no discurso da Dr.ª Lívia Casseres, defensora pública do estado do Rio de Janeiro e mestra em Direito pela Pontifícia Universidade Católica do Rio de Janeiro (PUC-Rio).

> Ciente dos riscos do discurso que situa a empregada como da família, eu os assumo com a honestidade necessária para falar dos temas delicados e importantes. Maria é esposa do primo da minha mãe [...]. Eles saíram juntos de Buriti Bravo no interior do Maranhão para tentar a vida em Brasília, viveram todos juntos num barraco na Samdu[8] no início dos anos 1980 com meus avós e minhas tias pequenas. Eu passo o almoço de Páscoa e de Natal na casa dela. [...] Ela é mesmo da família (Lopes, 2017, p. 12-13).

O impulso inicial da pesquisa veio desse dado da minha biografia, que me conecta à Antônia Maria e Maria da Cruz, minha mãe e minha tia, que realizaram o trabalho doméstico não remunerado e remunerado que me permitiu estudar. Em vez de encará-lo com aquela culpa que não muda nada pelas diferenças que nos separam, decidi mobilizar, no meu trabalho, a raiva pelas injustiças que nos aproximam (Lorde, 2019).

Nas contradições de classe, relações pessoais e horizontes profissionais das exceções que confirmam a regra, andar com brancos, agir como brancos, falar como brancos e consumir como brancos não nos torna brancos, nem nos salva do racismo e tampouco nos isenta de reiterar suas lógicas. A liberdade negra é precária, e devemos nos lembrar de quem somos, de onde viemos e para onde podemos retornar. No fim das contas,

> É muito fácil culpar todos os homens brancos e as feministas brancas ou a sociedade ou nossos pais. O que dizemos e o que fazemos volta sempre a nós, então vamos assumir nossa responsabilidade, colocá-la em nossas mãos e carrega-la com dignidade e força. Ninguém irá fazer meu trabalho de merda, eu mesma limpo o que sujo (Anzaldua, 2000, p. 234).

Este livro propõe uma leitura do constitucionalismo brasileiro em pretuguês (Pires, 2018), a partir das lutas por direitos do movimento associativo/sindical de trabalhadoras domésticas para inserir o emprego doméstico na Constituição Federal de 1988 (Ramos, 2018). O pretuguês é evidência da nossa ladinoamefricanidade denegada. Explico: aqui não tem democracia racial. Somos uma América Africana ou, melhor, uma Améfrica Ladina (Gonzalez, 1988). O objetivo geral ou problema de pesquisa consiste em analisar os discursos sobre história e memória nacional

---

[8]   Avenida entre as cidades de Taguatinga e Samambaia no Distrito Federal.

no processo de constitucionalização dos direitos da categoria (Duarte; Scotti, 2013; Silva, 2006), entendendo que o movimento de trabalhadoras domésticas produz uma contranarrativa da memória oficial da nação (Bernardino-Costa, 2007).

Levanto como hipótese que existe uma relação entre direitos fundamentais e imagens de controle (Carvalho Netto, 2003; Collins, 2019), ou seja, as representações do trabalho doméstico associadas ao mito da democracia racial são um entrave à conquista de direitos (Gonzalez, 1984; Bertúlio, 2019). Nesse sentido, entendendo o apagamento da memória como dimensão do epistemicídio (Carneiro, 2005), escolhi como objetivos específicos i) analisar os anais da Assembleia Nacional Constituinte; ii) analisar a doutrina trabalhista sobre emprego doméstico; e iii) entrevistar Creuza Maria Oliveira, liderança sindical do movimento de trabalhadoras domésticas.

Trabalho, família e democracia, atravessadas decisivamente pela escravidão, são as palavras-chave que orientam a viagem de volta a oitenta e oito. Na Parte I, "Trabalho", primeiro, apresento o mapa, o vocabulário e as ferramentas necessárias para mergulharmos no processo constituinte, para então analisar os debates sobre emprego doméstico nos anais da ANC. Na Parte 2, "Família", trago considerações sobre patriarcado, racialidade e trabalho e, depois, analiso um conjunto de manuais jurídicos sobre emprego doméstico publicados pós-2015. Na Parte 3, "Democracia", reflito sobre sujeito, memória e feminismo negro e disponibilizo a íntegra da entrevista com Creuza Maria Oliveira.

O texto apresenta resultados de pesquisa no âmbito do mestrado em Direito, Estado e Constituição no Programa de Pós-Graduação em Direito da Universidade de Brasília, na linha de pesquisa "Constituição e Democracia", realizado entre 2018 e 2019, com alguns cortes, acréscimos e ajustes. Registra acúmulos coletivos do Núcleo de Estudos em Cultura Jurídica e Atlântico Negro (Maré), grupo de pesquisa interdisciplinar em Direito e Relações Raciais fundado em 2015, sobretudo da nossa disciplina eletiva ofertada na faculdade de Direito, entre 2017 e 2019, minha primeira experiência docente.

É informado ainda pela participação no Grupo de Estudos de Mulheres Negras da UnB, que reuniu uma galera em torno da leitura de mulheres negras no departamento de Sociologia, entre 2014 e 2019; e nas Promotoras Legais Populares do DF e Entorno, projeto de educação jurídica popular sobre direitos das mulheres, ativo na UnB desde 2005, que realizou brevemente um trabalho conjunto com lideranças sindicais da Federação Nacional das Trabalhadoras Domésticas (Fenatrad) em 2018, pretendendo a formação de uma turma de PLPs exclusiva para trabalhadoras domésticas.

Depois de tirar a dissertação da gaveta, reformulada e atualizada, mas ainda com mais perguntas que respostas, este livro nasce com o objetivo sincero de ser útil, confiável e acessível dentro ou fora da universidade. Na tensão entre um mundo africano diluído e um mundo europeu totalizante, cujo encontro original é o sistema escravista de *plantation* (Gilroy, 2012), este é o meu tributo às intelectuais negras que nos precederam, sobretudo às mulheres da Fenatrad, de profundo respeito por sua longa trajetória política. É ainda um convite a novas pesquisas que se somem à sua luta pela valorização da profissão, pavimentando outros caminhos possíveis para tantas meninas e mulheres pelo mundo. Ouçam as trabalhadoras domésticas.

Desafiando lugares comuns de passividade, benevolência e subordinação que codificam sua existência no mundo, as protagonistas de algumas das mais importantes mudanças jurídicas e sociais deste país vêm há mais de 80 anos acumulando batalhas solitárias por humanidade e cidadania (Pinto, 2015), um repertório de estratégias para navegar as continuidades de interdições sem ruptura, e um horizonte ético e político com o qual podemos aprender para construir outras possibilidades de futuro (Ramos, 2018, Flauzina, 2019b). "Pois não há ideias novas", só novas formas de dizê-las (Lorde, 2012). E nem há problemas novos, mas há pegadas antigas, e o sonho na esquina do infinito.

Boa viagem.

Aponte a câmera do celular para o QR Code para ouvir a *playlist* do Capítulo 1.

PARTE I

TRABALHO:
TRABALHADORAS DOMÉSTICAS
E LUTAS POR DIREITOS

*Digo às companheiras que estão aqui que temos que aproveitar
esta oportunidade de falar para os poucos Constituintes presentes
que temos a consciência de que eles aqui estão, porque o povo
aqui os colocou. É por isso que vimos, hoje, cobrar, como todos os
trabalhadores estão cobrando, porque nós, domésticas, também
votamos. Trabalhamos e fazemos parte deste País, muito embora
não queiram reconhecer o nosso trabalho, porque não rendemos
e não produzimos. Mas, estamos conscientes de que produzimos
e produzimos muito. E achamos que, numa hora em que há uma
Constituinte, uma nova Constituição para fazer, acreditamos,
temos a esperança de que vamos fazer parte dessa Constituição.
Não acreditamos que façam uma nova Constituição sem que seja
reconhecido o direito de 3 milhões de trabalhadores deste País. Se isso
acontecer, achamos que, no Brasil, não há nada de democracia*
(Lenira de Carvalho)

*É na Constituição que se expressa, por excelência, o projeto básico de
uma comunidade política nacional. Ela tende, por isso, mais que as
outras leis, a um elevado nível de idealização. [...] [E]nquanto para
o homem moderno a história se exaure na medida em que se realiza,
com relação ao primitivo ela é passível de recriação. [...] Ficamos
todos sem saber, por exemplo, quem vai pagar a conta dos novos
direitos sociais [...]. De destacar, nesse contexto, o regime jurídico
do trabalho doméstico [...], relacionamento que vinha sendo regido
por normas jurídicas equilibradas e sutis, reunidas em um todo
articulado e orgânico, posto que não-escrito. Se não integravam o
corpo formal de leis impostas pelo Estado, nem por isso deixavam de
ser observadas e produzir bons resultados.*
(João Baptista Villela)

*O enorme espaço que o trabalho ocupa hoje na vida das mulheres
negras reproduz um padrão estabelecido durante os primeiros anos
da escravidão. Como escravas, essas mulheres tinham todos os outros
aspectos de sua existência ofuscados pelo trabalho compulsório.
Aparentemente, portanto, o ponto de partida de qualquer exploração
da vida das mulheres negras na escravidão seria uma avaliação de
seu papel como trabalhadoras.*
(Angela Davis)

TRABALHO DOMÉSTICO COMO CHAVE HERMENÊUTICA DO CONSTITUCIONALISMO BRASILEIRO

Cumé que a gente fica?

[...] foi então que uns brancos muito legais convidaram a gente prá uma festa deles, dizendo que era prá gente também. Negócio de livro sobre a gente, a gente foi muito bem recebido e tratado com toda consideração. Chamaram até prá sentar na mesa onde eles tavam sentados, fazendo discurso bonito, dizendo que a gente era oprimido, discriminado, explorado. Eram todos gente fina, educada, viajada por esse mundo de Deus. Sabiam das coisas. E a gente foi sentar lá na mesa. Só que tava cheia de gente que não deu prá gente sentar junto com eles. Mas a gente se arrumou muito bem, procurando umas cadeiras e sentando bem atrás deles. Eles tavam tão ocupados, ensinado um monte de coisa pro crioléu da platéia, que nem repararam que se apertasse um pouco até que dava prá abrir um espaçozinho e todo mundo sentar junto na mesa. Mas a festa foi eles que fizeram, e a gente não podia bagunçar com essa de chega prá cá, chega prá lá. A gente tinha que ser educado. E era discurso e mais discurso, tudo com muito aplauso. Foi aí que a neguinha que tava sentada com a gente, deu uma de atrevida. Tinham chamado ela prá responder uma pergunta. Ela se levantou, foi lá na mesa prá falar no microfone e começou a reclamar por causa de certas coisas que tavam acontecendo na festa. Tava armada a quizumba. A negrada parecia que tava esperando por isso prá bagunçar tudo. E era um tal de falar alto, gritar, vaiar, que nem dava prá ouvir discurso nenhum. Tá na cara que os brancos ficaram brancos de raiva e com razão. Tinham chamado a gente prá festa de um livro que falava da gente e a gente se comportava daquele jeito, catimbando a discurseira deles. Onde já se viu? Se eles sabiam da gente mais do que a gente mesmo? Se tavam ali, na maior boa vontade, ensinando uma porção de coisa prá gente da gente? Teve uma hora que não deu prá agüentar aquela zoada toda da negrada ignorante e mal

> educada. Era demais. Foi aí que um branco enfezado partiu prá cima de um crioulo que tinha pegado no microfone prá falar contra os brancos. E a festa acabou em briga...
> Agora, aqui prá nós, quem teve a culpa? Aquela neguinha atrevida, ora. Se não tivesse dado com a língua nos dentes... Agora ta queimada entre os brancos. Malham ela até hoje. Também quem mandou não saber se comportar? Não é a toa que eles vivem dizendo que "preto quando não caga na entrada, caga na saída..." (Gonzalez, 1984, p. 223).

Dizem que tema de pesquisa é aquilo que você consegue explicar pra um estranho no elevador em uma frase. "Sobre o que é o seu mestrado, Ju?". "Sobre a participação do movimento de trabalhadoras domésticas na Constituinte de 1988". "Ah, entendi". Esse pequeno e incompleto enunciado guarda o desejo de falar de um dos temas mais recorrentes da tradição intelectual feminista negra, o trabalho doméstico (Collins, 2019), partindo do campo que temos chamado no Brasil de Direito e Relações Raciais (Bertúlio, 2019).

Escolhi me colocar na encruzilhada entre o Direito Constitucional e o Direito do Trabalho pra pensar a relação entre trabalho e cidadania no Brasil a partir do emprego doméstico. Essa relação é mediada pelas representações de mulheres negras como escravas domésticas no mito da democracia racial, que estabelece uma íntima relação entre identidade nacional, escravidão e a formação da família brasileira (Freyre, 2017; Silva, 2006). O discurso de afeto que descreve as domésticas "como se fossem da família" retrata-as como mulheres passivas e disponíveis sexualmente, que amam seus senhores e existem para servir, materializadas nas figuras da mucama e da mãe preta (Gonzalez, 1984).

Queria, a princípio, ver se essas imagens (Collins, 2019) estiveram presentes nos discursos dos parlamentares constituintes e quais foram seus efeitos sobre as demandas levadas pelas trabalhadoras à Assembleia Nacional Constituinte (ANC). Em termos acadêmicos, posso dizer que defini assim o meu problema de pesquisa: "Analisar os discursos sobre história e memória nacional no processo de constitucionalização dos direitos da categoria". Minha encruzilhada, como são todas elas, acabou sendo atravessada por questões além do que eu previa. Contar parte da história da sua organização associativa e sindical oferece uma versão bem diferente da que conhecemos sobre as trabalhadoras domésticas, sobre as mulheres negras, sobre o constitucionalismo brasileiro e mesmo sobre o Brasil.

No discurso de promulgação da Constituição de 1988, o presidente da Assembleia Constituinte, Ulysses Guimarães, apresentou o documento como Estatuto do Homem, da Liberdade e da Democracia. "Ecoam nesta sala as reivindicações das ruas. A Nação quer mudar, a Nação deve mudar, a Nação vai mudar" (Guimarães, 1988, p. 1). As palavras, proferidas originalmente no discurso de posse, foram repetidas naquele 05/10/88.

> A Constituição certamente não é perfeita. Ela própria confessa, ao admitir a reforma.
> Quanto a ela, discordar, sim. Divergir, sim. Descumprir, jamais. (Palmas.) Afrontá-la, nunca. Traidor da Constituição é traidor da Pátria. (Muito bem! Palmas!) Conhecemos o caminho maldito: rasgar a Constituição, trancar as portas do Parlamento, garrotear a liberdade, mandar os patriotas para a cadeia, o exílio, o cemitério. (Muito bem! Palmas.)
> A persistência da Constituição é a sobrevivência da democracia. [...] bradamos por imposição de sua honra: temos ódio à ditadura. Ódio e nojo. (Muito bem! Palmas prolongadas.) Amaldiçoamos a tirania onde quer que ela desgrace homens e nações, principalmente na América Latina. [...]
> Foi de audácia inovadora a arquitetura da Constituinte [...].
> A participação [além das emendas populares] foi também pela presença, pois diariamente cerca de 10 mil postulantes franquiaram, livremente, as 11 entradas do enorme complexo arquitetônico do Parlamento, na procura dos gabinetes, comissões, galeria e salões.
> Há, portanto representativo e oxigenado sopro de gente, de rua, de praça, de favela, de fábrica, de trabalhadores, de cozinheiros, de menores carentes, de índios de posseiros, de empresários, de estudantes, de aposentados, de servidores civis e militares, atestando a contemporaneidade e autenticidade social do texto que ora passa a vigorar. Como o caramujo, guardará para sempre o bramido das ondas de sofrimento, esperança e reivindicações de onde proveio. (Palmas) [...]
> A Constituição pretende ser a voz, a letra, a vontade política da sociedade rumo à mudança.
> Que a promulgação seja nosso grito:
> – Muda pra vencer! Muda, Brasil! (Guimarães, 1988, p. 1-9).

Figura 1 – Promulgação da Constituição Federal, 05 outubro de 1988

Fonte: Senado Federal, 1988

O processo constituinte foi decisivo para as trabalhadoras domésticas. Ainda em 1987 elas anunciavam: "Constituinte sem direito das domésticas não é democrática!" (Oliveira, 2019). No ano seguinte, 100 anos depois da abolição da escravidão, a então maior categoria de mulheres que trabalhavam no Brasil, composta majoritariamente por mulheres negras, garantiu pela primeira vez a proteção constitucional de direitos básicos que outros trabalhadores já tinham há décadas (Ramos, 2018).

Essas foram grandes conquistas das associações de trabalhadoras domésticas, que já existiam desde a década de 1930 (Pinto, 2015) e se articularam nacionalmente para incidir sobre a escrita da nova Constituição no contexto de efervescência de movimentos sociais da redemocratização (Bernardino-Costa, 2007). É, o "criouléu" da plateia não serve só pra bater palma (Gonzalez, 1984). Pelo contrário, tensiona e reinventa cotidianamente os sentidos da democracia no Estado Democrático de Direito, reescrevendo a linguagem dos direitos fundamentais (Gilroy, 2012).

A Constituição Cidadã produziu ao mesmo tempo uma abertura e um fechamento para outros projetos de Brasil. Ao passo que assegurou direitos inéditos à categoria, também negou vários outros, numa redação que, no fim das contas, legitimava a prática do trabalho escravo na relação de emprego doméstico (Ramos, 2018). O que aconteceu na Constituinte que fez com que o texto fosse aprovado dessa forma? Se a democracia comporta a desumanização e a exclusão das trabalhadoras domésticas, o que é e pra quem é, afinal, a democracia? Falar de oitenta e oito hoje representa o desafio de pensar a promessa democrática do ponto de vista de quem nunca a viu se cumprir.

A participação das trabalhadoras domésticas na ANC foi marcada, de um lado, pela força dos discursos que as descreviam ternamente "como se fossem da família", presentes nas falas de parlamentares em momentos diversos do processo de tramitação de suas demandas, e, por outro, pela contundência da posição do movimento, que afirmava: "Não queremos ser da família, queremos direitos!". Nas disputas e negociações desse emaranhado semântico que mistura trabalho, família e democracia, o afeto e a benevolência dos patrões-constituintes frequentemente eram sinônimos de negação de direitos fundamentais (Oliveira, 2019; Ramos, 2018).

Entrevistei Creuza Maria Oliveira, fundadora e presidenta da Federação Nacional de Trabalhadoras Domésticas (Fenatrad). Sua análise acabou estremecendo as fontes primárias que eu tinha escolhido investigar como o centro deste estudo, os anais da Assembleia Nacional Constituinte, que diziam muito pouco sobre a atuação política das trabalhadoras — uma conclusão a que Gabriela Ramos (2018) também chegou em pesquisa anterior. A ANC não foi o ápice da afirmação democrática para o movimento, mas um entre vários momentos de luta, sempre com muitos limites, negociações e contradições, tornando-se, pra mim, mais um ponto de partida do que de chegada.

Segundo Creuza, os argumentos levantados contra as recentes disputas institucionais da categoria em torno dos desdobramentos da Proposta de Emenda à Constituição n.º 66/2012, a "PEC das domésticas", seguiram mais ou menos a mesma linha daqueles da época da Constituinte: o amor pelas "ajudantes do lar" que são "quase da família", na prática, é um entrave à profissionalização e à proteção constitucional das trabalhadoras. Toda essa bondade patronal, que interdita o acesso a direitos fundamentais, talvez tenha menos a ver com amor e mais a ver com a preservação do dinheiro e dos privilégios das famílias empregadoras. Do outro lado, as famílias das empregadas têm seu sustento e sua sobrevivência prejudicados.

> Tudo que aconteceu agora [na PEC] aconteceu também na Constituição de 1988. Porque a imprensa dizia que ia ter desemprego, os próprios parlamentares diziam que não podiam aprovar tudo porque senão ia ter desemprego, que a sociedade não ia conseguir empregar, que as domésticas que iam ser as grandes prejudicadas, que iam ficar desempregadas. Então a gente viu que isso não é verdade.
>
> Porque na verdade o patrão e a patroa não querem pagar a trabalhadora, eles querem ter privilégios, têm uma trabalhadora dentro da casa mas não querem assumir com esse custo. Muitas vezes eles preferem gastar com coisa supérflua do que pagar pra uma pessoa que tá lá trabalhando, que é uma trabalhadora, que faz parte da classe operária. E que é chefe de família, e é com esse dinheiro que ela sustenta a sua família. Então muitas vezes o patrão prefere pagar mil reais, mil e quinhentos, em uma noitada com seus amigos [...] do que pagar um valor pra o FGTS [Fundo de Garantia do Tempo de Serviço] [...] que [...] não dá cem reais pra quem paga um salário mínimo (Oliveira, 2019).

Figura 2 – Aprovação da "PEC das Domésticas", 26 de março de 2013

Fonte: Agência Senado, 2013

Com a aprovação da PEC, alterou-se a redação da Constituição Federal, que em 1988 havia garantido apenas 9 do total de 34 direitos fundamentais da ordem social do trabalho para as trabalhadoras domésticas, de acordo com o parágrafo único do artigo 7º, que as reconhece separadamente dos trabalhadores urbanos e rurais. A Emenda Constitucional n.º 72, de 2013, ampliou o rol de direitos da categoria, mas ainda não a equiparou aos demais trabalhadores. A Emenda foi regulamentada pela Lei Complementar n.º 150, de 2015, a primeira lei a regulamentar os direitos constitucionais das trabalhadoras domésticas no ordenamento jurídico brasileiro, 27 anos depois da promulgação da Constituição.

> [...] assim como agora mesmo na PEC de 2013, teve companheiras que ficaram revoltadas, acharam que melhorou, outras acham que continua a mesma coisa e tal, mesmo a gente tendo conquistados as horas-extras, adicional noturno e FGTS, mas mesmo assim... mesmo a lei de agora nos diferencia muito da classe trabalhadora, das outras classes trabalhadoras porque [...] se falou em equiparação de direitos, mas na verdade, a PEC e a Lei 150 não equiparou de fato. Por que não equiparou? Porque os outros trabalhadores têm 5 meses de seguro-desemprego, a gente só tem 3 meses. Isso não é equiparação. As outras categorias têm o seguro-desemprego depois de 12 meses de trabalho, a gente depois de 15 meses de trabalho. Então tudo isso não iguala... não iguala, né?! Além de não reconhecer o nosso trabalho. Quem trabalha dois dias não tem vínculo empregatício, nas outras categorias quem trabalha um dia na semana é reconhecido e nós não, né?! Então na verdade, a Lei 150 não equiparou de fato. Melhorou (Oliveira, 2018 *apud* Ramos, 2018, p. 146-147).

Numa entrevista concedida ao portal *Blogueiras Negras*, em 2013, durante a III Conferência Nacional de Promoção da Igualdade Racial (Conapir), avaliando o processo de regulamentação da Emenda, Creuza afirmou que

> O Senador presidente do Senado, Renan Calheiros, deu entrevista a nível nacional dizendo que naquele momento o Brasil estava assinando a sua segunda Lei Áurea, estava jogando a chave da senzala fora. Só que depois, no processo de regulamentação, [...] esqueceram que tinham assinado a segunda Lei Áurea [...]. Foram lá e pegaram a chave da senzala de volta e tornaram a nos trancar – querem nos trancar novamente na senzala (Oliveira, 2013).

Em seus mais de 80 anos de organização associativa e sindical, as trabalhadoras domésticas brasileiras seguem enfrentando desafios em sua atuação política. A incidência sobre o Poder Legislativo e o Executivo durante as décadas de 2000 e 2010, que resultou na promulgação da Lei Complementar n.º 150, entre outras iniciativas que visavam melhorar a vida da categoria, contou com mais parcerias e espaço para diálogo institucional, mas ainda com uma série de limites. Em entrevista a Gabriela Ramos, Creuza contou que

> [...] nunca foi fácil pra gente chegar até aqui e nem esse processo de 2000 com o governo Lula, a gente já teve mais uma facilidade de deslocamento. Que aí a gente já tinha condições de ir de avião, já tinha condições de conseguir recursos, inclusive com as secretarias da igualdade, os Ministérios da Igualdade, da Mulher, de Direitos Humanos, para se deslocar de avião, para fazer seminários. Porque a PEC foi uma discussão muito longa com esses Ministérios, mais o Ministério do Trabalho, mais o Congresso que teve nossa participação o tempo todo. O tempo todo a gente dialogando com o Congresso, com o Senado. E aí a gente tinha mais parceiros e parceiras lá. Lídice da Mata [deputada federal pelo PSB/BA] era a relatora da PEC, Benedita da Silva [deputada federal pelo PT/RJ] foi também a relatora. Infelizmente quando chegou na etapa final, que a gente precisava de Benedita ou de Lídice, quem é que foi ser? O Renan [Calheiros, senador pelo MDB/AL], que é um senhor de engenho.
> [Que engavetou a proposta por um bom tempo] E cortou um monte de coisas e debochava com nossas caras. Igual o [Carlos] Lupi [que foi Presidente Nacional do Partido Democrático Trabalhista – PDT e Vice-Presidente da Internacional Socialista]. O Lupi no Ministério do Trabalho [ele comandou a pasta durante os governos Lula e Dilma]... gente... aquele homem debochava quando via a gente: "minhas patroas!!!". Debochando... daquele tipo de debochar mesmo. Então ficou lá muito tempo engavetado e tivemos muitas lutas pra chegar até aqui, que ainda não ta bom... não ta bom de jeito nenhum! (Oliveira, 2018 *apud* Ramos, 2018, p. 148-149).

Mais recentemente, a aprovação da Reforma Trabalhista por meio da Lei n.º 13.467, de 2017, que fragilizou violentamente as garantias constitucionais de trabalhadores por todo o país, pouco alterou as condições de uma categoria já sistematicamente excluída de um conjunto de normas protetivas. "Quando a gente tava perto, aí eles tiraram das outras categorias. Entendeu?" (Oliveira, 2019).

Mas e aí? "Cumé que a gente fica?" Essa foi a pergunta feita por Lélia Gonzalez (1984) na epígrafe do clássico "Racismo e sexismo na cultura brasileira", instigando a gente a ser a neguinha atrevida que pega o microfone e dá com a língua nos dentes, apesar de toda a raiva que pode vir dos donos da festa, quando resolvemos falar umas verdades, rejeitando sua consideração ou sua condescendência. Mas não sei responder à pergunta. Só sei que na festa da democracia, que disseram que era pra elas também, as trabalhadoras domésticas não couberam na mesa e acabaram sentando-se lá no fundo.

Essa galera gente fina, educada, viajada por este mundo de Deus, que adora fazer um discurso bonito dizendo o quanto o povo é oprimido, discriminado e explorado, que acha que sabe mais delas do que elas mesmas, na verdade não sabe de nada. Se os donos da festa têm a chave da senzala, repetindo a mesma cena decadente há gerações, sem deixar de se surpreender quando seus próprios monstros saem do armário, talvez seja hora de armar uma quizumba (Gonzalez, 1984). Porque, afinal, as ferramentas do senhor nunca derrubarão a casa-grande (Lorde, 2019).

2.1 Catimbando a gramática constitucional: democracia racial na mira da diáspora africana

Neste capítulo, explico tema, justificativa, objetivo geral e marco teórico da pesquisa, buscando introduzir um vocabulário básico do campo, na tensão entre o currículo oficial da universidade e o currículo paralelo dos movimentos de estudantes negros. *Constitucionalismo brasileiro em pretuguês: trabalhadoras domésticas e lutas por direitos* é o nome que eu dei pra este livro que você tem nas mãos. O leitor ou leitora não familiarizado com o juridiquês talvez se pergunte "que diabo é isso de constitucionalismo, além de um trava-língua?". Posso dar a conceituação mais tradicional, a que um estudante de Direito provavelmente será apresentado no primeiro ano de faculdade: o constitucionalismo é definido como um movimento político, social e cultural que, sobretudo a partir de meados do século XVIII, passou a questionar esquemas tradicionais de domínio político, ensejando a criação de uma nova forma de ordenação e fundamentação do poder. Nesse sentido, é também uma teoria normativa da política, que visa a limitação do poder dos governantes, indispensável para a garantia dos direitos e a organização político-social de uma comunidade (Canotilho, 1998).

Os movimentos constitucionais, nesses termos que a gente conhece, são característicos da modernidade. Embora haja divergências sobre um marco inaugural, a modernidade é um período que compreende mais ou menos os últimos cinco séculos, com início por volta dos 1500, marcado pelo estabelecimento dos Estados-nação, pelo desenvolvimento do capitalismo e da industrialização e pela colonização de África, Ásia e América (Oyĕwùmí, 2004). A era moderna é descrita como um processo de desencantamento do mundo e superação das sociedades tradicionais, de elevação do valor da racionalidade e das ciências empíricas, no qual a filosofia do direito teve um papel importante (Habermas, 2000). Destruindo as imagens religiosas do mundo, produzindo uma cultura profana, a evidência racional dos direitos naturais, princípios morais universais indisponíveis, expressa a exigência do reconhecimento de que todos os seres humanos nascem livres e iguais, proprietários no mínimo de si mesmos (Carvalho Netto; Scotti, 2011).

Essa história é centrada na chamada Era das Revoluções, entre as quais se destacam a Revolução Americana, de 1776, e a Revolução Francesa, de 1789. Tendo a racionalidade como valor, o tempo como progresso, e a Europa, sobretudo a Alemanha, como palco e locomotiva da História, ápice da maturidade do desenvolvimento humano, numa linha reta fatiada em períodos que marcha sempre para frente; a modernidade é um tempo que compreende a si mesmo como "tempos modernos" ou "novos tempos", como uma ruptura radical com o passado e abertura para o futuro, sinônimo de revolução, progresso, emancipação, trazendo luz para as trevas — o tal do Iluminismo[9] (Habermas, 2000).

O constitucionalismo legitimou a invenção da Constituição, um documento escrito que reúne um conjunto de direitos fundamentais e o modo de garanti-los, e um modelo de organização do poder político que o limite e modere (Canotilho, 1998). É a lei maior, à qual todos, inclusive os governantes, estão submetidos, diferentemente do poder absoluto de que gozavam os antigos monarcas europeus. Revestida de supremacia, de modo a legitimar e articular o Estado e o restante do direito que nela se assenta, a Constituição acopla estruturalmente direito e política, possibilitando mútuo fechamento operacional (Luhmann, 1990).

Os movimentos constitucionais modernos buscaram se opor aos princípios do antigo regime, consolidados entre o fim da Idade Média e o século XVIII, um longo período atravessado por disputas políticas e teóri-

---

[9] Não estranhe o enorme lapso temporal entre o início da modernidade, considerando o marco da "conquista do Novo Mundo", como argumentam teóricos decoloniais, e a ênfase sobre eventos dos séculos XVIII e XIX. Jürgen Habermas explica que G. W. Friedrich Hegel, que nasceu em 1770, foi o primeiro a elaborar um conceito claro de modernidade como essa nova consciência do tempo durante o "Século das Luzes", em face das Revoluções Liberais. O limiar dos 1500 foi então compreendido retrospectivamente como início desse processo, já no século XVIII (Habermas, 2000; Dussel, 2005).

cas sobre os temas da soberania, do poder, da lei e da unidade do Estado (Canotilho, 1998). Os regimes absolutistas legitimavam privilégios inatos em função de estamentos ou castas sociais, assentados sobre um direito divino, com fundamentos transcendentais, indiferenciado da religião, da moral, da tradição e dos costumes (Carvalho Netto, 2004).

Ruptura e fundação são algumas das palavras-chave do constitucionalismo. A partir de uma revolução que rompesse com a tirania do regime anterior, seria fundada uma nova nação, ou um Estado constitucional, assentado sobre a defesa da igualdade e da liberdade universal (Canotilho, 1998). Os franceses tomaram a Bastilha, acabaram com os privilégios dos nobres e cortaram a cabeça do rei, enquanto os colonos americanos, oprimidos pelo controle e pela alta carga de impostos exigida pela coroa britânica, entraram em guerra para estabelecer um Estado federado livre.

A ideia de contrato social ilustra esse processo como a progressiva aceitação de pactos de domínio em prol do bem comum. Ela descreve a mitologia de fundação do Estado a partir do consentimento popular de indivíduos considerados iguais entre si: pra sair do "estado de natureza", em que reinava a desordem, a lei do mais forte, uma luta permanente de todos contra todos em busca de autoconservação física, o povo decidiria estabelecer um governo e uma sociedade civil, abrindo mão da violência e voluntariamente entregando seu monopólio para o Estado, a quem caberia o poder de coerção para garantir a civilidade, a pacificação e a sobrevivência de todos (Mills, 1997; Mbembe, 2017).

> Nos bancos de sala de aula, nos simpósios e congressos e nas letras frias de trabalhos jurídicos, o constitucionalismo, assim como a modernidade, eram fenômenos precipuamente oriundos do mundo branco europeu e estadunidense. A formação do direito constitucional moderno teria sido mediada por processos políticos levados adiante por grupos sociais, teoréticos, personagens, eventos e instituições localizadas na Europa e nos Estados Unidos. Nas chamadas periferias globais, somente teria havido releituras, cópias e tentativas fracassadas de implementar os avanços desenvolvidos nos centros do mundo moderno (Queiroz, 2017, p. 13).

As narrativas hegemônicas sobre a história constitucional brasileira são marcadas pelo ressentimento, pela frustração e pela falta, porque não teríamos vivido nas origens do nosso constitucionalismo uma experiência revolucionária nos moldes da Revolução Francesa ou da Americana e, por isso, não teríamos vivido efetivamente o constitucionalismo como afirmação radical de igualdade e liberdade, mas um abafamento sem pressões populares, em processos políticos sempre conduzidos pelas elites, continuamente repactuados nas cartas constitucionais posteriores. Nesse sentido, 1988 seria só a reafirmação de 1824, quando, depois da independência de Portugal em 1822, foi outorgada nossa primeira Constituição, supostamente uma transição sem rupturas com a ordem autoritária anterior (Moreira; Paula, 2017).

Olha, é bom desconfiar dessa história de que no Brasil ninguém luta por liberdade. Também não faz sentido idealizar as Revoluções Liberais, sabe? Evidências suprimidas da escravidão perturbam narrativas coerentes do avanço da liberdade iluminista (Buck-morss, 2011). Pergunte aos revolucionários do Haiti ou às vítimas de linchamentos nos EUA sobre suas liberdades democráticas. Os Jacobinos Negros (James, 2007) conduziram a insurgência escrava que abalou o mundo moderno, fundando um Estado constitucional negro na maior das colônias francesas. Os "frutos estranhos" da democracia estadunidense, pendurados pelo pescoço em galhos de árvores, mais que a bandeira de estrelas e listras, tremulavam ao vento, espalhando o cheiro de carne humana, queimando pela brisa do Sul, como na canção de Billie Holiday (Strange [...], 1957).

As nações que inventaram a Constituição e a Declaração dos Direitos do Homem e do Cidadão nunca tiveram problemas em erguer bandeiras de liberdade e igualdade universal enquanto oprimiam outras gentes, tudo nos conformes da legalidade. Achille Mbembe chama de democracia de escravos esse paradoxo e disjunção moral absoluta, caracterizada por uma bifurcação em que coexistem duas ordens: uma comunidade de semelhantes, regida teoricamente pela lei da igualdade, e uma categoria de não semelhantes, também ela instituída por lei, baseada no preconceito de raça, em que esses a priori não têm qualquer direito a ter direitos. "Como ascendente da democracia, o mundo colonial não era a antítese da ordem democrática. Sempre foi o seu duplo ou, até, a sua face noturna. Não há democracia sem o seu duplo – a colônia" (Mbembe, 2017, p. 49).

Esse ressentimento, essa frustração e essa falta têm outro nome: racismo, que implica o silêncio dos juristas sobre a agência política da população negra (Bertúlio, 2019). Pesquisas recentes contradizem essa tese, chamando atenção para suas contínuas e múltiplas movimentações por justiça e liberdade. Inspirado por Paul Gilroy (2012), Marcos Queiroz mostra como a Revolução Haitiana, que expulsou, expropriou e exterminou colonos brancos em nome da afirmação radical da liberdade, inspirou lutas anticoloniais e povoou pesadelos senhoriais por toda a América Latina. O medo de que o Haiti se repetisse aqui — o medo branco da onda negra, ou simplesmente haitianismo (Azevedo, 2008) — moldou os conceitos de cidadania, liberdade, igualdade e nação na Assembleia Nacional Constituinte de 1823 (Queiroz, 2017).

O medo das elites de que a população negra assumisse forma constitucional e se tornasse cidadã, diante das tensões sociais e revoltas que marcaram o período, remove o Brasil daquela narrativa particular de passividade para inseri-lo num circuito global de relações coloniais no mundo moderno, diante das dinâmicas políticas da diáspora africana, ressaltando as conexões do mundo atlântico a partir da circulação de ideias insurgentes de liberdade, que registram a participação da população negra nos processos de independência nacional. Revela ainda a organização de um forte aparato jurídico e repressivo para contê-la, "intensificado durante a Era das Revoluções e, sobretudo, após o início e subsequente vitória da Revolução Haitiana" (Queiroz, 2017, p. 96-97).

Tem um grande constitucionalista que diz que o passado é tão aberto quanto o futuro (Rosenfeld, 2003). Isso quer dizer que a disputa pela memória sobre o passado assume um papel na afirmação de pleitos de direitos no presente (Carvalho Netto; Scotti, 2011). A história importa para o constitucionalismo porque é como o mundo secular atende aos mortos (Hartman, 2008), de cuja existência somos o testemunho vivo (Gonzalez, 1988). Como num romance em cadeia, escrito a muitas mãos, em que cada novo autor interpreta a parte que recebeu para escrever a seguinte com a maior qualidade e coerência possível com a realização de princípios de justiça; a narrativa jurídico-constitucional tem um quê de criação literária (Dworkin, 1999). Resta saber a quais mortos nossa escrita atende.

Considerando que o apagamento da memória da escravidão é um elemento decisivo no padrão de negação de direitos à população negra, demandas por reconhecimento e redistribuição acionam elementos historiográficos como recursos para interpretar e reler a conformação das relações raciais no Brasil e as exclusões delas decorrentes; questionando as concepções sobre história, memória e identidade nacional no discurso jurídico (Duarte; Scotti, 2013). Por vezes, essas demandas esbarraram na retórica de "impossibilidade da memória", materializada pelo controverso episódio da queima dos arquivos da escravidão por Ruy Barbosa, ministro da Fazenda, quando da abolição (Duarte; Scotti; Carvalho Netto, 2015). Sem os documentos, seria impossível reparar os horrores coloniais ou mesmo punir seus perpetradores.

O *Habeas Corpus* n.º 82.424/RS, de 2004 — o chamado "caso Ellwanger", primeiro caso a suscitar manifestação do Supremo Tribunal Federal sobre o crime de racismo previsto na Constituição de 1988 —, versa sobre o conflito entre discurso de ódio e liberdade de expressão, a partir da publicação, venda e distribuição de material antissemita no estado do Rio Grande do Sul. Chama atenção o fato de que, depois de mais de 50 anos de leis antirracistas propostas pelos movimentos negros e de quase 400 anos de escravidão colonial, a jurisprudência constitucional sobre a imprescritibilidade do crime de racismo tenha sido inaugurada por uma ofensa ao povo judeu (Duarte; Scotti; Carvalho Netto, 2015).

O voto do ministro Marco Aurélio descreve a ordem de destruição dos documentos pelo "ilustre baiano", por meio do decreto de 14 de dezembro de 1890, como uma tentativa de apagar da história brasileira a mácula do instituto da escravidão e evitar possíveis pedidos de indenização por parte dos senhores de engenho. Contudo, ele não teria se apercebido de que tiraria das gerações futuras a possibilidade de estudar a fundo esse capítulo da história do país, encerrado num legado de ignorância (Duarte; Scotti; Carvalho Netto, 2015).

Duarte, Scotti e Carvalho Netto (2015) argumentam que essa retórica oculta a organização de arranjos jurídico-institucionais no período pós-abolição a partir de práticas indenizatórias do Estado brasileiro em relação aos senhores de escravos e suas famílias, que aderiram a uma política de adiamento do fim da escravidão. Ao mesmo tempo que se negaram direitos a negros e indígenas, reiterou-se um padrão de transmissão hereditária de privilégios a brancos, em termos de terra, dinheiro e trabalho: por meio da expropriação, doação e posterior redefinição do regime de propriedade da terra[10] (Pacto Agrário); da política fiscal favorável aos

---

[10]   Refere-se à Lei 601, de 1850, a Lei de Terras, que alterou o regime de propriedade no Brasil, restringindo-o exclusivamente à compra, não mais à posse de fato. Constituído anteriormente pela doação de terras públicas, indígenas e quilombolas, pelo Estado colonial e nacional, a alteração do regime se deu em face da futura e provável emancipação dos cativos com a proximidade da abolição. Supunha-se que a ampla faixa de terras livres ou devolutas poderia vir a ser ocupada por eles, o que restringiria a força de trabalho disponível caso a abundância da terra não fosse restrita artificialmente. Bertúlio (2019) argumenta ainda que a Lei teve o papel de transferência implícita da propriedade e do crédito de escravos para a terra.

antigos senhores, na forma de subsídios para garantia de lucratividade de propriedades escravistas, vertendo riqueza pública para o setor privado (Pacto Fiscal/Tributário); e da imposição de escravização ilegal de pessoas livres e exclusão de amplos setores de direitos trabalhistas, repactuando novas formas de escravidão, especialmente no âmbito rural e doméstico (Pacto Trabalhista).

O mito da democracia racial, articulado a partir da década de 1930 na obra de Gilberto Freyre (2017), conferiu ares de cientificidade ao mito das três raças, que orientou o discurso historiográfico oficial do país após a independência (Von Martius, 1845); fixando sobre o último país das Américas a abolir a escravidão, que importou o maior número de africanos escravizados de todo o mundo atlântico, o retrato de um racismo mais brando ou cordial. A partir da memória açucarada de sua própria infância no engenho, Freyre recorre à mulher escravizada, aquela que cercava o berço e aquecia a cama de seus senhores, como grande emblema da harmonia entre as raças na sua versão da história clássica da escravidão ou do romance trágico do Novo Mundo: um homem branco que sucumbe à "instituição peculiar", e uma mulher escura que sucumbe a ele, povoando o terreiro de bastardos (Silva, 2006; Hartman, 2008).

Ele escreve num contexto de decadência das oligarquias rurais açucareiras no início do século XX. Ao promover a instituição sociológica do Nordeste a partir da ideia de mestiçagem, incorporando elementos do racismo científico do século XIX, volta-se para um passado rural pré-capitalista idealizado, com ênfase na tradição conservadora, que remete a padrões de sociabilidade patriarcais e escravistas, ao folclore e a características climáticas e biológicas que forjaram esse povo sofrido, nem negro, nem branco, que mais tarde se tornaria o grande fornecedor de mão de obra barata do país (Alves, 2017; Freyre, 2017). O trabalho doméstico parece ser o lugar das mulheres nessa economia regionalizada ordenada pela raça, mas que insiste em ocultá-la: migrantes nordestinas, subservientes e racialmente ambíguas em casas de famílias abastadas em grandes centros urbanos, sobretudo do Sudeste, como a personagem de Regina Casé no filme *Que horas ela volta?*.

Apresentado como um modelo de integração das "raças inferiores", alternativo aos modelos abertamente segregacionistas de EUA e África do Sul, a partir da dupla mestiçagem biológica e cultural de brancos, negros e indígenas, o mito é marcado pelo caráter antidemocrático, antiliberal e conservador, indicando uma relação entre raça e memória nas ideologias nacionais latino-americanas que, embora pautada pela ideia de harmonia, opera como naturalização da violência, supressão da agência política e negação de cidadania que atravessa a experiência de negros e indígenas nos Estado-nação (Moura, 1988; Queiroz, 2017; Duarte; Scotti; Carvalho Netto, 2015).

No Direito, o mito se traduz como a ideia de ausência de dispositivos racistas no ordenamento jurídico brasileiro, que cai por terra quando analisada mais de perto. Dora Lúcia de Lima Bertúlio (2019) identifica um padrão de dispositivos abertamente discriminatórios, sobretudo a partir da segunda metade do século XIX, que seguiriam produzindo efeitos ao longo do século XX. Operavam principalmente em nível infraconstitucional[11], na forma de contravenções penais e posturas municipais, normas de comportamento para proteção da moral, dos princípios e costumes da sociedade. Como forma de controle dos corpos no espaço da cidade, estratificavam racialmente a população, proibindo expressamente até "batuques", "cantorias" e "bailes de pretos". O controle penal, direcionado aos negros (Flauzina, 2006), e a exclusão de leis trabalhistas, direcionadas aos brancos, sobretudo os imigrantes europeus (Alves, 2017), informavam o horizonte que abolição reservava para a população negra, inscrita sob o signo da morte (Carneiro, 2005).

A democracia racial, ideologia oficial do regime militar, informa a (re)construção do sujeito negro como inimigo para a segurança pública e para a segurança nacional, um dado que a Comissão Nacional da Verdade (CNV) deixou de registrar; mas que foi apontado, por exemplo, pela Comissão Estadual da Verdade do Rio de Janeiro em pesquisa posterior (Pires, 2015). Para além de um cotidiano de violações de Direitos Humanos nas comunidades negras, inseparável da violência de Estado perpetrada pela ditadura[12], para os militares, os militantes, intelectuais, artistas, entidades de pesquisa e movimentos culturais negros, bem como suas repercussões

---

[11] A ênfase sobre normas infraconstitucionais não significa que não houvesse dispositivos constitucionais que carregassem valores racistas, a exemplo do art. 138 da Constituição de 1934, que determinava a incumbência da União, Estados e Municípios de estimular a educação eugênica, sinalizando que o branqueamento era entendido como política necessária para o desenvolvimento da nação brasileira (Bertúlio, 2019).

[12] "Polícias Civil e Militar [...] passaram ao comando de oficiais do Exército, de modo que **não há propriamente como separar violência de Estado imposta pelo regime militar daquela supostamente ordinária**. 'Blitz', prisões arbitrárias, invasão a domicílio, expropriação de seus lugares de moradia (através de remoções), tortura física e psicológica, além do convívio com a ameaça latente de grupos de extermínio, essa era a realidade de negros e negras, principalmente moradores de favelas, subúrbio e Baixada Fluminense: **uma política criminal enraizada no colonialismo escravocrata brasileiro**" (Pires, 2015, p. 16-17, grifos meus).

nos meios de comunicação e na moda, ao suscitar o "falso" problema da discriminação racial, sob o rótulo de "racismo negro", quando não de terroristas-subversivos-comunistas, atentavam contra a formação nacional brasileira[13]. Emblemático deste período é a fundação do Movimento Negro Unificado (MNU) em 1978[14].

Representavam não só um perigo à ordem interna, mas uma ameaça à imagem de paraíso racial projetada internacionalmente pelo Brasil, cujas graves violações de Direitos Humanos poderiam sofrer interferência de organizações internacionais, num contexto global pós-Segunda Guerra Mundial atento à questão racial, em que eclodiam as guerras de independência africanas, o *apartheid* na África do Sul e o movimento por direitos civis nos EUA. O projeto Unesco, uma série de pesquisas financiadas pelas Nações Unidas desde a década de 1950, contribuiu para desvelar o abismo entre negros e brancos no Brasil, embora pesquisas de intelectuais negros do mesmo período sejam invisibilizadas (Moura, 1988).

---

[13] Refiro-me aqui ao seguinte trecho da Informação 437/74 da Divisão de Segurança e Informações do Ministério da Justiça, destacado no relatório da Comissão Estadual da Verdade do Rio de Janeiro, extraída do Arquivo Nacional, endereçada ao Serviço Nacional de Informação (SNI), possivelmente reportada à alta cúpula do regime militar: "Existe no BRASIL, já há alguns anos, embora com certa raridade, a intenção velada do movimento subversivo em suscitar o problema da discriminação racial, com o apoio dos órgãos de comunicação social. [...] Pela análise realizada pelos Órgãos de Informações, em 1971, conclui-se que indivíduos inescrupulosos e ávidos, para aumentarem as vendas de seus jornais ou revistas, e outros, principalmente por estarem ligados ou viverem na subversão ou terrorismo, estavam constantemente difundindo boatos e notícias que exploravam o assunto, combinando-o com incidentes ocorridos no meio artístico (na época, o caso de TONY TORNADO, através da TV), com temas abordados em programas ao vivo e novelas pela TV, com assuntos ventilados em revistas e até em letras de canções apresentadas por artistas de renome.[...] Nesses anos, a repercussão do assunto foi considerável, chegando a influir na moda com o aparecimento de um novo tipo de cabeleira, gestos típicos e dísticos alusivos em peças de roupas, visando a dar uma conotação de presença e fortalecimento da raça de cor negra.[...] Nos Estados Unidos da América do Norte, a criação e atuação dos grupos e movimentos conhecidos por 'PANTERAS NEGRAS', 'BLACK POWER' e outros de menor expressão, tem extensões que extrapolam os problemas locais, repercutindo em vários outros países, assumindo formas de organizações internacionais, sempre seguindo as premissas do M. C. I. [Comunismo Internacional], em colimar o agravamento das tensões sociais, visando à destruição das sociedades ocidentais.[...] O assunto se presta à ideia-força do movimento subversivo-terrorista, por ser sensível à nossa população e contrário à formação brasileira. É explosivo e aglutinador, capaz de gerar conflitos e antagonismos, colocando em risco a segurança nacional" (Pires, 2015, p. 7-8).

[14] Segundo Natália Neris, o MNU, originalmente denominado Movimento Negro Contra a Discriminação Racial, "fora a face mais expressiva, o marco do surgimento de uma mobilização de caráter político-reivindicativo" negro no Brasil. "Um caso de violência policial e discriminação num Clube Desportivo são citados como estopim para a organização do ato inaugural que ocorreu nas escadarias do Teatro Municipal". No contexto da ditadura, segundo Milton Barbosa, "Quando nós ocupamos a praça, não tinha mais como eles reprimirem porque o Brasil vendia uma imagem de país não racista. [...] Eles ficaram de mãos amarradas". Uma das pautas principais colocadas naquele momento foi a anistia dos presos políticos, compreendendo por uma ampliação da categoria para abarcar pessoas negras presas por crimes comuns contra a propriedade, alvo preferencial da violência policial e ausência de políticas públicas (Neris, 2018, p. 62-65).

Eu sei que ninguém aguenta mais falar de Gilberto Freyre depois dos esforços do movimento negro contemporâneo pra desmantelar o mito da democracia racial, pensando naquela geração das décadas de 1970 e 1980, de Lélia, Beatriz, Abdias e tantos outros, que formulou novas interpretações sobre o Brasil — o que alguns poderiam chamar de anacronismo[15]. Freyre não foi o único a se debruçar sobre a formação nacional, nem sobre regionalismo, nem sobre as imagens de escravas domésticas. Se não houvesse Freyre, ainda haveria problemas a resolver. Mas ele foi, com certeza, o que recebeu maior projeção internacional e legitimidade científica, vocalizando uma espécie de espírito do tempo que informa nossas concepções mais íntimas sobre brasilidade, pertença nacional e identidade racial, sendo considerado um dos grandes intérpretes da nação.

O movimento negro contemporâneo combateu diretamente o mito da democracia racial na Assembleia Constituinte, colocando projetos nacionais em disputa num momento estratégico, com ênfase na Subcomissão dos Negros, Populações Indígenas, Deficientes e Minorias. A Constituição de 1988 inovou ao estabelecer um amplo espectro normativo sobre a questão racial, a exemplo da criminalização do racismo, demarcação de terras quilombolas e proteção de terreiros como patrimônio cultural, além da previsão de um ensino da História do Brasil que levasse em conta as contribuições de diferentes culturas e etnias, o que abriria caminho para a Lei 10.639/2003[16] e para as ações afirmativas nas universidades e concursos nas décadas seguintes. Questionou-se o mito de integração ao reconhecer a existência do racismo e os impactos da colonização no processo civilizatório do Brasil, produzindo efeitos sobretudo na ordem constitucional da cultura (Neris, 2018; Duarte, Scotti, 2015).

[15] Jacques Rancière diz que a História se constituiu como ciência resolvendo questões filosóficas da relação entre tempo, palavra e verdade com procedimentos literários. O pecado do anacronismo é entendido não como um choque cronológico, mas um choque de regimes de verdade que concorrem entre o tempo histórico e o tempo lendário, ou um problema de coerência com a ficção estabelecida sobre determinada época. Onde termina o domínio do verificável é onde começa a imputação de anacronismo, a alegação de que algo não poderia existir em determinada data. "O anacronismo, portanto, concerne à verdade na poesia antes de ligar-se à verdade do cientista. E é no debate sobre os direitos da ficção que serão definidas as características do conceito que os historiadores herdarão. [...] [O]s direitos da ficção são inversamente proporcionais à proximidade do tempo. Quanto mais nos aproximamos do presente, menos podemos inventar, pois a invenção ficcional aproxima-se mais de um limite: a mentira verificável" (Rancière, 2011, p. 25).

[16] A Lei n.º 10.639 de janeiro de 2003 alterou a Lei de Diretrizes Básicas da Educação (LDB) (Lei nº. 9.394/1996) para incluir a obrigatoriedade do ensino de História e Cultura Afrobrasileira no currículo oficial da Rede de Ensino. Posteriormente, a Lei n.º 11.645, de março de 2008, incluiria também a obrigatoriedade do ensino de História e Cultura Indígena.

O processo de constitucionalização do emprego doméstico, contudo, mostra que o mito operou na ordem social do trabalho, legitimando permanências da escravidão no coração dos direitos sociais (Ramos, 2018). Isso expressa uma possível tensão entre raça e classe, ou a tensão entre raça e gênero exaustivamente levantada por mulheres negras há décadas ou séculos. O emprego doméstico no Brasil evidencia que democracia racial não é um assunto superado, e que existe uma articulação inegável entre racismo e sexismo na cultura brasileira (Gonzalez, 1984). O atual momento político talvez seja a emergência das coisas que não resolvemos em oitenta e oito vindo nos assombrar: uma relação latente entre escravidão, patriarcado e autoritarismo (Freyre, 2017).

Entre as principais características do paradigma do Estado Democrático de Direito, que tem como marco no Brasil a Constituição de 1988, está a força procedimental adquirida pelos direitos fundamentais, que cobra cidadania de imediato, sem que seja condicionada à efetividade das prestações públicas que lhe dão materialidade (Carvalho Netto, 2004); enquanto até hoje não se asseguram direitos básicos à categoria das trabalhadoras domésticas. É central ainda o caráter participativo, pluralista e aberto da Constituição no debate público constitutivo e conformador da soberania do Estado Democrático (Carvalho Netto, 2004); ao passo que se silenciaram as legítimas demandas de um movimento social organizado há décadas, que representa milhares de trabalhadoras. Rasuram-se as fronteiras entre público e privado para proteção de direitos difusos[17] (Carvalho Netto, 2004), mas não se toca no privado do lar da elite brasileira em suas práticas mais cotidianas de perpetuação de violência. Afinal, quem é o sujeito constitucional da Constituição de 1988?

A identidade do sujeito constitucional, segundo Michael Rosenfeld (2003), é definida como um vazio, tensão permanente entre inclusão e exclusão, necessariamente aberta para a reconstrução inerente ao pluralismo democrático. Nesse sentido, o exercício ativo da cidadania é o que produz os cidadãos. O texto constitucional sozinho não faz nada, mas muda e se adapta à medida que o tempo passa e ele é reinterpretado forma dinâmica. A matéria constitucional é condenada a permanecer incompleta, sempre passível de maior elaboração ou precisão.

---

[17] Direitos de terceira geração, também chamados de direitos difusos, referem-se a direitos cujos titulares, na hipótese de dano, não são nitidamente determinados, como os ambientais, da criança e do consumidor. O Estado, embora não diretamente responsável, torna-se no mínimo negligente em seu dever de fiscalização ou atuação, criando situação difusa de risco para a sociedade. Refiro-me aqui ao combate à violência doméstica (Carvalho Netto, 2004).

Rosenfeld fala dos Estados Unidos, berço da Constituição de 1787, considerada a primeira constituição formal do mundo moderno, e argumenta que os constituintes de 1787, homens brancos proprietários, não representavam todos aqueles sujeitos às prescrições constitucionais. Uma vez que omitia a escravidão quando dizia que todos os homens nascem livres e iguais, a constituição certamente não se referia aos afroamericanos. O "povo" constituinte que estabeleceu aquele contrato social, quando olhado de perto, não tinha qualquer unidade, consubstanciando uma contradição absoluta (Rosenfeld, 2003).

A solução, assim, foi produzir uma teoria constitucional que considerasse sujeito e matéria constitucionais, na qual buscamos fontes de legitimidade para a autoridade da ordem constitucional, mais como ausências que como presenças, sempre abertas e em disputa. Na tensão entre o constitucionalismo contemporâneo e a tradição, a identidade constitucional é uma abstração que deve ser construída em oposição a outras identidades relevantes, como a étnica, religiosa ou cultural, no sentido de que a personificação deve ser evitada, uma vez que implicaria risco de autoritarismo. O sujeito constitucional não é propriamente nem os constituintes, nem os intérpretes, nem as pessoas sujeitas às suas prescrições, que não podem se despir de suas identidades, mas todos fazem parte dele, só suscetível de determinação parcial, mediante um processo de reconstrução que busque um equilíbrio entre a oposição às identidades e a incorporação de alguns de seus elementos (Rosenfeld, 2003).

Em termos de disputa da identidade constitucional, o movimento de trabalhadoras domésticas incidiu tanto no momento de elaboração da norma constitucional quanto no momento de interpretação e reconstrução, sobretudo por meio da emenda à Constituição que ampliou o rol de seus direitos fundamentais, mas ainda não o equipara aos dos demais trabalhadores. As alterações ao Art. 7º dadas por meio da Emenda Constitucional n.º 72 de 2013, ao mesmo tempo que evidenciam a contínua luta por direitos realizada pela categoria no Brasil, revelam também uma experiência persistente de exclusão jurídica.

Como o Direito, enquanto disciplina, respondeu às significativas alterações jurídicas sobre o emprego doméstico no Brasil nos últimos anos? Há pelo menos 40 dissertações e 4 teses sobre trabalho doméstico na área do Direito defendidas até 2020 registradas no repositório da Coordenação de Aperfeiçoamento de Pessoal de Ensino Superior (Capes), entre as quais destaco as de Gabriela Ramos (2018), Judith Karine Santos (2010),

Regina Vieira (2018), Isadora Brandão (2016), Raquel Santana (2020), Poliana Albuquerque (2016), Mariane Cruz (2016), Larissa Margarido (2020) e Patrícia Maeda (2020), que explicitamente enfatizam o papel da organização política das trabalhadoras na conquista de seus direitos.

Em outras áreas do conhecimento, destaca-se o campo dos estudos feministas sobre trabalho doméstico nas Ciências Sociais desde a década de 1970. Algumas de suas principais expoentes são Heleieth Saffioti, Hildete Pereira de Melo, Maria Sueli Kofes, Jurema Gorski Brites, Alda Brito Motta, Mary Garcia Castro, Maria Betânia Ávila, Helena Hirata, entre outras. Vale mencionar ainda a significativa produção de Lélia Gonzalez sobre o tema no mesmo período. Além dos estudos acadêmicos, consideram-se também pesquisas institucionais realizadas por organizações como Instituto de Pesquisa Econômica Aplicada (Ipea), Organização Internacional do Trabalho (OIT) e Themis – Gênero e Justiça.

Ainda nas Ciências Sociais, Joaze Bernardino-Costa (2007) escreveu a tese sobre os sindicatos de trabalhadoras domésticas no Brasil e sua produção de saberes subalternos. A assistente social Elisabete Aparecida Pinto (2015) escreveu, em 1993, no mestrado em Educação, sobre a trajetória de vida de Laudelina de Campos Mello, fundadora da primeira associação de domésticas do país na cidade de Santos/SP, em 1936. Na Literatura, Sônia Roncador (2008) fala de representações de trabalhadoras domésticas, da *Belle Époque* brasileira à literatura de testemunho de Lenira de Carvalho, trabalhadora doméstica sindicalista de Recife/PE que publicou duas autobiografias (Carvalho, 1982, 2000).

Diretamente ou indiretamente, a academia é provocada pela atuação do movimento. A historiadora Flávia Fernandes de Souza (2017) comenta que desde meados dos anos 2000 houve um *boom* na produção de pesquisas historiográficas sobre trabalho doméstico no Brasil, principalmente na História Social do Trabalho, das Mulheres, da Escravidão e do Cotidiano e da Vida Privada, atribuída parcialmente à visibilidade do tema desde a criação de uma comissão especial na Câmara dos Deputados para análise de projetos de lei e emendas constitucionais sobre trabalho doméstico, que desde então passou a ser tema recorrente na imprensa e na pauta de debates de interesse público.

Escravidão e liberdade fazem parte do jogo discursivo dos direitos das domésticas. Raissa Roussenq Alves (2017) identifica que referências à Lei Áurea são comuns nos discursos jurídicos e políticos sobre trabalho escravo contemporâneo, ao mesmo tempo que o retratam como um fenômeno "novo", associado a novos modos de organização da economia capitalista global, sem qualquer relação com a escravidão colonial. A autora aponta uma tendência de desconsideração da relevância da cor/raça dos resgatados em situação análoga à escravidão, atribuída à desigualdade socioeconômica.

Há ainda uma profunda invisibilidade de gênero na política pública de erradicação do trabalho escravo. Segundo levantamento da Repórter Brasil (Trabalho [...], 2021), de todos os resgatados no Brasil, entre 2003 e 2018, 95% eram homens e apenas 5% eram mulheres, "apesar das conhecidas condições desumanas a que [trabalhadoras domésticas] estão sujeitas em muitos casos" (Alves, 2017, p. 86), sem falar nas escravizadas em outras ocupações.

De algum modo, mesmo que o sujeito constitucional seja indeterminado, ele sempre se parece mais com homens brancos proprietários do que com as trabalhadoras domésticas. Dizem que a força das democracias vem da sua capacidade de reinvenção e abertura permanente, entendendo a modernidade como projeto inacabado, realizável, promessa de igualdade e liberdade a se cumprir (Habermas, 2000). Talvez, se tiverem um pouco mais de paciência, esse projeto finalmente se realize para elas. Essa brecha para o reconhecimento e a inclusão, uma fresta tão estreita que admite sem muitos problemas o trabalho escravo e o estupro de crianças, mas é cheia de dedos pra garantir um salário-mínimo e um teto de jornada, limita concepções mais amplas de cidadania e nossa própria imaginação como juristas.

O artigo 7º da Constituição Federal inscreve o lugar das domésticas nessa democracia genocida (Flauzina, 2019). O que chamamos de crise, exceção ou ruptura "parece sinalizar mais para o alcance dos corpos que passa a atingir do que para a completa inovação das práticas em curso" (Flauzina, 2019, p. 63). O quartinho de empregada, verdadeira senzala moderna (Rara, 2019), que se mantém como palco de cenas de terror cotidiano que não gera nem espanto, nem processos, é emblemático do imperativo da normalidade democrática: a ocultação ou dissimulação da brutalidade das democracias (Mbembe, 2017).

Contudo, a Constituição registra ainda uma longa história de lutas por direitos das trabalhadoras domésticas, que disputam e coconstroem o projeto constitucional de oitenta e oito, ao mesmo tempo dentro e fora desse barato chamado democracia (Collins, 2019; Gonzalez, 1984). Afinal, o que é o constitucionalismo senão uma linguagem da liberdade?

2.2 Constitucionalismo em pretuguês: cartografia do texto ou "nossos passos vêm de longe"

O "pretuguês", termo cunhado por Lélia de Almeida Gonzalez, designa marcas de africanização das línguas coloniais: aspectos tonais e rítmicos de idiomas africanos, a ausência ou presença de certos fonemas característicos da oralidade do português falado no Brasil, do espanhol, francês e inglês cantados no Caribe e outros lugares das Américas do Sul, do Norte, Central e Insular, que apontam para a influência negra na formação do continente americano, definida pela categoria político-cultural de amefricanidade.

> É engraçado como eles gozam a gente quando a gente diz que é <u>Framengo</u>. Chamam a gente de ignorante dizendo que a gente fala errado. E de repente ignoram que a presença desse <u>r</u> no lugar do <u>l</u>, nada mais é que a marca linguística de um idioma africano, no qual o <u>l</u> inexiste. Afinal, quem que é o ignorante? Ao mesmo tempo, acham o maior barato a fala dita brasileira, que corta os erres dos infinitivos verbais, que condensa <u>você</u> em <u>cê</u>, o <u>está</u> em <u>tá</u> e por aí afora. Não sacam que tão falando pretuguês [grifos do original]" (Gonzalez, 1984, p. 238).

Esse "olhar novo e criativo" demanda que a gente perceba que o Brasil, "por razões de ordem geográfica e, sobretudo, da ordem do inconsciente, não vem a ser aquilo que geralmente se afirma: um país cujas formações do inconsciente são exclusivamente brancas, europeias" (Gonzalez, 1988, p. 69). Como poderia? Entre as classificações eurocêntricas de "cultura popular" e "folclore nacional", ficamos com o fato real da nossa história (Identidade, 1999): "a África civilizou o Brasil porque lhe deu um povo" (Nabuco *apud* Gonzalez, 1982, p. 6).

A amefricanidade carrega a transnacionalidade da experiência da diáspora africana nas Américas para além da centralidade imperialista dos EUA, enfatizando a agência, resistência, adaptação e reinvenção dos múltiplos povos colonizados. Considerando os contatos e trocas culturais entre negros, indígenas e brancos, a amefricanidade, forjada durante séculos de luta anticolonial, é entendida não como sobrevivências de África, mas como *criação* de nossos antepassados, *inspirada* em modelos africanos, "que não nos leva para o outro lado do Atlântico, mas que nos traz de lá e nos transforma no que somos hoje: *amefricanos*" (Gonzalez, 1988, p. 79).

A partir de aspectos socioeconômicos e psicanalíticos da dominação europeia, e atenta às especificidades das formas de colonização de Portugal e Espanha, Lélia entendia o racismo como neurose cultural brasileira. A amefricanidade seria denegada pelas narrativas oficiais da colonização ibérica, caracterizadas, portanto, pelo chamado racismo por denegação, tendo como recurso por excelência o mito da democracia racial. Em vez de uma América Latina, sobretudo portuguesa e espanhola, progressivamente embranquecida pela miscigenação, teríamos na verdade uma América Africana, ou Améfrica Ladina (Gonzalez, 1988).

Figura 3 – Lélia Gonzalez em Dakar, Senegal, 1979

Fonte: Acervo Lélia Gonzalez, 1979

Chamando atenção para a linguagem e os aspectos inconscientes que ela carrega, bem como para a função materna de mulheres negras na cultura brasileira, o pretuguês guarda inscrições de uma história que não foi escrita (Gonzalez, 1984). Mais que uma inspiração estilística na escrita de Lélia ou uma desculpa pra "falar errado", pretuguês é evidência da nossa amefricanidade denegada, que está presente não só na língua, mas na música, no sistema de crenças e nas histórias de luta silenciadas, e aqui será o nosso marco teórico.

A formulação de um constitucionalismo ladino-amefricano definitivamente deve muito à Thula Pires, professora de Direito Constitucional da PUC-Rio, instituição na qual a própria Lélia chegou a lecionar. No meio dos mesmos alemães da Escola de Frankfurt[18] que temos que encarar, falando a língua do constitucionalismo e dos Direitos Humanos e tentando achar um jeito de dar conta da relação entre Estado e racismo na vida de pessoas negras sem ter que fazer gambiarra[19], Thula encontrou Lélia e foi convertida[20].

> Tem um pessoal que diz que não dá pra fazer filosofia se não for em alemão. Vamo falar a verdade? Filósofo *bom, bom mermo*, é aquele que vive no Morro do Alemão, e é capaz de fazer uma filosofia que ajude a entender o mundo e a criar alternativas ao mundo que a gente herdou. E foi mais ou menos isso que eu encontrei no pensamento de Lélia [...]. [Os alemães] até poderiam servir pra demonstrar erudição, mas não iam servir pra mais nada (Pensar, 2020, 1:29:09 a 1:46:38).

A aproximação com Lélia tem um sentido pedagógico, que reflete os processos de embranquecimento, "divisão interna" e negação da origem que ela e outras mulheres negras viveram em instituições educacionais, que podemos entender por meio do que Sueli Carneiro (2005) chamou de epistemicídio. Trata-se da dimensão epistêmica do genocídio, que fornece legitimidade ao empreendimento colonial ao constituir um imaginário sobre o mundo que estabelece o outro como não ser como fundamento do ser, feito um espelho invertido: se há um belo, há uma contraparte feia, pra ter um civilizado, tem que ter um selvagem, pra existir o branco, teve que se inventar o negro. Sueli aponta para o papel da educação na reprodução dos poderes e na distribuição da vida e da morte.

Deslegitimando os povos colonizados como sujeitos de conhecimento, destituindo-os de razão, suas formas de conhecimento são reduzidas a mero folclore ou superstição, quando não apropriadas ou

---

[18] "Escola de Frankfurt" remete a uma tradição intelectual ligada ao Instituto de Pesquisa Social da Universidade de Frankfurt, fundado por Max Horkeimer, em 1924, com o objetivo de financiar pesquisas vinculadas ao marxismo, inaugurando a vertente da Teoria Crítica. A denominação da Escola de Frankfurt é retrospectiva, da década de 1950, quando pensadores vinculados à Teoria Crítica retornaram à Alemanha após o fim do regime nazista no pós-guerra. Jürgen Habermas e Axel Honneth podem ser considerados respectivamente segunda e terceira geração da Teoria Crítica Nobre, 2003.

[19] Pires (2013) recorreu em sua tese de doutorado à teoria do reconhecimento de Honneth para analisar a jurisprudência do Tribunal de Justiça do Estado do Rio de Janeiro sobre o crime de racismo.

[20] Publicações mais recentes da autora, que refletem sua atuação política amefricana, abandonam a teoria do reconhecimento para articular o pensamento de Lélia Gonzalez com a teoria decolonial (Pires, 2018).

destruídas pelo saber branco. Num processo persistente de produção de indigência cultural e controle subjetivo, de mentes e corações, promove a negação do acesso à educação de qualidade e da realização das capacidades intelectuais, assimilação e rebaixamento da capacidade cognitiva por carência material e comprometimento da autoestima nos processos discriminatórios na escolarização formal (Carneiro, 2005).

Antes de ser professora, Lélia foi babá de filho de madame, uma criança que cuidava de criança. Nascida em Belo Horizonte/MG, em 1 de fevereiro de 1935, era a 17ª dos 18 filhos de Joaquim de Almeida, ferroviário negro, que faleceu quando ela era pequena, e Urcinda Serafim de Almeida, trabalhadora doméstica indígena[21] analfabeta. Por ser das mais novinhas, foi uma das poucas da família a ter a oportunidade de estudar, já que todo mundo tinha que trabalhar; contando com ajuda de uma família italiana pra quem sua mãe trabalhou como ama de leite, além de professores, colegas e familiares (Viana, 2006; Carneiro, 2014).

Depois de se mudar para o Rio de Janeiro com a família em 1942 atrás do sonho do irmão Jaime de ser jogador de futebol pelo Flamengo, teve acesso a uma educação erudita, com formação em História e Geografia e Filosofia na Universidade do Estado da Guanabara (atual UERJ), tornando-se professora da educação básica e superior. Mais tarde, faria mestrado em Comunicação na UFRJ (não concluído) e doutorado em Antropologia Social na USP. Por muito tempo, Lélia se empenhou em ser uma lady finíssima, na elegância de seus saltos, vestidos, perucas, idiomas estrangeiros e das mais sofisticadas teorias. Quanto mais se comportava e se destacava, experimentando uma relativa ascensão social, mais se afastava de suas origens e internalizava a ideologia do branqueamento (Ratts; Rios, 2010).

Com a morte da mãe, Urcinda Serafim, e do marido, Luiz Carlos Gonzalez, cuja família passou a considerá-la uma "negra suja", "prostituta", quando se casaram[22], sua cabeça deu uma "dançada incrível".

---

[21] Não foi possível determinar a que povo ela pertencia, mas se destaca que "os grupos indígenas identificados naquela época [1989] eram os tupiniquins, no Espírito Santo, e os maxacalis e os krenaks, em Minas Gerais" (Ratts; Rios, 2010, p. 22).

[22] "A família do meu marido achava que o nosso regime matrimonial era, como eu chamo, de 'concubinagem', porque a mulher negra não se casa legalmente com o homem branco; é uma mistura de concubinato com sacanagem. [...] Quando descobriram que estávamos legalmente casados, aí veio o pau violento em cima de mim". Lélia atribui a essa experiência seu despertar para a consciência racial e ao apoio de Luiz Carlos, que "rompeu com a família, ficou do meu lado" e "foi a primeira pessoa a me questionar com relação ao meu próprio branqueamento" (Ratts; Rios, 2010, p. 52-53).

"Eu fui parar no psicanalista". Aí, aproximou-se da Psicanálise e do Candomblé[23], marcas distintivas de seu pensamento. A imaginação política e o vocabulário conceitual foram completamente re-orí-entados quando percebeu que o lugar de onde veio e suas práticas culturais não tinham nada de primitivas, mas eram na verdade sua grande potência (Ratts; Rios, 2010, p. 59-61; Pires, 2020).

A partir daí, surgiria a figura política que conhecemos, central na articulação do movimento negro e feminista nacional e internacionalmente, que dedicou sua inteligência, exuberância e eloquência a projetos de emancipação coletiva. A sofisticação dos filósofos não era páreo pra importância da própria mãe e suas sacações incríveis sobre a realidade (Ratts; Rios, 2010). A constitucionalista fica doida quando vê um negócio desse:

> A **história oficial**, assim como o **discurso pedagógico** internalizado por nossas crianças, falam do **brasileiro como um ser cordial**, e afirmam que a **história do nosso povo é um modelo de soluções pacíficas** pra todas as tensões ou conflitos que nela tenham surgido. Por aí pode-se imaginar que tipo de **estereótipo difundido a respeito do negro: passividade, infantilidade, incapacidade intelectual, aceitação tranquila da escravidão**, etc. Também não é ressaltado pela história oficial o fato de que **o primeiro Estado livre de todo o continente americano existiu no Brasil colonial**, uma denúncia viva do sistema implantado pelos europeus no continente. Estamos falando da **República Negra de Palmares**, que durante um século (1595-1695) floresceu na capitania de Pernambuco. [...] Palmares foi a primeira tentativa brasileira no sentido de criação de uma sociedade democrática e igualitária que, em termos políticos e socioeconômicos, realizou um grande avanço. Sob a liderança da figura genial de Zumbi, **ali existiu uma efetiva harmonia racial** já que **sua população**, constituída por **negros, índios, brancos e mestiços, vivia do trabalho livre cujos benefícios revertiam para todos**, sem exceção. [...] **Palmares foi o berço da nacionalidade brasileira,** [...] onde a **língua oficial era o pretuguês** (Gonzalez, 2018, p. 37, grifos meus).

---

[23] Lélia foi fundadora do Colégio Freudiano do Rio de Janeiro em 1975 com MD Magno e Betty Millan, discípulos e analisandos de Jacques Lacan. "[A] psicanálise me chamou a atenção para meus próprios mecanismos de racionalização, de esquecimento, de recalcamento etc. Foi inclusive a psicanálise que me ajudou neste processo de descobrimento da minha negritude. [...] A partir daí fui transar meu povo mesmo, ou seja, fui transar candomblé, macumba mesmo, essas coisas que eu achava que eram primitivas" (Ratts; Rios, 2010, p. 60-61).

Ô, abestalhada. O constitucionalismo haitiano é legal? Ele é legal. Ele pode te ajudar? Pode te ajudar. Mas o primeiro Estado livre da parte do mundo que se convencionou chamar Américas foi *Palmares*. Vai ficar dando volta pra que, miséria? (Pensar, 2020, 1:38:25 a 1:38:47).

Lélia deu régua, compasso, virada linguística e o fundamento das lutas por liberdade no continente, tudo desde a agência das mulheres amefricanas, que, mesmo em condições precárias, mantiveram a sobrevivência de suas comunidades e transmitiram os valores afro-brasileiros aos seus filhos e aos brancos que criaram (Pensar, 2020; Pires, 2021), o que nos permite percebê-las como intelectuais e revolucionárias[24] (Collins, 2019; Hartman, 2019).

Thula narrou seu processo de conversão numa palestra virtual no canal Pensar Africanamente em 2020 em homenagem à nossa grande intérprete da nação (Barreto, 2018), na companhia de Sueli Carneiro, Vilma Piedade, Ieda Leal e Silvany Euclênio, em que compartilhou um trecho de uma conversa que teve com Mãe Beata de Iemanjá em 2016.

Lélia Gonzalez foi uma mulher. Foi não, é ainda, porque na visão de mundo iorubá, não tem essa coisa de morte. Ela deve estar: "Será que Mãe Beata vai falar no meu nome? Será que a Thula vai falar no meu nome? Essa criança [Dandara, filha de Thula, então com três anos de idade] vai falar no meu nome?" (Pensar, 2020, 1:30:19 a 1:30:40).

Iyá fala sobre a responsabilidade de honrar o legado de quem nos antecedeu. É como diz aquele samba do Jorge Aragão, lembra? "E quando pisar no terreiro/ Procure primeiro saber quem eu sou/ Respeite quem pôde chegar onde a gente chegou". Pra pisar no terreiro dessas mulheres, não adianta só ler os livros, nem dos alemães, nem de Lélia, nem de ninguém. Então, a gente baixa a bola, pisa devagarinho e tenta seguir seus passos, que vêm de muito longe. Uma vez, em 2014[25], Sueli Carneiro

---

[24] Aqui, recorro à ideia de intelectuais negras elaborada por Patricia Hill Collins, que não requer escolarização formal, mas "um processo de luta autoconsciente em favor das mulheres negras, independente do lugar social concreto em que esse trabalho ocorra" (Collins, 2019, p. 52), abordando as trajetórias de poetas, musicistas, ativistas, mães, trabalhadoras domésticas, lideranças comunitárias e religiosas. Remeto ainda às elaborações de Saidiya Hartman sobre experiências radicais e revolucionárias cotidianas nas vidas de mulheres e pessoas *queer* negras, para além dos grandes eventos e narrativas, inclusive fora de estruturas políticas tradicionais, como sindicatos e partidos (Hartman, 2019).

[25] No ano de 2014, houve revisão da política de cotas instituída na UnB, em 2004. A universidade publicou a pesquisa "Análise do sistema de cotas para negros da Universidade de Brasília", cujo relatório teve como principais resultados: i) que as ações afirmativas foram uma decisão acertada da instituição; ii) que o rendi-

visitou a UnB e se reuniu com estudantes negros na Faculdade de Direito e, questionada sobre qual seria o nosso compromisso com a sociedade, ela respondeu algo assim:

> A tarefa de vocês é disputar conceitos, abordagens, teoria. O grande embate de vocês é aqui dentro. Lutou-se muito para que a geração de vocês estivesse aqui. Foquem nisso. Lá fora, sempre teve quem segurou o rojão. Sem vanguardismo (Queiroz, 2020).

Realmente, lutou-se muito pra que a minha geração estivesse aqui. Entrei na faculdade em 2012, ano da promulgação da Lei de Cotas (Lei n.º 12.711) e do julgamento da Arguição de Descumprimento de Preceito Fundamental (ADPF) 186 pelo Supremo Tribunal Federal (STF), que decidiu por unanimidade pela constitucionalidade das ações afirmativas na UnB[26], a primeira universidade federal do Brasil a implementá-las. Pudemos ter Ana Luiza Flauzina, integrante do EnegreSer — coletivo de jovens/estudantes que nos anos 2000 encampou a luta pelas cotas na mesma universidade – e autora de "Corpo negro caído no chão: o sistema penal e o projeto genocida do Estado brasileiro", dissertação defendida no PPGD/UnB, em 2006, como nossa professora de Pensamento Negro Contemporâneo anos depois.

Quem estabeleceu as bases do campo que chamamos de Direito e Relações Raciais no Brasil foram duas mulheres negras: Eunice Prudente, professora da Universidade de São Paulo (USP), que defendeu sua dissertação intitulada "Preconceito racial e igualdade jurídica no Brasil" na mesma instituição em 1980, e Dora Lúcia Bertúlio, procuradora da Universidade Federal de Santa Catarina (Ufsc), cuja pesquisa de mestrado na mesma instituição, "Direito e relações raciais: uma introdução crítica ao racismo", foi defendida em 1989.

A Teoria Crítica da Raça (TCR)[27], hoje um campo interdisciplinar, tem origem nas reivindicações de professores e estudantes não brancos dissidentes dos *Critical Legal Studies*" (CLS) na faculdade de Direito

---

mento acadêmico dos estudantes formados em todas as áreas do conhecimento não varia significativamente entre cotistas e ingressantes da ampla concorrência; e iii) que muitos estudantes não teriam ingressado na UnB sem as ações afirmativas (Decanato, 2013).

[26] A ação, ajuizada pelo Partido Democratas (DEM), visava desconstituir atos da Universidade de Brasília, do Conselho de Ensino, Pesquisa e Extensão (Cepe) e do Centro de Promoção de Eventos (Cespe) da UnB relativos à seleção vestibular e ao Plano de Metas para Integração Social, Étnica e Racial (Brasil, 2012).

[27] Sobre a TCR no Brasil, Rodrigo Portela Gomes (2021) conecta essa tradição ao campo do Direito e Relações Raciais, com ênfase sobre as contribuições de Eunice Prudente, Dora Bertúlio, Ana Flauzina, Thula Pires e Isis Conceição. Percebe-se na geração das três últimas uma ênfase sobre questões relativas ao direito penal.

de Harvard nos EUA do fim dos anos 1980, que tem como uma de suas principais expoentes a advogada Kimberlé Crenshaw (2011), que cunhou o conceito de interseccionalidade. Esse e outros caminhos foram pavimentados por mulheres como Isis Conceição, Maria Sueli Rodrigues de Souza, Gabriela Barreto de Sá e tantas outras.

Essas mulheres produzem deslocamentos no que se chama de cultura jurídica, que envolve coisas da ordem dos discursos, dos modelos argumentativos, das teorias. António Manuel Hespanha (2012) via na cultura jurídica brasileira a difusão de estudos críticos desde os anos 1970, críticos do imperialismo e, depois, da ditadura. A crítica ao formalismo, o compromisso militante do Direito e dos juristas de responder aos problemas da sociedade e seu papel de garantia dos Direitos Humanos e sociais são aspectos que ganharam força com a nova Constituição. Alguns professores influentes nesse sentido foram Luís Alberto Warat e Roberto Lyra Filho. A presença de autores como Foucault, Bourdieu e Derrida na pesquisa jurídica é identificada no processo de construção de um direito crítico, pluralista, alternativo.

Desconfio que as cotas, em termos de impacto epistêmico, bagunçaram muita coisa nessa história, seja no ensino, na pesquisa ou na extensão[28], e que a tal da cultura jurídica oculta algo para além daquilo que mostra (Gonzalez, 1984). O papel hegemônico, de manutenção das desigualdades, marca a nossa cultura jurídica desde a fundação das primeiras escolas de direito de Olinda/Recife e São Paulo, criadas em 1828 para formar uma *intelligentsia* nacional desvinculada da metrópole portuguesa, e resolver, junto das faculdades de medicina, o "problema das raças" no pós-independência ou os impactos da iminente libertação da massa negra sobre o tecido nacional. Enquanto a perspectiva eugênica da ótica médica visava curar uma nação enferma pela presença das "raças inferiores", os bacharéis, "doutrinadores" e "eleitos da nação" colocariam na forma da lei o que o médico diagnosticara, tratando de saná-la (Schwarcz, 1993).

Cultura evoca elementos que o sociólogo Yuri Brito (2019) observou nas faculdades de direito da USP, UFBA e UnB: os diferentes contextos institucionais no que diz respeito à história, à cultura acadêmica, à arquitetura, ao ambiente de sociabilidade de cada uma. As tradições do século XIX seguem vivas nas arcadas do Largo de São Francisco, recriando os sentidos de pertença dos aprendizes do poder desde o império e pro-

---

[28] "Art. 207. As universidades gozam de autonomia didático-científica, administrativa e de gestão financeira e patrimonial, e obedecerão ao princípio de indissociabilidade entre ensino, pesquisa e extensão" (Brasil, 1988).

duzindo presidentes da República, deputados e ministros do Supremo. A história da FDUSP evoca a imagem dos barões oitocentistas imortalizados nos enormes quadros dentro das salas de aula com bancos de madeira ao estilo português, e no orgulho dos filhos dos filhos de seus filhos que lecionam na instituição há gerações. Vale lembrar que a USP foi a última universidade pública do Brasil a aderir à política de ações afirmativas.

A "egrégia" da Bahia, em Salvador, lá do topo da colina da Graça, acima das demais unidades acadêmicas, tem uma íntima relação com o poder político e jurídico estadual, que se reflete no perfil do corpo docente. A prima da faculdade de medicina de Nina Rodrigues mantém sua pompa centenária desde 1891 com esmero e deferência, embora uns mais jovens a ironizem. No térreo, está a sede do Centro Acadêmico Ruy Barbosa, nomeado em homenagem ao ilustre jurista que teria ordenado a queima dos arquivos da escravidão, imortalizado num busto em um dos salões na faculdade. No mesmo salão, repousa o baú que contém as cinzas de Teixeira de Freitas, jurisconsulto do império, e placas em memória de docentes falecidos. A FDUFBA também abriga o Programa Direito e Relações Raciais (PDRR), coordenado por Samuel Vida, que tem como símbolo o machado de dois gumes de Xangô, o Orixá da Justiça (Brito, 2019).

Na UnB... Na UnB, nas palavras de Yuri, tudo parece uma ilha da fantasia. "Brasília não parece uma cidade, a Asa Norte definitivamente não parece um bairro, a UnB não parece uma universidade, e a Faculdade de Direito não parece de Direito. Essa impressão é verdadeira até a página dois" (Brito, 2019, p. 80). Na universidade futurista do sonho de Darcy Ribeiro, fundada em 1962, desfigurada pela ditadura militar, uma cicatriz que tem a face de Honestino Guimarães, em que a ausência de muros se reflete no projeto pedagógico transdisciplinar, nos gramados preguiçosos, nos traços de concreto e no movimento de seus estudantes, "[a] Faculdade de Direito da UnB é, sim, muito diferente, mas a despeito de toda a poeira vermelha, não fica em Marte; fica no coração do Brasil, e por ela corre o mesmo sangue que corre em todos nós" (Brito, 2019, p. 81).

Lélia não era jurista, mas era dotôra, e eu aposto que ela teria uma coisa ou outra pra dizer sobre cultura. Eu nasci em 1994, ano em que Lélia morreu. Morreu não, como lembrou Iyá Beata, que já foi se juntar a ela. Deixou este plano. Ainda não sabemos o caminho, mas seguir seus passos certamente é um bom lugar pra começar, traduzindo o juriquês pro pretuguês. Nossa escrevivência[29] (Evaristo, 2020) implica formas pouco usuais de produzir um texto acadêmico. Mas vem comigo. Hoje você vai ser estudante da disciplina de Direito e Relações Raciais do Maré na FD/UnB. E eu vou te dizer o que aprendi com as mulheres que, mesmo sem acesso à educação e à cultura, garantiram a educação dos seus filhos e dos filhos dos patrões.

Aponte a câmera do celular para o QR Code para ouvir a *playlist* do Capítulo 2.

---

[29]   No prefácio de Becos da Memória, Conceição Evaristo (2017) fala da escrita de seus romances como um experimento de construir um texto con(fundindo) escrita e vida, a partir de ficcionalizações da memória. Mesmo histórias reais são inventadas na criação de uma narrativa. A concepção de escrevivência parte daí, de gestos que precedem a própria escrita, do assuntar a vida, do verbo materno. Em outra oportunidade, a autora diz: "Escrevivência, em sua concepção inicial, se realiza como um ato de escrita das mulheres negras, como uma ação que pretende borrar, desfazer uma imagem do passado, em que o corpo-voz de mulheres negras escravizadas tinha sua potência de emissão também sobre o controle dos escravocratas, homens, mulheres e até crianças". Fala da apropriação de uma linguagem escrita mantendo as marcas da oralidade, que dizem da engenhosidade e criação cotidiana de nossas ancestrais. Remetendo à figura da mãe preta, essa linguagem é mobilizada para perturbar os sonos injustos da casa-grande (Evaristo, 2020, p. 30).

3

"NÃO QUEREMOS SER DA FAMÍLIA, QUEREMOS DIREITOS!": TRABALHADORAS DOMÉSTICAS NA ASSEMBLEIA NACIONAL CONSTITUINTE

Nós, Trabalhadoras Empregadas Domésticas, somos a categoria mais numerosa de mulheres que trabalham neste país, cerca de 1/4 (um quarto) da mão-de-obra feminina, segundo os dados do V Congresso Nacional de Empregadas Domésticas de Janeiro de 1985.

Fala-se muito que os trabalhadores empregados domésticos não produzem lucro, como se fosse algo que se expressasse, apenas e tão-somente, em forma monetária. Nós, produzimos saúde, limpeza, boa alimentação e segurança para milhões de pessoas. Nós, que sem ter acesso a instrução e cultura, em muitos e muitos casos, garantimos a educação dos filhos dos patrões. Queremos ser reconhecidos como categoria profissional de trabalhadores empregados domésticos e termos direito de sindicalização, com autonomia sindical.

Reivindicamos o salário mínimo nacional real, jornada de 40 (quarenta) horas semanais, descanso semanal remunerado, 13º salário, estabilidade após 10 (dez) anos no emprego ou FGTS (Fundo de Garantia do Tempo de Serviço), e demais direitos trabalhistas consolidados. Extensão, de forma plena, aos trabalhadores empregados domésticos, dos direitos previdenciários consolidados.

Proibição da exploração do trabalho do menor como pretexto da criação e educação. Que o menor seja respeitado em sua integridade física, moral e mental.

"Entendemos que toda pessoa que exerce trabalho remunerado e vive desse trabalho é trabalhador, e, conseqüentemente, está submetido as leis trabalhistas e previdenciárias consolidadas."

Como cidadãs e cidadãos que somos, uma vez que exercemos o direito da cidadania, através do voto direto, queremos nossos direitos assegurados na nova Constituição (ANC, 1987, p. 189-190).

Essa carta foi apresentada por uma numerosa delegação de trabalhadoras domésticas na 15ª reunião da Subcomissão dos Direitos dos Trabalhadores e Servidores Públicos da Assembleia Nacional Constituinte. Lida por Lenira de Carvalho, presidenta da Associação Profissional de Empregadas Domésticas (APED) de Recife/PE, a carta reunia um conjunto de demandas aparentemente simples: reconhecimento como categoria profissional, equiparação de direitos trabalhistas e previdenciários, direito à sindicalização e proibição do trabalho doméstico infantil a pretexto de criação e educação.

A cena registra um fragmento pouco conhecido da história da Constituinte. A chamada Constituição Cidadã, a primeira Constituição brasileira a reconhecer o emprego doméstico, definitivamente permitiu uma abertura que a distingue das anteriores[30]. Como um dos diversos movimentos sociais que viu nela uma oportunidade de disputa do novo projeto de nação que se gestava, as domésticas se mobilizaram intensamente para incidir sobre a nova carta.

Em resposta a suas reivindicações, foi evocada por parlamentares constituintes a figura da família. Vale lembrar que a definição jurídica do trabalho doméstico, nos termos do Art. 7º, *a*, da Consolidação das Leis do Trabalho (CLT) de 1943[31], bem como do Art. 1º da antiga Lei 5.859/1972[32] e do Art. 1º da atual Lei Complementar 150/2015[33], consiste em serviço de natureza/finalidade não econômica ou não lucrativa prestado a pessoa ou família no âmbito residencial destas, o que pretende demarcar as diferenças entre empregadores domésticos e aqueles que desenvolvem atividade empresarial.

---

[30] A primeira Constituição do Brasil foi a Constituição imperial de 1824, outorgada por Dom Pedro I após a independência de Portugal em 1822 e dissolução da Assembleia Constituinte de 1823. Após o fim do Império e Proclamação da República, em 1889, foi promulgada a Constituição republicana de 1891. Em 1934, foi promulgada nova carta, enfatizando direitos sociais, sob a presidência de Getúlio Vargas, que três anos depois a revogou, fechou o Congresso e outorgou a Constituição autoritária do Estado Novo em 1937, de inspiração fascista. Em 1946, foi promulgada a Constituição que retomou a linha democrática de 1934. Já sob o regime militar, foi outorgada a Constituição autoritária de 1967, posteriormente reformada pela Emenda Constitucional n.º 1, de 1969.

[31] Destaque-se que o texto da CLT exclui expressamente a categoria. "Art. 7º Os preceitos constantes da presente Consolidação salvo quando fôr em cada caso, expressamente determinado em contrário, não se aplicam: a) aos empregados domésticos, assim considerados, de um modo geral, os que prestam serviços de natureza não-econômica à pessoa ou à família, no âmbito residencial destas" (Brasil, 1943, grifo meu).

[32] "Art. 1º Ao empregado doméstico, assim considerado aquele que presta serviços de natureza contínua e de finalidade não lucrativa à pessoa ou à família no âmbito residencial destas, aplica-se o disposto nesta lei" (Brasil, 1972, grifo meu).

[33] "Art. 1º Ao empregado doméstico, assim considerado aquele que presta serviços de forma contínua, subordinada, onerosa e pessoal e de finalidade não lucrativa à pessoa ou à família, no âmbito residencial destas, por mais de 2 (dois) dias por semana, aplica-se o disposto nesta Lei" (Brasil, 2015, grifo meu).

A legislação não especifica as atividades desempenhadas nesse serviço, que podem incluir não apenas tarefas como lavar, passar, cozinhar e cuidar de crianças, mas também o trabalho de motoristas, jardineiros, piscineiros, caseiros e até o atendimento domiciliar de enfermeiros e fisioterapeutas. Para a doutrina, o que define o tipo de relação de emprego não é exatamente a atividade do empregado, "mas a [in]existência de lucratividade na atividade do empregador" (Martins, 2018, p. 31). A casa e a família, núcleos da definição legal, são pistas da desvalorização da profissão.

Nem tanto por meio da linguagem técnica, a família apareceu em relatos pessoais de constituintes que relegaram suas próprias empregadas à condição de "quase da família". O senador Mansueto de Lavor (PMDB/PE) declarou:

> [Q]ueremos render homenagem ao Trabalho dessas mulheres brasileiras que é **muito importante para o equilíbrio e a formação da família**. Deixo, aqui, um testemunho pessoal, que é a minha empregada doméstica, Miralva já não tendo em considero sequer uma doméstica, **ela pertence à família** (ANC, 1987, p. 192, grifos meus).

Em seguida, o deputado Mário Lima (PMDB/BA) revelou:

> Gostaria de dizer, rapidamente, que se há quem entende o trabalho da empregada doméstica ou tem que entendê-lo sou eu. Sou desquitado, moro sozinho e **a minha casa é dirigida por uma empregada doméstica. Não sei quanto custa nada. Dificilmente teria uma atuação parlamentar boa, se não tivesse uma pessoa como a Maria que eu tenho. [...] Não sei o que é dirigir minha casa.** Primeiro, porque não teria quem a dirigisse. Realmente, quando a Maria viaja fico em dificuldades, porque eu não sei de nada. Vê-se isso em todos os lares (ANC, 1987, p. 192, grifo meu).

No mesmo sentido do colega de partido, Lima afirmou que

> **A ajudante do lar**, depois de certo tempo, **passa a ser membro da família**. Quem não tem na sua família, **particularmente os nordestinos**, aquela que viveu, ajudou nos afazeres da casa. [...] É importante que esses direitos não fiquem na **base do coração**, do reconhecimento, que isso seja lei para aquelas pessoas que não tenham essa **formação cristã**, essa **sensibilidade**, que a cumpram, não por **sentimento**, mas por obrigação (ANC, 1987, p. 192-193, grifo meu).

A expressão registra uma curiosa relação de parentesco. Se eram da família, elas seriam filhas, esposas ou o quê? Teriam direito à herança? Qual seria esse papel no equilíbrio e na formação da família? Segundo Gabriela Ramos (2018), esse discurso de afeto, com forte conteúdo paternalista, sexista e escravocrata, que descreve trabalho como ajuda e direitos fundamentais como atos de benevolência, operou na Constituinte como uma espécie de álibi: por um lado, eximia os parlamentares da culpa ante a possibilidade de violação ou contrariedade aos direitos das trabalhadoras, ao mesmo tempo que justificava os entraves à profissionalização da categoria e constitucionalização de seus direitos.

Esses discursos apontam para um imaginário sobre trabalho doméstico associado a representações de mulheres negras como escravas domésticas (Gonzalez, 1984), que indicam uma relação jurídica de propriedade, não de parentesco, entre empregadores e empregadas (Silva, 2006). Embora nem todas as domésticas do Brasil sejam negras, essas representações, acionadas em discursos de parlamentares constituintes, definitivamente informaram as discussões sobre emprego doméstico na ANC e foram decisivas para a negação de direitos para toda a categoria, fossem homens ou mulheres, negras ou brancas, babás, seguranças ou caseiros. Ninguém pensou no *home care*, sabe?

As domésticas, contudo, moviam-se pelo lema: "Não queremos ser da família, queremos direitos!". Posicionando-se como cidadãs, buscavam ser reconhecidas como uma categoria profissional, com os mesmos direitos dos demais trabalhadores. Em outras palavras, queriam estabelecer relações jurídicas de emprego. A redação final do Art. 7º da Constituição Federal de 1988, que dispõe sobre os direitos trabalhistas, enumera um extenso rol de direitos sociais para os urbanos e rurais[34] e disciplina separadamente a categoria das domésticas no seu parágrafo único:

---

[34] "I - relação de emprego protegida contra despedida arbitrária ou sem justa causa, nos termos de lei complementar, que preverá indenização compensatória, dentre outros direitos; II - seguro-desemprego, em caso de desemprego involuntário; III - fundo de garantia do tempo de serviço; IV - salário mínimo, fixado em lei, nacionalmente unificado, capaz de atender às suas necessidades vitais básicas e às de sua família com moradia, alimentação, educação, saúde, lazer, vestuário, higiene, transporte e previdência social, com reajustes periódicos que lhe preservem o poder aquisitivo, sendo vedada sua vinculação para qualquer fim; V - piso salarial proporcional à extensão e à complexidade do trabalho; VI - irredutibilidade do salário, salvo o disposto em convenção ou acordo coletivo; VII - garantia de salário, nunca inferior ao mínimo, para os que percebem remuneração variável; VIII - décimo terceiro salário com base na remuneração integral ou no valor da aposentadoria; IX - remuneração do trabalho noturno superior à do diurno; X - proteção do salário na forma da lei, constituindo crime sua retenção dolosa; XI - participação nos lucros, ou resultados, desvinculada da remuneração e, excepcionalmente, participação na gestão da empresa, conforme definido em lei; XII - salário-família para os seus dependentes; XIII - duração do trabalho normal não superior a oito horas diárias e

> Art. 7º São direitos dos trabalhadores urbanos e rurais, além de outros que visem à melhoria de sua condição social:
> [...]
> Parágrafo único. São assegurados à categoria dos trabalhadores domésticos os direitos previstos nos incisos IV, VI, VIII, XV, XVII, XVIII, XIX, XXI e XXIV, bem como a sua integração à previdência social (Brasil, 1988).

Foram estendidos às domésticas apenas nove (9) dos seus 34 incisos: salário-mínimo, irredutibilidade de salário, décimo terceiro salário, repouso semanal remunerado, férias anuais remuneradas, licença à gestante, licença paternidade, aviso prévio e aposentadoria. Entre os outros 25 que foram negados, estavam sobretudo incisos sobre a proteção da vida e da saúde do trabalhador. "Algumas vidas merecem proteção, outras não". Ausência de FGTS, seguro-desemprego, normas de saúde e segurança no trabalho, limite de jornada e adicional noturno "produzem o adoecimento e a morte física, moral e subjetiva gradualmente", evidenciando uma dimensão necropolítica[35] do projeto constitucional de 1988 (Ramos, 2018, p. 106), que remete às mortes preveníveis e evitáveis de mulheres negras (Carneiro, 2005).

---

quarenta e quatro semanais, facultada a compensação de horários e a redução da jornada, mediante acordo ou convenção coletiva de trabalho; XIV - jornada de seis horas para o trabalho realizado em turnos ininterruptos de revezamento, salvo negociação coletiva; XV - repouso semanal remunerado, preferencialmente aos domingos; XVI - remuneração do serviço extraordinário superior, no mínimo, em cinqüenta por cento à do normal; XVII - gozo de férias anuais remuneradas com, pelo menos, um terço a mais do que o salário normal; XVIII - licença à gestante, sem prejuízo do emprego e do salário, com a duração de cento e vinte dias; XIX - licença-paternidade, nos termos fixados em lei; XX - proteção do mercado de trabalho da mulher, mediante incentivos específicos, nos termos da lei; XXI - aviso prévio proporcional ao tempo de serviço, sendo no mínimo de trinta dias, nos termos da lei; XXII - redução dos riscos inerentes ao trabalho, por meio de normas de saúde, higiene e segurança; XXIII - adicional de remuneração para as atividades penosas, insalubres ou perigosas, na forma da lei; XXIV - aposentadoria; XXV - assistência gratuita aos filhos e dependentes desde o nascimento até seis anos de idade em creches e pré-escolas; XXVI - reconhecimento das convenções e acordos coletivos de trabalho; XXVII - proteção em face da automação, na forma da lei; XXVIII - seguro contra acidentes de trabalho, a cargo do empregador, sem excluir a indenização a que este está obrigado, quando incorrer em dolo ou culpa; XXIX - ação, quanto a créditos resultantes das relações de trabalho, com prazo prescricional de: a) cinco anos para o trabalhador urbano, até o limite de dois anos após a extinção do contrato; b) até dois anos após a extinção do contrato, para o trabalhador rural; XXX - proibição de diferença de salários, de exercício de funções e de critério de admissão por motivo de sexo, idade, cor ou estado civil; XXXI - proibição de qualquer discriminação no tocante a salário e critérios de admissão do trabalhador portador de deficiência; XXXII - proibição de distinção entre trabalho manual, técnico e intelectual ou entre os profissionais respectivos; XXXIII - proibição de trabalho noturno, perigoso ou insalubre aos menores de dezoito e de qualquer trabalho a menores de quatorze anos, salvo na condição de aprendiz; XXXIV - igualdade de direitos entre o trabalhador com vínculo empregatício permanente e o trabalhador avulso" (Brasil, 1988, Art. 7º).

[35] Necropolítica é um conceito do filósofo camaronês Achille Mbembe (2017), que, em diálogo com Foucault e Fanon, argumenta que a modernidade está na origem das práticas biopolíticas — ou de gestão da vida e da morte —, que não se tratam de exceção, mas compõem o próprio tecido da democracia, a partir da experiência colonial.

O reduzido rol de direitos do parágrafo único evidencia ainda a discriminação das domésticas em relação aos direitos das mulheres, embora se tratasse da maior categoria profissional feminina do país, que questionou de forma contundente a divisão sexual do trabalho. Houve especial controvérsia sobre a licença maternidade, que quase ficou de fora da redação do texto constitucional (Ramos, 2018; Oliveira, 2012). Afinal, as trabalhadoras domésticas não eram mulheres? (hooks, 2019).

Observe ainda que normas como proibição de retenção do salário, limite de jornada e remuneração de trabalho noturno e hora extra, que foram negadas às domésticas, são elementos de tipificação do crime de redução a condição análoga à de escravo[36] (Ramos, 2018). Podemos dizer que a redação do artigo 7º produziu uma espécie de chancela constitucional para a prática do trabalho escravo sobre essa categoria específica, composta majoritariamente por mulheres negras, 100 anos depois da abolição.

No palco de disputa de um novo projeto de nação, em meio ao entusiasmo cívico da reabertura política, momento máximo de afirmação democrática e ruptura com o autoritarismo, uma relação entre família e escravidão parece justificar essa expressa negação de direitos fundamentais, que não se apresenta como violação à norma, mas é antes possibilitada por ela (Silva, 2006). Mas, calma, você aí que está lendo, que essa não é uma história de derrota! Ela importa mais pelo que diz sobre o constitucionalismo brasileiro, seguindo o rastro do movimento de trabalhadoras domésticas.

3.1 Onde estamos pisando

Este capítulo sistematiza os debates sobre emprego doméstico no processo de elaboração do parágrafo único do artigo 7º da Constituição, a partir da consulta aos anais da Constituinte, inspirada na análise de

---

[36] O crime é assim definido no Código Penal: "**Art. 149**. Reduzir alguém a condição análoga à de escravo, quer submetendo-o a trabalhos forçados ou a jornada exaustiva, quer sujeitando-o a condições degradantes de trabalho, quer restringindo, por qualquer meio, sua locomoção em razão de dívida contraída com o empregador ou preposto: **Pena** - reclusão, de dois a oito anos, e multa, além da pena correspondente à violência. § 1º Nas mesmas penas incorre quem: **I** – cerceia o uso de qualquer meio de transporte por parte do trabalhador, com o fim de retê-lo no local de trabalho; **II** – mantém vigilância ostensiva no local de trabalho ou se apodera de documentos ou objetos pessoais do trabalhador, com o fim de retê-lo no local de trabalho. § 2º A pena é aumentada de metade, se o crime é cometido: **I** – contra criança ou adolescente; **II** – por motivo de preconceito de raça, cor, etnia, religião ou origem" (Brasil, 1940). Redação dada pela Lei n.º 10.803, de 11/12/2003.

conteúdo[37]. Considerando o arquivo, nos termos de Arlette Farge (2009), como a coleta de palavras do cotidiano de determinado tempo e institui-ção, povoadas pelas vidas de pessoas que nem sempre escolheram estar ali, ele está longe de ser a revelação de verdades autoevidentes, nas quais tropeçamos nas páginas dos documentos. É um registro do poder, de cuja autoridade convém desconfiar. Nem mesmo o encontro com o "outro" silenciado pode sanar nossa ilusão de completude, tampouco o risco de sua exotização (Junqueira, 2019).

Para selecionar o material dos anais, consultei os mapas demons-trativos disponíveis no documento "O processo histórico da elaboração do texto constitucional" (Brusco; Ribeiro, 1993), refazendo o caminho de construção do parágrafo único do Art. 7º. Pude localizar os debates nas atas de reuniões e diários correspondentes, considerando a cronologia e o funcionamento apresentados em "Fontes de informações sobre a Assembleia Nacional Constituinte de 1987" (Oliveira, 1993). No Portal da Constituição Cidadã, está a documentação complementar (íntegra de relatórios, sugestões, anteprojetos, emendas, quadros comparativos etc.). Por fim, consultei a ferramenta "Quadro Histórico dos Dispositivos Constitucionais" (Brasil, 2014) da biblioteca digital da Câmara. Todos os documentos estão disponíveis nos sítios eletrônicos da Câmara dos Deputados e do Senado Federal.

3.1.1 Direitos fundamentais e imagens de controle

Pensando na relação entre constitucionalismo e memória tratada no Capítulo 2, a partir das lições de Menelick de Carvalho Netto e Guilherme Scotti (2011), podemos entender os direitos fundamentais como Direitos

---

[37] Segundo Laurence Bardin (1977), a análise de conteúdo consiste num conjunto de técnicas de análise das comunicações, que permitem a inferência de conhecimentos relativos às condições de produção e recepção das mensagens. Utilizada em diversos campos de conhecimento, ela tem origem no estudo da propaganda. Enquanto recurso hermenêutico, alia procedimentos objetivos de descrição, quantificação e validação ao encanto pelo oculto, latente, não dito. Nesse sentido, permite "O acesso a diversos conteúdos, explícitos ou não, presentes em um texto, sejam eles expressos na axiologia subjacente ao texto analisado; implicação do contexto político nos discursos; exploração da moralidade de dada época; análise das representações sociais sobre determinado objeto; inconsciente coletivo em determinado tema; repertório semântico ou sintático de determinado grupo social ou profissional; análise da comunicação cotidiana seja ela verbal ou escrita, entre outros" (Oliveira, 2008, p. 570). Na prática, essa técnica de análise de dados qualitativos é a descrição sistemática do conteúdo de documentos e produção de indicadores, quantitativos ou não, obtidos por meio da seleção de unidades de registro (recortes ou segmentos do texto, como temas, palavras ou personagens recorrentes que buscamos no material selecionado) e unidades de contexto (onde a unidade de registro está inserida, como a frase para a palavra ou parágrafo para o tema, que permite compreender o significado da unidade de registro), e posterior produção de categorizações ou o agrupamento dos códigos (Bardin, 1977).

Humanos institucionalizados nas diversas ordens constitucionais, um núcleo de direitos inalienáveis, irrenunciáveis e imprescritíveis, resultado de um processo histórico complexo e plural de lutas por direitos, com ênfase na participação ativa dos cidadãos na esfera pública para articulação de interesses sociais. Nesse sentido, são frágeis conquistas históricas discursivas, em constante mutação, sempre sujeitas a manipulação e abuso. Ao mesmo tempo que promovem inclusão social, os direitos fundamentais produzem exclusões. Ou seja, sempre que se afirma um direito, delimitam-se os seus titulares, e alguém vai ficar de fora. Quando as lutas por direitos dão visibilidade à exclusão, as concepções de igualdade e liberdade podem ser alargadas e complexificadas.

Assim, investigar o processo de construção do parágrafo único do Art. 7º remete não à letra da lei em si, mas às disputas políticas em torno dela, que permitiram sua criação e contínua alteração. Parto da hipótese de que o caráter "não econômico" ou "não lucrativo" do emprego doméstico, a marca da distinção dos domésticos em relação aos urbanos e rurais, que justifica o rol reduzido de direitos na Constituição e reitera a lógica discriminatória expressa na CLT, baseia-se numa relação entre direitos fundamentais e imagens de controle, que carregam noções sobre história e memória nacional.

Imagens de controle, segundo a socióloga estadunidense Patricia Hill Collins, referem-se à dimensão ideológica da opressão das mulheres negras. Trata-se de um repertório de imagens estereotipadas que permeiam a estrutura social e a cultura popular a tal ponto que parecem naturais, normais, inevitáveis, justificando essa opressão — ou negação sistemática de recursos da sociedade a um grupo de pessoas. Um dos exemplos clássicos que a autora identifica em seu país é a *mammy* ou mãe preta, criada leal, amorosa e obediente que aceita sua subordinação e sabe seu lugar, inventada no pós-abolição para justificar o confinamento de mulheres negras no serviço doméstico e ocultar sua exploração de classe. Essa "mãe perfeita e escrava perfeita" (Roberts, 2017, p. 13), que "dava tudo sem esperar nada em troca" (hooks, 2019, p. 142), "é a face pública que os brancos esperam que as mulheres negras assumam diante deles" (Collins, 2019, p. 142).

São imagens com origem no período escravista reeditadas no presente, que refletem interesses de grupos dominantes em manter a subordinação de mulheres negras, sacramentando-as na consciência nacional em papéis fixos. Mais que meros estereótipos, as imagens de controle distorcem ou dissimulam características existentes, promovendo uma mistificação de injustiças sociais, de modo a culpar mulheres negras pelas violências que sofrem e por toda sorte de problemas sociais, em vez das desigualdades que lhes dão causa. Dois exemplos importantes nesse sentido são a "Jezebel", prostituta, piranha, promíscua, que, ao representar mulheres negras como excessivamente lascivas, justifica a violência sexual contra elas; e a matriarca, mãe negra ruim e castradora que, por trabalhar fora, não dá a atenção devida aos filhos e ao companheiro, o que justifica seus desvios, seu abandono e sua pobreza como fracassos individuais (Collins, 2019).

Produzida e atualizada nas instituições de ensino, na música, na literatura, na mídia de massa, essa dimensão ideológica da opressão se articula com as dimensões econômica e política. A econômica remete à exploração do trabalho, enquanto a política ou institucional trata da negação de direitos e privilégios em geral estendidos aos brancos, como direito ao voto, à saúde, à educação, ao acesso a cargos de poder e ao tratamento equitativo no Sistema de Justiça. Um exemplo da relação entre imagens de controle e direitos sociais é a "rainha da assistência social", mãe preguiçosa e dependente do Estado, veiculada intensamente nos EUA, quando mulheres negras da classe trabalhadora conquistaram acesso a serviços do Estado que lhes davam condições mais dignas de vida, permitindo que rejeitassem empregos abusivos. "Enquanto os benefícios sociais foram negados às mulheres negras pobres, não houve necessidade desse estereótipo" (Collins, 2019, p. 149-151).

As imagens de controle acionam sobretudo mitos sobre sexualidade e maternidade negra, carregados de uma suposta degenerescência física e moral, que perturba expectativas de disciplina e sujeição, enseja controle do Estado, e dá notícias da compreensão da raça como traço biológico. Nesse sentido, a única imagem ideal seria a *mammy* ou mãe preta, que "não refletia qualquer virtude da maternidade negra" e, em sua completa devoção e amor à família senhorial, "não tinha autoridade real nem sobre as crianças brancas que criava, nem sobre as crianças negras que paria" (Roberts, 2017, p. 13). Enquanto arquétipos modernos da negritude, as imagens de controle expressam o duplo entre a doméstica assexual obediente e a prostituta ou ama de leite primitiva e sexualizada, a politicamente passiva e a sexualmente disponível (Kilomba, 2019), duas faces da mesma moeda, particularmente relevantes na construção do mito da democracia racial no Brasil (Gonzalez, 1984).

Esse imaginário se orienta pela objetificação de mulheres negras como o outro. Compreendendo que a diferença no Ocidente se expressa de forma binária, em pares antitéticos (ex. razão/emoção, mente/corpo, cultura/natureza, homem/mulher, negro/branco), em que uma parte não é apenas distinta da outra, mas inerentemente oposta e hierarquizada (superior/inferior), separando o Eu cognoscente do objeto congoscível; as imagens de controle não podem ser compreendidas sem sua contraparte: os homens brancos racionais, as mulheres brancas femininas, a família nuclear branca tradicional (Collins, 2019). Rejeitando o imaginário de subserviência, gratidão e amor abnegado, as APEDs na Constituinte reivindicavam sua cidadania e o reconhecimento do valor de seu trabalho.

3.1.2 Breve contexto pré-Constituinte

O movimento de trabalhadoras domésticas tem uma longa trajetória de luta no Brasil, que remete à fundação da associação beneficente de empregadas domésticas de Santos/SP, em 1936, por Laudelina de Campos Mello, vinculada à Frente Negra Brasileira. Excluídas expressamente da CLT, a sindicalização das domésticas foi proibida pelo governo Vargas — o que não as impediu de se aproximarem de sindicatos e partidos comunistas (Pinto, 2015). A ligação com movimentos negros predominou no eixo Rio-São Paulo até a década de 1950. Os anos 1960 marcam uma expansão nacional do movimento com apoio da Igreja por meio da Juventude Operária Católica (JOC), com intensa atividade política durante a ditadura. Uma explicação possível, segundo Odete Conceição, da Associação do Rio de Janeiro, seria que as reuniões "de mulheres semi-analfabetas não despertavam suspeitas por parte dos militares" (Bernardino-Costa, 2007, p. 153).

Deflagrada pelo golpe de março de 1964 — suposta revolução vitoriosa dotada de poder constituinte originário[38] —, a ditadura militar se estendeu por 21 anos, até 1985. Vera Karam de Chueri e Heloísa Fernandes Câmara (2015) caracterizam esse período como uma (des)ordem constitucional. Os militares, com apoio de setores conservadores da classe média, das elites políticas e da mídia valeram-se de mecanismos jurídicos

---

[38] Depois de tropas militares marcharem de Juiz de Fora/MG rumo ao Rio de Janeiro/RJ, em 31 de março de 1964, para dar início ao golpe que removeu João Goulart da presidência da República, foi publicado no dia 9 de abril de 1964 o Ato Institucional n.º 1. Esse foi redigido por Francisco Campos, jurista autor da Constituição autoritária do Estado Novo, e assinado pela junta militar autodenominada Comando Supremo da Revolução (Chueri; Câmara, 2015). Nos termos do Ato Institucional n.º 1, o golpe, suposta revolução vitoriosa, seria dotado de poder constituinte originário — ou seja, inicial, autônomo, ilimitado e independente do Congresso Nacional (Brasil, 1964).

para manter uma roupagem de legalidade[39] democrática e legitimar suas práticas autoritárias[40] — relevantes na transição para a democracia para garantir a impunidade de agentes do Estado pelos crimes perpetrados.

Nesse meio-tempo, nos "anos de chumbo", a articulação nacional de trabalhadoras domésticas se fortalecia, com a realização de diversos encontros e congressos nacionais e a conquista da Lei 5.859, em 1972[41]. Na altura da década de 1980, iniciou-se uma aproximação com movimentos feministas, apesar das justificadas desconfianças[42]. As domésticas estavam entre os diversos atores que se mobilizaram contra o regime autoritário e, mais tarde, em prol da Constituinte[43]. Muitas integraram a recém-criada Central Única dos Trabalhadores (CUT), por exemplo. Por todo o país, elas se organizavam para elaborar sua pauta para a ANC (Bernardino-Costa, 2007).

[39] As autoras destacam a coexistência entre a Constituição de 1946 e os Atos Institucionais, amparados por poderes constituintes distintos. Na tensão entre a tese da legalidade revolucionária e a violação da lei para proteger suas "finalidades" e promover o "expurgo necessário" dos males da sociedade, sempre alterando as regras do jogo para que fossem compatíveis com seus atos, a opção de manter a Constituição de 1946 supostamente diferenciava o golpe de outros movimentos, pois este realizaria uma espécie de "aprimoramento legislativo" para não parecer autocrático (Chueri; Câmara, 2015).

[40] Nesse malabarismo jurídico que passou por períodos de distensão e recrudescimento, o AI-1 legitimou a "revolução", enquanto o AI-2 a institucionalizou. Em 1967, foi promulgada por um Congresso instituído pelos militares uma nova Constituição, que suprimiu direitos fundamentais de liberdade de expressão, pensamento, publicação e reunião. Em 1968, o AI-5 aniquilou a supremacia da Constituição, formal e materialmente (Chueri; Câmara, 2015).

[41] A Lei 5.958/72 foi a primeira lei trabalhista específica sobre emprego doméstico do Brasil, sancionada pelo presidente Médici durante os "anos de chumbo". Ela garantiu férias anuais remuneradas de 20 dias e integração de empregados domésticos à Previdência Social como segurados obrigatórios. Para admissão no emprego, exigia-se Carteira de Trabalho e Previdência Social (CTPS), atestado de boa conduta e atestado de saúde (Brasil, 1972).

[42] Em 1980, Nair Jane e Tereza, do Rio de Janeiro, declararam num programa da TV Educativa: "se a emancipação das patroas é se livrarem do trabalho doméstico, saírem por aí e nos tornarem cada vez mais escravas nas suas casas, então não vemos libertação". Em 1985, a APED/RJ já participava dos movimentos de mulheres, apesar das diferenças. No mesmo ano, participaram do Encontro Feminista Latinoamericano e do 1º Encontro da Rede Mulher. Também em 1985, a ONG SOS Corpo de Recife/PE prestou assessoria ao V Encontro Nacional de Empregadas Domésticas em Olinda/PE (Bernardino-Costa, 2007, p. 157).

[43] Alguns exemplos são juristas, Universidade, Sociedade Brasileira para o Progresso da Ciência, Igreja Católica (SBPC), movimentos estudantis, sanitaristas, educadores, ecologistas, feministas, negros. Vale destacar nesse processo a irrupção das greves no ABC paulista nos anos 1970 e a criação do Partido dos Trabalhadores (PT), em 1980 (Rocha, 2013; Ratts; Rios, 2010). Sobre os juristas, vale destacar a "Carta dos Brasileiros ao Presidente da República e ao Congresso Nacional", redigida pelo jurista Goffredo Telles, professor da Faculdade de Direito da USP, como parte das iniciativas do Plenário Pró-Participação Popular, organização da sociedade civil que se mobilizava contra a proposta presidencial. O mote da carta era o de que **Poder Constituinte não é Poder Legislativo**. [...] sustentamos que o Poder Legislativo não pode ser promovido a Poder Constituinte. [...] não pode o Congresso Nacional ser convertido em Assembleia Nacional Constituinte. O que o fizer é arbitrário e ilegítimo. [...] O Poder Constituinte Originário é o poder de elaborar, votar e promulgar a Constituição. Ele é exercido privativamente pela Assembleia Nacional Constituinte. [...] os Poderes de Estado – o Poder Legislativo do Congresso Nacional, o Poder Executivo do Presidente da República e o Poder Judiciário dos juízes e tribunais – são poderes constituídos. São constituídos por ato do Poder Constituinte Originário. O Poder Constituinte Originário, porém, não é constituído por nenhum outro Poder. É o Poder-Fonte: dele é que derivam e dependem os demais Poderes" (Michellis et al., 1989 apud Neris, 2018, p. 38, grifo meu).

Após 20 anos de manipulações sistemáticas das regras eleitorais[44], que marcam a "concepção tutelar das Forças Armadas em relação à política brasileira" (Rocha, 2013, p. 31), com uma lenta e controlada transição para a democracia, sob anistia[45] ampla, geral e irrestrita, ainda sem aprovação de eleições diretas para a Presidência da República[46], formou-se uma legislatura extremamente conservadora em 1986[47], mesmo com o retorno do pluripartidarismo.

As Associações Profissionais de Empregadas Domésticas (APEDs) traçaram uma linha de atuação conjunta com a deputada federal Benedita da Silva (PT/RJ)[48]. Com o slogan "mulher, negra e favelada", a carioca, assis-

---

[44] Os militares optaram por manter o sistema eleitoral ao longo da ditadura — um sistema artificial e controlado. Entre 1966 e 1979, vigorou um regime bipartidário no Brasil. Extintos os demais partidos políticos, apenas dois operavam legalmente: Movimento Democrático Brasileiro (MDB), oposição institucional ao regime, e Aliança Renovadora Nacional (ARENA), partido de sustentação do regime. Desde 1971, setores do MDB defendiam a convocação de uma Constituinte. Apostando numa estratégia de superação do regime por dentro, tiveram vitória expressiva nas eleições de 1974 e de 1982, a despeito da manipulação das regras eleitorais — a exemplo do "Pacote de Abril" de 1977, lançado para conter o avanço da oposição após o pleito de 1974, trazendo medidas como como cassação de lideranças partidárias, adiamento das eleições, recesso do Congresso e incorporação de "senadores biônicos" (Rocha, 2013).

[45] A Lei 6.683 ou Lei de Anistia, aprovada em 28 de agosto de 1969, estabelece em seu Art. 1º que essa seria concedida a todos que cometeram crimes políticos ou conexos, entre 2 de setembro de 1961 e 15 de agosto de 1969. Uma interpretação tradicional originalista da lei considera que a anistia é assegurada indistintamente a cidadãos brasileiros que lutaram contra o regime e aos agentes do Estado perpetradores de violações (Chueri, Câmara, 2015).

[46] A chamada Emenda Dante de Oliveira, proposta pelo deputado peemedebista Dante de Oliveira, em 1983, propunha eleições presidenciais diretas, com forte apoio popular pela campanha das Diretas Já e foi derrotada em abril de 1984.

[47] Nas eleições de 1986, formou-se a legislatura federal responsável pela ANC. Havia então 12 partidos com representantes eleitos. Na Câmara Federal, do total de 487 cadeiras, PMDB elegeu 257 deputados (52,8%); PFL – Partido Frente Liberal (posteriormente nomeado Partido Democratas – DEM), dissidência do PDS, elegeu 118, (24,2%); PDS elegeu 33 (6,8%), PDT – Partido Democrático Trabalhista elegeu 24 (4,9%); PTB – Partido Trabalhista Brasileiro elegeu 18 (3,7%); PT – Partido dos Trabalhadores, PCdoB – Partido Comunista do Brasil, PCB – Partido Comunista Brasileiro e PSB – Partido Socialista Brasileiro elegeram juntos 26 (5,3%); PL – Partido Liberal e PDC – Partido Democrata Cristão elegeram juntos 11 (2,3%). No Senado, do total de 72 senadores, PMDB tinha 7 senadores eleitos, em 1982, e 38 eleitos, em 1986, totalizando 45 (62%); PFL tinha 8 eleitos em 1982 e 7 eleitos em 1986, totalizando 15 (20,83%); PDS tinha 3 eleitos em 1982 e 2 eleitos em 1986, totalizando 5 (6,94%); PDT tinha 1 eleito em 1982 e 1 eleito em 1986, totalizando 2 (2,77%); PTB tinha 1 eleito, em 1982 (1,38%); PSB tinha 1 eleito, em 1982 (1,38%); PL tinha 1 eleito, em 1982 (1,38%); PMB – Partido da Mulher Brasileira tinha 1 eleito, em 1986 (1,38%); PDC tinha 1 eleito, em 1982 (1,38%). A contagem acima considera a lista oficial de presença da Câmara, já consideradas migrações de deputados entre partidos, e desconsiderando alterações posteriores a fevereiro (Rodrigues, 1987). Note-se que 73% dos filiados do PFL migraram do antigo ARENA, sustentáculo da ditadura militar, enquanto 24% da bancada do PMDB tinha a mesma origem, para o desgosto da ala progressista do partido (Munhoz, 2011).

[48] Flávia Rios (2014) destaca Lélia e Benedita como figuras emblemáticas do nascente Partido dos Trabalhadores (PT) do Rio de Janeiro. Com origens similares e trajetórias distintas, Lélia, professora universitária, era fluente na linguagem de círculos intelectuais de esquerda e feministas, e Benedita, com um percurso educacional interrompido pelo trabalho desde a infância, era liderança comunitária na favela do Chapéu Mangueira. Benedita, então estranha ao movimento negro organizado, "grande vanguarda", "carro chefe ideológico da negrada", entendia que pessoas nos territórios de favelas eram organizadas politicamente. Segundo a deputada, ela batalhava "pra entrar com as minhas bandeirolas, que eu chamava de bandeirola; uma delas era a empregada doméstica", pois "a maioria das empregadas domésticas eram mulheres negras" (Ramos, 2018, p. 164).

tente social, ex-trabalhadora doméstica, líder comunitária e fundadora do PT, foi a única mulher negra[49] eleita entre os 559 constituintes e teve um papel fundamental nas conquistas das domésticas e outros movimentos sociais, como homossexuais e quilombolas. Sua principal estratégia foi mobilizar a heterogênea e inédita bancada feminina[50] (Ramos, 2018). A ANC foi convocada pelo presidente da República José Sarney[51], em 27 de novembro de 1985.

3.1.3 Estrutura e funcionamento da ANC

A Assembleia Nacional Constituinte foi instalada em 01/02/1987 e concluída em 05/10/1988, 20 meses depois. Os trabalhos ocorreram em 7 etapas e 25 fases:

Quadro 1 – Etapas e fases da ANC

Etapas	Fases
1. Preliminar	- Definição do Regimento Interno da ANC - Sugestões: Cidadãos, Constituintes e Entidades
2. Subcomissões Temáticas	A: Anteprojeto do Relator B: Emenda ao Anteprojeto do Relator C: Anteprojeto da Subcomissão

---

[49] Além de Benedita, foram eleitos os deputados negros Paulo Paim (PMDB/RS), Edimilson Valentim (PCdoB/RJ) e Carlos Alberto Caó (PDT/RJ). Paim e Valentim eram titulares da Subcomissão dos Direitos dos Trabalhadores.

[50] As únicas 26 deputadas mulheres constituíram uma acidental bancada feminina, conhecida como Bancada do Batom, na qual poucas se identificavam como feministas, mas foram decisivas na conquista de direitos das mulheres, inclusive sobre o emprego doméstico. Adriana Vidal Oliveira (2012) argumenta que parte significativa das deputadas se alçou a cargos políticos depois de exercerem funções assistencialistas nos governos dos maridos. Desafiando expectativas, envolveram-se em disputas importantes. Segundo Adriana, isso se deveu à incidência feminista do Conselho Nacional dos Direitos da Mulher, às emendas populares relativas aos direitos das mulheres e ao próprio ambiente masculino da Câmara, que influenciou a formação de uma identidade feminina entre elas (Oliveira, 2012).

[51] Por meio da Aliança Democrática — aliança entre PMDB e PDS formada "como via de acesso do PMDB ao poder na elaboração da chapa das eleições de 1985" —, foi eleita a chapa Tancredo Neves e José Sarney. Neves vinha das fileiras do PMDB, e Sarney, ex-governador do Maranhão, era recém-saído do PDS e acabara de aportar na mesma sigla. Com a morte inesperada de Tancredo, o vice Sarney assumiu a presidência. "A dissidência do PDS que apoiou Tancredo Neves com o PMDB [constituiu] formalmente um partido, o PFL (Partido Frente Liberal). Juntos, PMDB e PFL sustentaram o governo Sarney no Congresso. Os conflitos da Aliança Democrática marcaram todo o período dos trabalhos constitucionais, [...] [tendo] seu fim selado com o desligamento de Sarney do PMDB após a votação pela definição de seu mandato, em junho de 1988" (Munhoz, 2011 p. 343-394). A aproximação com o PFL era vista com maus olhos pela ala progressista do PMDB, em decorrência de suas origens históricas distintas, uma vez que era composto largamente por ex-membros do ARENA.

Etapas	Fases
3. Comissões Temáticas	E: Emenda ao Anteprojeto da Subcomissão; na Comissão F: Substitutivo do Relator G: Emenda ao Substitutivo H: Anteprojeto da Comissão
4. Comissão de Sistematização	I: Anteprojeto de Constituição J: Emenda Mérito (CS) ao Anteprojeto K: Emenda Adequação (CS) ao Anteprojeto L: Projeto de Constituição M: Emenda (1P) de Plenário e Populares N: Substitutivo 1 do Relator O: Emenda (ES) ao Substitutivo 1 P: Substitutivo 2 do Relator
5. Plenário	Q: Projeto A (início 1º turno) R: Ato das Disposições Transitórias S: Emenda (2P) de Plenário T: Projeto B (fim 1º, início 2º turno) U: Emenda (2T) ao Projeto B V: Projeto C (fim 2º turno)
6. Comissão de Redação	W: Proposta exclusivamente de redação X: Projeto D – redação final
7. Epílogo	Y: Promulgação

Nota: "Etapas" propostas pelo autor; "fases" da base APEM. A fase D não existe.
Fonte: Oliveira (1993, p. 11-12)

Após a instalação da ANC, elaboração e votação do Regimento Interno e eleição da Mesa Diretora, os trabalhos constitucionais se deram de forma descentralizada e sem texto base[52], do seguinte modo:

---

[52] Não se desconsideraram sugestões de anteprojetos de Constituição, como o da Comissão Provisória de Estudos Constitucionais, a chamada "Comissão dos Notáveis" ou "Comissão Afonso Arinos", instituída por decreto presidencial em 1985. Segundo Antônio Sérgio Rocha, atribui-se a Tancredo Neves a ideia da Comissão para elaboração de um anteprojeto de Constituição, mal vista por setores da sociedade. Ela tinha uma composição majoritariamente conservadora e sofria acusações de elitismo e alheamento ao sentimento geral. A Comissão acabou sendo "uma espécie de laboratório do que aconteceria posteriormente na própria Constituinte: uma intensa controvérsia ideológica entre os membros atravessou o andamento dos seus trabalhos. Ao final, um documento surpreendentemente progressista e inovador indicava qual das tendências havia triunfado" (Rocha, 2013, p. 74). Por fim, Sarney decidiu não enviar o projeto à ANC. Contudo, ele circulou nos bastidores do Congresso e teve influência no texto final.

a) elaboração dos dispositivos constitucionais por subtemas, a cargo das Subcomissões Temáticas;
b) elaboração de Capítulos, por temas, a cargo das Comissões Temáticas;
c) elaboração de Títulos e sistematização dos dispositivos aprovados pelas Comissões e elaboração do Projeto de Constituição, a cargo da Comissão de Sistematização;
d) votação e redação final de toda a matéria, a cargo do Plenário da ANC e da Comissão de Redação (Brusco; Ribeiro, 1993).

As oito Comissões Temáticas eram pequenos plenários organizadas por temas, com 63 membros titulares e igual número de suplentes cada, incumbidas de elaborar anteprojetos parciais de Constituição. Cada uma delas foi dividida em três Subcomissões Temáticas, totalizando 24 (Oliveira, 1993), conforme o quadro a seguir:

Quadro 2 – Comissões e Subcomissões

Comissões Temáticas	Subcomissões Temáticas
1. Comissão da Soberania e dos Direitos e Garantias do Homem e da Mulher	a) Subcomissão da Nacionalidade, da Soberania e das Relações Internacionais; b) Subcomissão dos Direitos Políticos, dos Direitos Coletivos e Garantias; c) Subcomissão dos Direitos e Garantias Individuais;
2. Comissão da Organização do Estado	a) Subcomissão da União, Distrito Federal e Territórios; b) Subcomissão dos Estados; c) Subcomissão dos Municípios e Regiões;
3. Comissão da Organização dos Poderes e Sistema de Governo	a) Subcomissão do Poder Legislativo; b) Subcomissão do Poder Executivo; c) Subcomissão do Poder Judiciário e do Ministério Público;
4. Comissão da Organização Eleitoral, Partidária e Garantia das Instituições	a) Subcomissão do Sistema Eleitoral e Partidos Políticos; b) Subcomissão de Defesa do Estado, da Sociedade e de sua Segurança; c) Subcomissão de Garantia da Constituição, Reformas e Emendas;

Comissões Temáticas	Subcomissões Temáticas
5. Comissão do Sistema Tributário, Orçamento e Finanças	a) Subcomissão de Tributos, Participação e Distribuição das Receitas; b) Subcomissão de Orçamento e Fiscalização Financeira; c) Subcomissão do Sistema Financeiro;
6. Comissão da Ordem Econômica	a) Subcomissão de Princípios Gerais, Intervenção do Estado, Regime de Propriedade do Subsolo e da Atividade Econômica; b) Subcomissão da Questão Urbana e Transporte; c) Subcomissão da Política Agrícola e Fundiária e da Reforma Agrária;
7. Comissão da Ordem Social	**a) Subcomissão dos Direitos dos Trabalhadores e Servidores Públicos;** b) Subcomissão de Saúde, Seguridade e do Meio Ambiente; c) Subcomissão dos Negros, Populações Indígenas, Pessoas Deficientes e Minorias;
8. Comissão da Família, da Educação, Cultura e Esportes, da Ciência e Tecnologia e da Comunicação	a) Subcomissão da Educação, Cultura e Esportes; b) Subcomissão da Ciência e Tecnologia e da Comunicação; c) Subcomissão da Família, do Menor e do Idoso;
9. Comissão de Sistematização	

Fonte: Portal da Constituição Cidadã, 2021

Findos os trabalhos das Subcomissões Temáticas, elas enviariam seus anteprojetos às respectivas Comissões Temáticas, que os reuniriam em novos anteprojetos para serem remetidos à Sistematização. A indicação dos membros de cada Comissão e Subcomissão cabia aos líderes partidários. Constituídas as Comissões, os presidentes, vice-presidentes e relatores foram eleitos. Segundo Adriano Pilatti (2008), por meio de um grande acordo de lideranças, foram montadas chapas majoritariamente progressistas, que mais tarde sofreriam a reação conservadora que daria origem ao chamado "Centrão"[53].

---

[53] Segundo Munhoz, o "Centrão" é um bloco suprapartidário considerado conservador e de direita, composto à época da ANC pelos 290 membros de 7 partidos diferentes que votaram em favor da alteração do Regimento

A Comissão de Sistematização foi instituída para elaborar o primeiro projeto de Constituição, reunindo os oito anteprojetos das Comissões Temáticas. Depois, o projeto iria ao Plenário, órgão supremo da ANC, composto por todos os 559 constituintes, e passaria pela Comissão de Redação, até a promulgação do texto final.

3.2 Tramitação da proposta das domésticas na Assembleia Constituinte

Abertos os trabalhos constituintes, entre as 12.000 sugestões de constituintes e entidades recebidas na etapa preliminar[54], constam 11 sugestões de constituintes sobre emprego doméstico. José Carlos Grecco (PMDB/SP), Abigail Feitosa (PMDB/BA), Luiz Marques (PFL/CE), Irma Passoni (PT/SP), Fernando Velasco (PMDB/PA), Borges da Silveira (PMDB/PR), Mendes Botelho (PTB/SP), José Carlos Grecco (PMDB/SP), Nilson Gibson (PMDB/PE), Felipe Mendes (PDS/PI) e Benedita da Silva (PT/RJ) sugeriram, de formas diversas, extensão ou equiparação de direitos trabalhistas e/ou previdenciários para a categoria (Brasil, 2014).

Havia ainda duas sugestões de entidades de trabalhadoras domésticas, sob os números 10.195 e 10.677 (Brasil, 2014). A primeira era de autoria da APED Nova Iguaçu/RJ, enviada por meio de ofício da Prefeitura, que consistia na mesma carta que seria apresentada mais tarde à Subcomissão 7a, elaborada no Seminário Diocesano Paulo VI, realizado em Nova Iguaçu em 18 e 19 de abril de 1987 por representantes de 23 associações de nove estados brasileiros; o que indica que elas tentaram utilizar todos os meios disponíveis para reverberar suas reivindicações (DANC, 1987, p. 130-131).

A segunda veio de um grupo de 24 empregadas de Santiago/RS, por meio da Câmara Municipal da cidade. As reivindicações e queixas do grupo eram: discriminação racial, expressa pela imagem servil da pessoa negra,

---

Interno da Assembleia Constituinte ao final de 1987. Eram 126 do PMDB (43%), 105 do PFL (36,2%), 32 do PDS (11%), 15 do PTB (5,2%), 5 do PL (1,7%), 3 do PDT (1%) e 4 do PDC (4%). A composição do Centrão demonstra a alta fragmentação do PMDB (41% do partido não seguiu suas lideranças), que ainda durante o processo constituinte teve dissidências e rupturas de militantes históricos, que criaram o Partido da Social Democracia Brasileira (PSDB) (Munhoz, 2011).

[54] A etapa preliminar era destinada ao recebimento de Sugestões de Cidadãos e de Constituintes e Entidades e à definição do Regimento Interno. A configuração do regimento era fundamental para viabilizar a efetiva participação popular e foi objeto de acirradas disputas da sociedade civil. Natália Neris destaca os dispositivos regimentais que previam a apresentação de sugestões por Assembleias Legislativas, Câmaras de Vereadores, Tribunais e entidades representativas; reuniões das subcomissões para audiência de entidades representativas de segmentos da sociedade e recebimento de sugestões durante todo seu prazo de funcionamento; emendas populares; e a possibilidade de qualquer pessoa assistir a sessões dos trabalhos da ANC, estando na galeria (Neris, 2018).

nunca vista em posições de liderança; defesa da classe das domésticas por parte das mulheres constituintes, frisando que eram também mulheres e deveriam ter os mesmos direitos que as demais; e desesperança de que suas reivindicações fossem atendidas, ligada à falta de credibilidade da política brasileira (DANC, 1987a, p. 577). Ambas nos permitem vislumbrar as articulações políticas das trabalhadoras, as formas diversas de mobilização (formalizadas ou não em associações) e os mecanismos acionados para ecoar suas pautas.

3.2.1 Subcomissão dos Direitos dos Trabalhadores e Servidores Públicos

Na fase popular[55], o Congresso se viu povoado dos mais diversos atores sociais. As trabalhadoras domésticas estavam lá, articuladas em prol de seus interesses. Elas vieram muitas vezes a Brasília, informadas por Benedita das votações importantes. Viravam as madrugadas nas galerias, iam de gabinete em gabinete atrás de apoio, ficavam hospedadas em alojamentos improvisados em ginásios, creches e apartamentos de parlamentares parceiros. Segundo Creuza Maria Oliveira, elas foram barradas diversas vezes, proibidas de entrar com faixas e camisetas, ou em grupos maiores. Bené precisava intervir para colocá-las para dentro. "Era a mesma coisa de agora" (Oliveira, 2019).

Esse não é o único registro de movimentos sociais sendo vistos como problema de segurança na Constituinte mais popular da história do Brasil[56]. Numa dessa, elas resolveram ocupar o prédio junto dos trabalhadores rurais, para garantir a participação numa votação.

> [...] eles não queriam que a gente entrasse. Então foi uma luta, Benedita veio e conseguiu negociar, a gente entrou e a gente acampou dentro do Congresso. A gente chegou lá

---

[55] É possível dividir a ANC em duas fases: Constituinte popular e Constituinte partidária. A primeira, que compreende as etapas das Subcomissões e Comissões Temáticas e da Sistematização, é "resultante de um arcabouço de funcionamento altamente descentralizado consagrado pelo regimento interno, ensejando e trazendo para o interior do Congresso a participação de vasto rol de atores extraparlamentares", como movimentos sociais e *lobbies* diversos. Essa é uma das chaves para entender a promulgação de um texto progressista com um Congresso majoritariamente conservador. A fase popular foi comandada pelo "bloco Sistematização", liderado pelo senador Mário Covas (PMDB/SP) (Rocha, 2013, p. 70-72).

[56] O diretor-geral da Câmara dos Deputados à época, Adelmar Sabino, afirmou em entrevista ao jornalista Luiz Marklouf de Carvalho que, durante a ANC, "Tinha muito problema de segurança. Invasão de sem-terra, nego de foice, gente pulando da galeria". O ex-diretor relata que ordenou aos seguranças que batessem num "barbudão, da CUT, fortão", e, quando uma mulher intercedeu por ele, mandou: "Dá um pau nessa mulher também" (Marklouf, 2017, p. 323).

> dentro daquele Congresso, deitamos ali naqueles tapetes vermelhos. Aí tinha lá os trabalhadores rurais de um lado e a gente do outro. "A gente não sai daqui, porque **se a gente sair eles não vão deixar a gente entrar de novo. Então a gente vai ficar acampado aqui dentro**" [...]. E aí o pessoal da reforma agrária caiu pra cima, chegou a quebrar porta e tudo, e as meninas, algumas colegas nossa mais... Como é que se diz? Mais revoltosa ou mais sangue quente, foi pro meio também. Eu lembro que a Amália caiu pra cima, empurrando a porta [risos] (Oliveira, 2019, grifo nosso).

Esse era o clima da fase popular. Segundo Creuza, depois disso, Benedita negociou uma reunião com o presidente da ANC, Ulysses Guimarães (PMDB/SP), antes da audiência pública da Subcomissão Temática. "E Ulysses nos recebeu, [...] fez aquele discurso lindo e maravilhoso – pra ele, né [risos]". Declarando seu respeito por essa categoria tão importante, ele cometeu o erro de falar que sua própria empregada, que estava em sua casa há mais de 30 anos, era quase da família.

Acontece que as domésticas não queriam ser da família. Elas queriam direitos!

> [A] gente era parte da classe trabalhadora brasileira, da classe operária [...]. Porque se a gente era da família, por que que a gente não fazia parte do testamento? Das heranças dos patrões? Então a gente não era da família (Oliveira, 2019).

Posicionando-se como cidadãs e trabalhadoras, afastavam-se do registro de uma suposta relação jurídica de parentesco (família), ou de propriedade (escravidão), para uma relação jurídica contratual (emprego), reivindicando o reconhecimento do valor de seu trabalho (Silva, 2019).

As APEDs se mobilizaram intensamente para a audiência pública na Subcomissão dos Direitos dos Trabalhadores e Servidores Públicos, no dia 05/05/87. Compareceram entre 250 e 300 trabalhadoras, a maior delegação entre as 28 que visitaram Subcomissão. Convidada à mesa para fazer a leitura da carta, Lenira de Carvalho fez um discurso contundente aos constituintes, enfatizando a cidadania por meio do voto direto, que legitimava seus mandatos, aproveitando a oportunidade para cobrá-los, pois acreditava que "numa hora em que há uma Constituinte, uma nova Constituição para fazer, acreditamos, temos a esperança de que vamos fazer parte dessa Constituição". Caso a maior categoria laboral de mulheres do país ficasse de fora, "achamos que, no Brasil, não há nada de democracia" (ANC, 1987a, p. 189).

Lenira destacou a proteção à integridade física, moral e mental do menor[57] (sic), na defesa da proibição do trabalho infantil e a igualdade entre todos os trabalhadores, criticando a concepção do emprego doméstico como não econômico ou não lucrativo.

> **Fala-se muito que os trabalhadores empregados domésticos não produzem lucro**, como se fosse algo que se expressasse, apenas e tão-somente, em forma monetária. Nós, produzimos **saúde, limpeza, boa alimentação e segurança** para milhões de pessoas. **Nós, que sem ter acesso a instrução e cultura**, em muitos e muitos casos, **garantimos a educação dos filhos dos patrões** (ANC, 1987, p. 189, grifos meus).

As reações à intervenção de Lenira variaram do espanto com sua fala articulada a declarações emocionadas de solidariedade, e relatos sobre como as "ajudantes do lar" "pertencem à família" ou são "quase membro da família" — como a do Relator, Mário Lima (PMDB/BA), presidente de sindicato, que admitiu não saber dirigir a própria casa, creditando sua boa atuação parlamentar à empregada Maria. Para ele, a proposta deveria virar lei para que não ficasse "na base do coração", para quem não tivesse a "sensibilidade" e "formação cristã" do brasileiro, particularmente os nordestinos (ANC, 1987, p. 192).

Não faltaram considerações sobre capitalismo selvagem e escravidão. Domingos Leonelli (PMDB/BA) declarou que na Bahia e no Nordeste, "na maioria das vezes", as domésticas eram tratadas "como escravas, vivendo em senzalas, comendo restos de comida e até usadas sexualmente". O deputado avaliava que elas somente teriam sucesso se a ANC como um todo compreendesse o valor econômico do trabalho doméstico, afastando essa "mistificação paternalista de integração familiar". Afirmou que o trabalho de alimentar o trabalhador era muito mais produtivo que o de um banqueiro, que movia dinheiro de um lugar pra outro, e que, se levado às últimas consequências, o argumento de que não produziam riqueza eliminaria toda a categoria de serviços e atividade terciária. Para ele, o problema seria resolvido com a evolução econômica do país e integração das domésticas ao processo produtivo direto, o que as tornaria "realmente trabalhadoras" (ANC, 1987, p. 193-194).

---

[57] A expressão "menor", utilizada na época, remete à doutrina da situação irregular dos códigos de menores, mas que caiu em desuso após a adoção da doutrina da proteção integral pela Constituição de 1988 e pelo Estatuto da Criança e do Adolescente. Hoje se fala "criança e adolescente".

Ulysses Guimarães (PMDB/SP) estava presente. Enfatizando a participação popular, com o povo circulando nas dependências do Congresso, afirmou que a ANC faria justiça aos pobres, "Porque quem é rico tem por si o seu dinheiro, quem não é rico é preciso ter o Estado, [...] é preciso ter distribuição de renda" — como se o Estado nada tivesse a ver com o poder econômico dos ricos. Segundo ele, a ANC ajudaria quem precisa, "não por caridade, mas por justiça social da nação brasileira" (ANC, 1987, p. 194).

Benedita da Silva (PT/RJ), titular da Subcomissão das Minorias, dos Negros, Populações Indígenas, Pessoas Deficientes[58] (sic) e Minorias (7c), disse que "a força de trabalho da mulher... foi e é sustentáculo da economia deste país". Para a deputada, "Nós, mulheres, nós mães-pretas, nós babás..., donas-de-casa, avós, amigas, companheiras", "chefes de família", eram uma mão de obra explorada numa dimensão "até afetiva", sem reconhecimento de suas contribuições para a sociedade (ANC, 1987, p. 194).

A deputada fez um relato de sua experiencia como doméstica e criticou o fato de as Subcomissões da Ordem Social (7) estarem esvaziadas, embora realizassem um trabalho importante, atuando na base das estruturas que marginalizam as mulheres no mercado de trabalho. Lembrou que as domésticas lutavam há anos naquele Congresso e agora estavam aproveitando o momento constitucional, pois "temos, agora, a plena convicção de que, se não for agora, não o será jamais" (ANC, 1987, p. 194).

No geral, as intervenções dos constituintes foram favoráveis à categoria. Um traço marcante dessa Subcomissão, segundo Edimilson Valentim (PCdoB/RJ) e Paulo Paim (PT/RS) — ambos da bancada negra e de formação sindicalista —, era que a maioria de seus membros eram ligados à luta dos trabalhadores. No que dependesse deles, a proposta seria aprovada. O problema seriam as etapas seguintes (ANC, 1987, p. 192).

A Subcomissão cumpriu sua promessa, demonstrando seu comprometimento com a classe trabalhadora. Segundo o relatório do anteprojeto do relator, o povo se sentiria traído e frustrado com uma carta de princípios meramente programáticos, que deixasse para lei ordinária o que deveria estar claramente definido na Constituição. Quem o fizesse estaria enganando seus eleitores e atuando pela preservação da miséria, da pobreza e da injustiça. Querendo evitar que as conquistas constitucionais se tornassem letra morta, a classe política tinha o dever de saldar essa dívida social (Relatório [...], 1987, p. 3).

---

[58] Atualmente, utiliza-se a expressão "pessoa com deficiência", empregada no texto da Convenção sobre os Direitos das Pessoas com Deficiência da Organização das Nações Unidas.

O Anteprojeto do Relator (Fase A) não inseriu a categoria no *caput* do artigo sobre os direitos dos trabalhadores (Art. 2º), mas previu em artigo sobre a ordem social (Art. 1º) a igualdade de direitos das domésticas em relação a urbanos, rurais e servidores públicos. Após as emendas (Fase B), as domésticas entraram no *caput* do Art. 2º no Anteprojeto da Subcomissão (Fase C), com as outras categorias. Contudo, sem previsão de regulamentação[59].

3.2.2 Comissão da Ordem Social

Na Ordem Social, as coisas começaram a apertar. A 7ª Comissão era responsável por reunir os anteprojetos das Subcomissões dos Trabalhadores (7a), da Saúde, Seguridade e Meio Ambiente (7b) e dos Negros, Deficientes (sic), Indígenas e Minorias (7c) para produzir um novo anteprojeto. Corria na Comissão "a ideia de que o papel da ANC seria elaborar uma Constituição para os trabalhadores" (Lourenço Filho, 2014, p. 53). Mas logo surgiu uma resistência à pauta das domésticas. "Claro! No que diz respeito à trabalhadora doméstica, era uma dificuldade grande porque a maioria dos que estavam lá eram os patrões, né?", avaliou Benedita (Silva, 2018 *apud* Ramos, 2018, p. 157).

Um exemplo ocorreu na primeira discussão sobre estabilidade no emprego. Adylson Motta (PDS/RS) suscitou a inviolabilidade do lar para afastar o instituto para as domésticas. "É uma empregada que vai participar da intimidade da minha casa, da casa de qualquer um de nós. [...] passa até a ser um ato de violência". Evocando a proteção do espaço privado, e identificando a si e seus pares de parlamento como empregadores, ao mesmo tempo que dizia tratar suas empregadas "como pessoa de minha família", Motta demarcou de quem era a casa, quem eram seus familiares e quais eram seus direitos e deveres como empregador.

Geraldo Campos (PMDB/DF) e Paulo Paim (PT/RS) remeteram ao diálogo com as APEDs na Subcomissão, lembrando que "sabemos que geralmente não são elas que nos vitimam, geralmente são elas que recebem os maiores maus tratos", destacando o exemplo da violência sexual. "Eu sei muito bem que não é assim no meu Rio Grande [do Sul] [...], mas, em muitos casos, a empregada doméstica é usada até mesmo como instrumento sexual, para que os filhos do patrão aprendam a questão do sexo" (ANC, 1987a, p. 43).

---

[59] A Emenda n.º 00147, do senador Meira Filho (PMDB/DF), que sugeria que se incluísse no Ato das Disposições Constitucionais Transitórias (ADCT) a regulamentação da profissão no prazo de 180 dias contados da promulgação da Constituição, foi rejeitada (Emenda [...], 1987).

Entre as emendas apresentadas na Fase E (Anteprojeto da Subcomissão na Comissão), destaco a de n.º 01069, do senador Ronaldo Aragão (PMDB/RO), aprovada. Ela propunha a supressão dos domésticos do Art. 2º, sob a justificativa de que a boa intenção do relator geraria um problema maior, o desemprego, pois "pouquíssimas famílias poderão arcar com todas as responsabilidades sociais" — um argumento que seria repetido à exaustão na ANC. "Esses direitos devem ser conquistados gradativamente para não provocarem um agravamento ainda maior da crise socioeconômica que estamos vivendo" (Brasil, 2014, p. 14-15).

Na votação do Substitutivo do Relator da Comissão (Fase F), as domésticas saíram do *caput* do então Art. 2º e passaram a ter um artigo próprio, com apenas 10 direitos: salário-mínimo sem desconto de fornecimentos em natureza, férias remuneradas em dobro de 30 dias, limite de jornada, integração à Previdência, aviso prévio, adicional noturno, aposentadoria, repouso semanal remunerado e a "proibição de trabalho doméstico de menores estranhos à família em regime de gratuidade", salvo como prática educativa em caso de adoção legal ou casos especiais justificados em juízo (Brasil, 2014).

A proibição do trabalho infantil doméstico se revelou um ponto de tensão. Com a Emenda n.º 00346, Francisco Kuster (PMDB/SC) conseguiu suprimir, por ora, as exceções à proibição. "Não é admissível inscrever-se na Constituição a possibilidade de menores ficarem sujeitos a trabalho gratuito" (Brasil, 2014, p. 16-24).

As perdas na Ordem Social se deram por um entendimento predominante de que trabalho doméstico, remunerado ou não, podia até ser trabalho, mas não tinha caráter econômico, segundo o Relator Almir Gabriel (PMDB/PA). Para ele, "Trabalhador é quando existe uma relação empregatícia de pessoa que oferece o seu trabalho em relação a uma empresa" — a despeito das intervenções da bancada feminina sobre as empregadas domésticas e donas de casa (ANC, 1987a, p. 112-113). Essa também era a posição do relator em relação à "questão do negro", vendo a questão do capital como central[60]. Vale ressaltar que o *lobby* do batom buscava inserir o trabalho doméstico "no recesso do lar" como atividade econômica[61].

Aqui, percebe-se a influência de Benedita sobre a bancada feminina e a pressão exercida diretamente pelas APEDs, que se reuniram com o Relator para discutir a matéria. Ainda assim, havia confusão sobre as diferenças entre o trabalho doméstico exercido pela empregada e pela dona de casa. Abigail Feitosa (PSB/BA) explicou que a empregada era profissão, e a dona de casa se aposentaria como autônoma. Raquel Cândido (PFL/RO) completou: "A dona-de-casa sou eu, somos todas nós que estamos aqui, chegamos em casa e vamos cuidar da casa, vamos até administrar as nossas empregadas domésticas" (ANC, 1987b, p. 112). Osvaldo Bender (PDS/RS) chegou a argumentar que a empregada participa dos lucros, pois sem ela a esposa não pode trabalhar (ANC, 1987a, p. 183-184).

Nas emendas ao Substitutivo (Fase G), de um lado, tentava-se equiparar as domésticas aos demais e, do outro, retirar alguns ou todos os direitos, sob os mesmos velhos argumentos: onerariam demais o patrão e gerariam desemprego (Brasil, 2014, p. 16-24). Nos pareceres de apreciação das emendas exarados pela Comissão, ao mesmo tempo que a igualdade em relação a outros trabalhadores era mobilizada para impedir a retirada total de direitos, o caráter "não econômico" era a justificativa para remover o emprego doméstico da relação capital/trabalho e impedir a equiparação.

No fim das contas, as domésticas continuaram num artigo separado, com direito a apenas 10 incisos do Art. 2º. No ora Art. 4º, foram retiradas as exceções à exploração do trabalho infantil doméstico, garantindo maior proteção à criança. Porém, foram suprimidos a proibição de descontos de fornecimentos em natureza, a limitação de jornada e o aviso prévio, confirmando os temores de graves perdas[62] na Comissão Temática.

3.2.3 Comissão de Sistematização

---

[60] Natália Neris aponta que em relação às demandas do movimento negro na mesma Comissão Temática, o posicionamento do Relator Almir Gabriel era no sentido de que a **relação central** que se deveria ter em mente ao formular demandas **seria a 'relação do capital, as relações econômicas**, sendo as **questões relativas ao negro consequência dessa condição central"**, relegando o racismo a um papel secundário nas relações econômicas (Neris, 2018, p. 159, grifos meus).

[61] A proposta das feministas já estava presente desde o Anteprojeto da Comissão Afonso Arinos, no parágrafo único do Art. 318: "Considera-se atividade econômica aquela atípica realizada no recesso do lar" (Anteprojeto [...], 1986).

[62] Outra perda da Ordem Social foi a supressão da expressão "independente de lei" do *caput* do Art. 2º (quer dizer que os dispositivos constitucionais seriam autoaplicáveis, sem necessidade de lei posterior que os regulamentasse) — pauta muito cara aos membros da Subcomissão Temática (Lourenço Filho, 2014).

A Comissão de Sistematização, incumbida de reunir os Anteprojetos das Comissões Temáticas e fazer um Projeto de Constituição, foi o início de um acirramento do processo político que faria com que a "fase parlamentar" ocorresse sob outras bases institucionais, com a reforma do regimento interno[63] do Centrão. Quanto às domésticas, que já enfrentavam perdas severas desde a primeira versão do capítulo dos direitos sociais, daqui pra frente teriam de fazer ainda mais concessões. Diante da impossibilidade de equiparação, a prioridade passou a ser o reconhecimento como categoria profissional.

> A gente queria tudo! A gente não queria abrir mão de nada. E Bené chamava a gente e conversava... Dizia 'não vai dar pra ser tudo [...]. Vocês têm que pensar o que é prioridade pra vocês. E aí, a gente vai negociando e depois vai se conseguindo o resto' (Oliveira apud Ramos, 2018, p. 138).

Não houve muitas alterações sobre a matéria entre o Anteprojeto da Comissão e o Anteprojeto de Constituição (Fase I). Nas emendas de mérito e adequação (Fases J e K), os argumentos de sempre: de um lado, clamava-se pela igualdade de tratamento, apesar do caráter diferenciado do empregador. Do outro, protegia-se o patrão de um suposto ônus financeiro insuportável. Segundo Ricardo Izar (PFL/SP), "Elevar à categoria de norma constitucional o direito de trabalhadores domésticos é desconhecer a realidade Brasileira", e "levaria, certamente, ao desaparecimento da categoria" (Brasil, 2014, p. 24).

Aqui, a supressão do parágrafo único do ora Art. 15, que proibia o trabalho infantil doméstico gratuito, foi defendida sem constrangimento, pois a Constituição deveria se aproximar ao máximo da realidade, deixando de lado as utopias.

> É mais comum do que se pode imaginar o fato de menores, afilhados e protegidos da família, especialmente no interior, hospedem-se com uma família para estudar na cidade... Proibir este fato é inviabilizar a vida futura de um grande número de brasileiros (Brasil, 2014, p. 24). O dispositivo

---

[63] O Relator da Comissão, Bernardo Cabral (PMDB/AM), conseguiu apresentar, com dificuldade, um Anteprojeto e um Projeto de Constituição ao Plenário. Severamente criticados por setores conservadores, o Anteprojeto e o Projeto foram apelidados de "Frankenstein" e "Bebê de Rosemary". O acirramento do processo, cheio de conflitos e atrasos, desencadeou mais tarde na criação do Centrão, e na reforma do Regimento encampada por ele. Sob outras bases institucionais, a "fase parlamentar" seria marcada pela redução do poder do bloco progressista (Rocha, 2013).

sobreviveu ao Anteprojeto, mas não resistiu às emendas de Plenário (Fase M).

Divulgado o Projeto de Constituição, em meio a muitas tensões[64] e mudanças de atores políticos[65], ele seguiu para o Plenário. Entre as mais de 50 emendas sobre a matéria apresentadas, nove defendiam abertamente o trabalho doméstico infantil gratuito. Mendonça de Morais (PMDB/MG) e Ivo Vanderline (PMDB/SC) chegaram a propor a expressa autorização, "desde que amparadas sua educação e sua saúde e garantida a mesma alimentação da família hospedeira". José Camargo (PFL/SP) afirmava não se tratar de gratuidade, mas recebimento de "salário indireto, traduzido em abrigo, vestuário, alimentação e assistência médica e educacional". Agripino de Oliveira Lima (PFL/SP) dizia que "muitas vezes é preferível a gratuidade em casas de família, do que o abandono total a que estão relegadas milhões de crianças" (Brasil, 2014, p. 40-48).

O relator não ficou muito atrás. Nos pareceres de Bernardo Cabral (PMDB/AM) sobre as emendas, podemos ver algumas vezes este argumento: "O regime de gratuidade no trabalho doméstico nem sempre se caracteriza como uma exploração de trabalho, se constituindo, muitas vezes, numa oportunidade de ajuda da família hospedeira a pessoas necessitadas". Ora justificava a exploração de trabalho escravo sob o manto da "ajuda", ora negava a própria existência da escravidão, uma instituição pertencente ao passado. "O trabalho em regime de gratuidade é o escravo, espoliativo, que há um século está banido. Não há como tratar de tal matéria na Constituição" (Brasil, 2014, p. 48).

Emendas favoráveis à categoria foram rejeitadas sob o argumento de que estender todos os direitos aos domésticos seria "incompatível com a natureza do trabalho e do vínculo jurídico da relação empregatícia", uma vez que "empregador, no conceito doutrinário, é aquele que assum[e] os riscos da atividade econômica... Ora, no âmbito do lar não há fins eco-

---

[64] A divulgação do Projeto "foi precedida pelas primeiras notícias de mobilização da bancada conservadora do PMDB, autodenominada 'Centro Democrático', embrião do que seria o futuro Centrão, com vistas à alteração do regimento, para permitir a apresentação de um novo texto" (Pilatti, 2008, p. 153), além das manifestações conservadoras nas ruas. Acirradas as tensões e mudanças dos atores políticos, e esvaziada a Comissão de Sistematização, o Projeto de Constituição foi aprovado rapidamente e seguiu para o Plenário para emendas.

[65] O Projeto foi aprovado pela Sistematização a partir de um acordo de líderes partidários. Dali para frente, entre a apresentação das emendas e as votações do 2º substitutivo, "houve importante mudança no que se refere aos atores do processo e à arena decisória. À margem das bancadas partidárias, novos grupos se formaram, disputando influência e voz", com destaque para o "Grupo dos 32", que reunia "autodefinidos moderados do PMDB e modernos dos partidos conservadores com propósito de encontrar soluções de consenso para temas polêmicos" (Pilatti, 2008, p. 157).

nômicos" (Brasil, 2014, p. 50-53), por isso não seria possível assegurar determinadas garantias, restritas à estrutura administrativa empresarial.

De forma semelhante ao que já vimos até aqui, os pareceres do relator rejeitavam a exclusão total da matéria da Constituição, pois "certos direitos [...], além de inalienáveis, são inerentes a qualquer relação empregatícia", ao mesmo tempo que a ausência de caráter econômico impedia a equiparação e justificava a retirada de direitos (Brasil, 2018, p. 28). Enquanto isso, nos corredores do Congresso, Benedita da Silva (PT/RJ) ouvia que a Constituinte não era lugar de tratar de "negócio de direito de doméstica... isso é um projeto de lei que se faz depois. Não interessa!" (Ramos, 2018, p. 159).

Na apreciação das emendas populares (Fase M), o Congresso se reascendeu com a mobilização de setores diversos da sociedade civil. Das 122 emendas recebidas, uma era de autoria das APEDs de São Paulo/SP, Florianópolis/SC e Uberlândia/MG, mas não preencheu o requisito de 30.000 assinaturas de eleitores de pelo menos cinco estados brasileiros e foi indeferida, apesar do apoio do Conselho Nacional dos Direitos da Mulher (CNDM) (Brasil, 1987, p. 102). Segundo Lenira de Carvalho, "Ninguém do Brasil assina pra empregada doméstica" (Ramos, 2018, p. 102).

Ainda na Sistematização, Ulysses Guimarães (PMDB/SP) decidiu que seriam elaborados dois substitutivos do relator, não previstos inicialmente no regimento. No primeiro (Fase N), as domésticas sofreram o pior revés até então. Foram excluídos: remuneração do trabalho noturno, salário família aos dependentes, proibição de trabalho noturno e insalubre a menores de 18 anos e de qualquer trabalho entre 10 e 14 anos e garantia de permanência no emprego a acidentados e portadores de doenças profissionais. Retirou-se do inciso sobre férias a expressa previsão do período de 30 dias e a remuneração em dobro e, do descanso semanal remunerado, a preferência aos domingos e feriados (Brasil, 2014).

Apresentadas as emendas ao Primeiro Substitutivo (Fase O), além dos argumentos de sempre, percebe-se uma defesa da integridade patrimonial das famílias empregadoras, que, naquele contexto de crise econômica[66], assumia formas diversas, como abordagens fiscais (para dedução ou isenção de encargos previdenciários, por exemplo) ou trabalhistas (atacando a proteção contra dispensa sem justa causa por supostos fur-

---

[66] Reiterando que "a manutenção de sua família não é uma atividade empresarial", para Ziza Valadares (PMDB/MG), a crise econômica fazia com que donas de casa tivessem de contribuir na renda familiar e precisassem convocar "auxiliares domésticos" para substituí-las, o que justificava a retirada de direitos (Brasil, 2014, p. 55).

tos cometidos por empregadas que "ludibriavam" os patrões, abusando de sua boa-fé) (Brasil, 2014, p. 55). A intimidade, antes signo de afeto, aqui coloca a empregada como criminosa, traidora e manipuladora. Ela também é descrita como despreparada para exercer esses direitos e privilegiada em relação ao trabalhador da indústria, gozando de "muito mais conforto e condições" — ainda que, por vezes, este trabalhador seja empregador doméstico[67].

Na discussão dos Substitutivos, desapontada com os rumos dos direitos das mulheres, a deputada Abigail Feitosa (PMDB/BA) criticou o relatório de Bernardo Cabral, que não refletia os compromissos que ele estabelecera publicamente sobre aposentadoria feminina, licença à gestante, creche e emprego doméstico. "Sei que a questão da doméstica dançou, porque realmente a doméstica neste País é uma escrava" (ANC, 1987b, p. 777). E, de fato, em relação à proposta original, a doméstica tinha dançado.

Na votação do Projeto, Benedita da Silva (PT/RJ) tentou, por meio de destaque, incluir a licença maternidade, sem sucesso. Para ela, era inconcebível reconhecer uma categoria profissional sem direitos mínimos para exercer sua função. A licença à gestante só poderia ter sido esquecida por lapso, pois a maioria dos domésticos eram mulheres. Cristina Tavares (PMDB/PE) questionou: "Seria justo que as mulheres trabalhadoras em geral tivessem direito à licença maternidade de 120 dias, como foi aprovado aqui com aquiescência de V. Exª [o Relator], e as empregadas domésticas não?" (DANC, 1987b, p. 1305). Pois era exatamente isso que ia se desenhando.

3.2.4 Plenário, Redação e Epílogo

Após a aprovação do Projeto de Constituição da Sistematização, dando origem ao Projeto A (Fase Q), foi aprovada a reforma do Regimento Interno do Centrão no apagar das luzes de 1987, no dia 3 de dezembro, sobretudo motivada pela insatisfação do "baixo clero em geral, e especialmente do alto e do baixo cleros conservadores" com o rito decisório, que tornava difícil a alteração de decisões da Sistematização, "conferindo à

---

[67] Paes Landim (PMDB/PI) chega a apontar o fato de que o empregador doméstico muitas vezes é trabalhador, o que revela "nossa face patronal", que "não é tão 'generosa' para os nossos empregados como queremos que os nossos patrões sejam". Mesmo assim, sugeriu tirar todos os incisos do ora Art. 8º (Brasil, 2014, p. 63).

esquerda um peso incompatível com a composição ideológica majoritária do Plenário" (Pilatti, 2008, p. 197-200). Antônio Sérgio Rocha (2013) afirma que, embora essa insatisfação viesse desde o início da ANC, o estopim foi a aprovação da estabilidade no emprego.

Apresentadas emendas de Plenário e destaques ao Projeto A (Fase S) em janeiro, a votação em primeiro turno ocorreu entre fevereiro e junho de 1988. Em abril, instituiu-se a Comissão de Redação, que faria a redação final da Constituição (Oliveira, 1993). As APEDs seguiam mobilizadas, atentas ao Congresso. A edição de fevereiro de 1988 do boletim "Domésticas em Luta", da APED Campinas, criticava as manobras do Centrão, que ainda tentava retirar a matéria da Constituição. "Agora, nestes dias antes do carnaval, o centrão ataca novamente e quer remeter nosso projeto para Lei Ordinária que será feita depois da Assembleia Constituinte. Isto quer dizer: quando???" (Bernardino-Costa, 2007, p. 118).

De fato, três emendas, de Eraldo Tinoco (PFL/BA), Gastone Righi (PTB/SP) e Afif Domingos (PL/SP), sugeriam a substituição do ora Art. 8º por um parágrafo 5º do Art. 7º, com a seguinte redação: "Os direitos sociais dos trabalhadores domésticos, assim como a sua integração à previdência social, serão definidos em lei" (Brasil, 2014, p. 66-68).

Benedita da Silva (PT/RJ), por meio de um acordo com o Centrão, apresentou à mesa do Plenário a emenda resultante de uma fusão subscrita por ela e Eraldo Tinoco (PFL/BA). A emenda retirava do rol de direitos defendidos até ali a jornada de 8h diárias e 44h semanais, a remuneração da hora extra e a licença à gestante de 120 dias: "São assegurados à categoria dos trabalhadores domésticos os direitos previstos nos incisos IV, VI, VIII, XVI, XVIII e XXI desse artigo, bem como a integração à previdência social". Benedita disse:

> Sr. Presidente, Sras e Srs. Constituintes, aqui estou para defender uma emenda que foi fruto de um acordo. Quero deixar registrado que serei incansável na defesa dessa matéria, até que ela atenda na plenitude ao desejo dessas trabalhadoras. Ouvimos, no dia 13 de maio de 1888, uma voz que ecoou na varanda do Paço e que permitiu a algumas mulheres saírem em busca dos seus trabalhos: as babás, as mães de leite, as cozinheiras, as arrumadeiras, essas constantes trabalhadoras que estão conosco em todos os momentos da nossa atuação no Congresso Constituinte. Essas trabalhadoras se expressam através da organização chamada Associação das Empregadas Domésticas, que teve presença marcante nesta Casa, sensibilizando os Srs. Constituintes (DANC, 1988, p. 7824).

Sem deixar de enfatizar a falta de direitos importantes, a deputada considerava a emenda "simplesmente humana do ponto de vista da relação capital e trabalho", embora muito aquém da proposta inicial. Bernardo Cabral (PMDB/AM) assinalou que, depois de retirados a jornada, a hora extra e a licença à gestante, "não vejo como não aprovarmos esta emenda por unanimidade, até mesmo em homenagem a S. Exª.". Foi quase: 3 votos "Não", 6 abstenções e 361 votos "Sim"[68] (DANC, 1988).

Foi difícil decidir quais pontos retirar para aprovar o acordo. Discutindo com as APEDs sobre o que negociar, a manobra sugerida pela constituinte foi tirar a licença maternidade, apesar dos protestos da categoria, para quem esta era uma pauta muito cara.

> Como o direito da mulher é um capítulo outro que vai ser votado ainda e, nesse capítulo só de gênero nós vamos tratar da licença maternidade, então se a gente tirar essa licença maternidade aqui, do trabalho doméstico, não tem nenhum problema (Silva, 2018 *apud* Ramos, 2018, p. 160).

Deu certo. Na redação do Projeto B (Fase T) — fim do 1º turno de votação —, lá estavam a licença maternidade e paternidade. Dali em diante, não houve mais nenhuma alteração de conteúdo.

Na redação final (Projeto D) da Comissão de Redação, foi aprovado o parágrafo único do Art. 7º, sendo estendidos nove (9) dos 34 direitos fundamentais da ordem social do trabalho às trabalhadoras domésticas: salário-mínimo, irredutibilidade de salário, décimo terceiro, repouso semanal remunerado, férias anuais remuneradas em pelo menos um terço a mais que o salário normal, licença à gestante, licença paternidade, aviso prévio e aposentadoria. A Constituição foi promulgada em 05/10/1988.

Aponte a câmera do celular para o QR Code para ouvir a *playlist* do Capítulo 3.

---

[68] Votaram "Não": Aloísio Vasconcelos (PMDB/MG), Antônio Carlos Konder Reis (PFL/SC) e Jorge Vianna (PMDB/BA). Abstiveram-se: Ulysses Guimarães (PMDB/SP), Jacy Scanagatta (PFL/PR), Ricardo Fiuza (PP/PE), Roberto Campos (PPB/RJ) e Ubiratan Spinelli (PDS/MT). Não foi possível localizar no diário a sexta abstenção (DANC, 1988, p. 7825-7872).

PARTE II

FAMÍLIA:
INTERROGANDO O PATRIARCADO

*Todo brasileiro, mesmo o alvo, de cabelo louro, traz na alma, quando não na alma
e no corpo [...] a sombra, ou pelo menos a pinta, do indígena ou do negro. [...] A
influência direta, ou vaga e remota, do africano. Na ternura, na mímica excessiva,
no catolicismo em que se deliciam nossos sentidos, na música, no andar, na fala, no
canto de ninar menino pequeno, em tudo que é expressão sincera de vida, trazemos
quase todos a marca da influência negra. Da escrava ou sinhama que nos embalou.
Que nos deu de comer, ela própria amolengando o bolão de comida. Da negra velha
que nos contou as primeiras histórias de bicho e de mal-assombrado. Da mulata
que nos tirou o primeiro bicho-de-pé de uma coceira tão boa. Da que nos iniciou
no amor físico e nos transmitiu, ao ranger da cama de vento, a primeira sensação
completa de homem*
(Gilberto Freyre)

*Logo depois que eu vim trabalhar, eu voltei uma vez em casa. E eu falei pra minha
mãe como aquele povo gostava de mim. A minha mãe disse assim: 'Eles gosta do
seu trabalho'. A minha mãe, que era analfabeta, que não conhecia nem dinheiro,
me disse isso. E depois eu fui ver como minha mãe, por uma vivência, tinha uma
sabedoria! Ela não me disse nada, ela só me fez dizer: 'Eles gosta do seu trabalho'. E
naquela hora, aquela palavra não teve sentido nenhum pra mim, porque eu ainda
estava na influência de ver o que os patrões me davam. E só depois que eu fui ver
quanto aquela palavra da minha mãe tinha sentido. E a primeira coisa que fez eu
compreender isso foi quando eu noivei, quando eu senti que eles queriam que eu
não casasse.*
(Lenira de Carvalho)

*Então eu precisava trabalhar, e aquela época eu não tinha casa pra morar, não tinha
pai nem mãe [...]. [E]u não tinha pra onde voltar, eu tinha que suportar as várias
violências [...]. Era o emprego e acabou, entendeu? [...] Aí eu tava sempre desistindo
da escola, porque o mais importante era um lugar pra ficar, a casa.*
(Creuza Maria Oliveira)

QUEM PARIU AMÉFRICA? PATRIARCADO, RACIALIDADE E TRABALHO

Que família é essa da qual a trabalhadora doméstica é "quase" parte? Família, para a Constituição, é a base da sociedade, devendo ser protegida pelo Estado[69]. Ela evoca questões como parentalidade, divórcio, guarda. Tradicionalmente, é entendida como uma estrutura de convívio constituída em torno da instituição do matrimônio. O Direito de Família é um ramo do Direito Civil que se situa entre o Direito das Coisas, que fala de propriedade, e o Direito das Sucessões, que fala de transmissão da propriedade por meio da herança. Ocupam-se de regular vida, nascimento, casamento e morte e várias das repercussões de tudo isso.

Com a constitucionalização do Direito de Família em 1988, a família passou a ser considerada de modo mais plural, para além do núcleo familiar formado pelo casamento, ao reconhecer a monoparentalidade, a união estável, a igualdade entre filhos tidos dentro e fora do casamento e a igualdade de direitos e deveres entre homens e mulheres, sem falar da proteção integral à infância, que nortearia a redação do Estatuto da Criança e do Adolescente (ECA). Consagrou-se o que a doutrina chamaria mais tarde de Direito *das Famílias*, abrindo caminho, por exemplo, para o reconhecimento da união homoafetiva pelo STF, em 2011. O afeto, mais que o sangue, passou a nortear as relações familiares no Brasil (Dias, 2016).

O ideal de família tradicional vem sendo disputado, de um lado, pelo questionamento de hierarquias de poder relacionadas ao sexo ou gênero, como nas lutas feministas por direitos sexuais e reprodutivos e na criminalização da homotransfobia; e, de outro, por políticas conservadores que defendem a manutenção de um modelo patriarcal. "Gênero" virou uma palavra maldita que tem provocado a perseguição de ativistas e professores e que teve um papel importante em discussões recentes sobre educação sexual nas escolas, direitos de pessoas trans de alterar o nome civil, competir em esportes profissionais e usar o banheiro.

---

[69] "Art. 226. A família, base da sociedade, tem especial proteção do Estado" (Brasil, 1988).

Mas qualquer que seja a conformação familiar, a empregada doméstica na casa do patrão, embora presente no seio da família, não faz parte dela[70]. A carta das APEDs à Assembleia Nacional Constituinte remete a um desafio que vem sendo colocado por movimentos de mulheres há décadas: o trabalho de manutenção e reprodução da vida, o cuidado da casa, dos filhos e de todo o resto, visto como atribuição natural das mulheres, é trabalho, inclusive aquele que realizam em suas próprias casas. A filósofa italiana Silvia Federici (2018) diz que esse trabalho é a base que sustenta o capitalismo. O que chamam de amor ela considera, na verdade, trabalho não pago[71].

No pano de fundo desse desafio, há dois debates importantes. Na teoria marxista ortodoxa, a dicotomia entre público e privado exclui o trabalho doméstico ao enfatizar a produção industrial, associada ao espaço público e aos homens, ignorando o trabalho das mulheres no âmbito privado como parte da história humana. Já no liberalismo clássico, essa dicotomia define a extensão da autoridade da lei: a esfera pública é aberta para regulação do governo, enquanto o domínio privado, que inclui a sexualidade e a família, é protegido dela. Essa dicotomia exclui a família dos valores de justiça e igualdade do pensamento liberal. Nesse sentido, o indivíduo ou sujeito é a representação de um homem branco adulto, cujo direito à privacidade e à liberdade se sobrepõe aos direitos daqueles submetidos a ele na casa (mulheres, crianças e servos), tornando a opressão na família invisível na teoria política (Menon, 2004).

Falar de família a partir das provocações ao Direito do Trabalho apresentadas à ANC pelas mulheres que produzem "saúde, limpeza, boa alimentação e segurança para milhões de pessoas", que mesmo "sem ter acesso a instrução e cultura, em muitos e muitos casos, garant[em] a educação dos filhos dos patrões" (ANC, 1987, p. 189), desafia o uso do

---

[70] Vale pontuar que ambas, a lei do contrato de trabalho doméstico e a lei Maria da Penha, preveem textualmente que a empregada pode ser vítima de violência doméstica. O parágrafo único do Art. 27 da Lei Complementar n.º 150, de 2015, em seu inciso VII, prevê que o contrato de trabalho doméstico pode ser rescindido por culpa do empregador quando "o empregador praticar qualquer das formas de violência doméstica ou familiar contra mulheres de que trata o art. 5º do Lei 11.340", a Lei Maria da Penha (Brasil, 2006, 2015). Embora haja jurisprudência sobre essa hipótese, na entrevista concedida por Creuza Oliveira, questionada sobre se a Fenatrad já conseguira acionar a LMP para trabalhadoras domésticas, ela respondeu: "Não. A gente já tentou lá em Salvador por exemplo. Agora nessa Lei 150 que diz que a Maria da Penha também tem a ver com trabalho doméstico. Por exemplo, se uma doméstica presenciar violência do patrão contra a patroa dela, ali já é uma demissão indireta [...]. Mas, a gente já teve caso lá em Salvador que a gente procurou a delegacia da mulher e disse que a Lei Maria da Penha só representa mulher e marido, namorado e namorada, mas a empregada que sofreu alguma violência no local de trabalho, não tem a ver com a Lei Maria da Penha. Mas, no entanto, nessa última versão da Lei 150, fala disso" (Oliveira, 2019).

[71] A campanha internacional da década de 1970 *Wages for House Work*, ou Salários para o Trabalho Doméstico, informa essa longa agenda de pesquisa de Federici (2018) sobre trabalho reprodutivo.

sexo ou gênero como única ou principal categoria analítica para entender assimetrias de poder no contexto doméstico/familiar. A cena isolada da casa é no mínimo incompleta, se não situada no contexto global da modernidade e dos efeitos da colonização (Oyěwùmí, 2004).

Durante a ANC, o reconhecimento do valor econômico do trabalho doméstico chegou a ser uma pauta levantada pela bancada feminina, visando a vinculação da dona de casa no sistema de Seguridade Social[72] (Brasil, 1987a, p. 74). Contudo, apesar das aproximações possíveis entre donas de casa e empregadas, "Não é muito difícil detectar qual o circuito da herança e do nome, e qual o circuito do salário" (Kofes, 1991, p. 284). Mais que isso, alguma herança da propriedade sobre pessoas escravizadas ainda parece operar nessa relação (Silva, 2019). Se queremos romper com aquela conhecida "mistificação paternalista de integração familiar" (ANC, 1987, p. 194) sobre as empregadas, atrair a dimensão econômica para a análise do trabalho doméstico exige trazer a raça e o racismo para a conversa.

No Capítulo 3, pudemos perceber como uma determinada noção do que é a família brasileira, que nega abertamente o caráter econômico do trabalho doméstico e os impactos da escravidão e se sustenta majoritariamente sobre a exploração do trabalho de mulheres e crianças negras, foi determinante para que uma série de direitos não fossem assegurados à categoria na Constituição. A luta das trabalhadoras domésticas aponta para a necessidade de alargar análises sobre trabalho, uma vez que "Sindicato de doméstica não atua só pela questão trabalhista como os demais sindicatos. [...] Nós, da categoria de doméstica, a gente luta pela questão de gênero, raça e classe", conforme afirmou Creuza Oliveira para a entrevista.

> Então é comum você ver a gente lá em uma conferência falando da importância da luta das domésticas contra o genocídio da juventude negra, que é quem mais morre, são os filhos dessas mulheres [...]. Nós lutamos pela questão da

---

[72] A Emenda n.º 6A0050-3, submetida por Anna Maria Rattes (PMDB/RJ) à Subcomissão de Princípios Gerais, Intervenção do Estado, Regime de Propriedade do Subsolo e Atividade Econômica (6a), é uma das emendas que visava inserir o trabalho doméstico "no recesso do lar" no capítulo da Ordem Econômica. "O reconhecimento do valor econômico do trabalho doméstico e das várias atividades realizadas no recesso da casa é de suma importância para a mulher que [...] trabalha nas lides domésticas sem receber qualquer compensação. Se fosse considerado pelas estatísticas oficiais, o trabalho doméstico ocuparia faixa significativa do Produto Interno Bruto (PIB). Na verdade, o valor econômico do trabalho doméstico se evidencia quando confrontado com o da atividade empresarial organizada, realizada em creches, restaurantes, lavanderias, serviços de asseio e conservação. A inexistência de uma infra-estrutura de apoio à família impede a livre opção da mulher entre o serviço doméstico e a atividade remunerada. A presente disposição, reivindicação de alguns seguimentos do movimento de mulheres, repete o previsto no parágrafo único do art. 318 do Anteprojeto Afonso Arinos e tem, como consequência prática, possibilitar a vinculação da dona de casa ao sistema estatal de seguridade social" (Brasil, 1987a, p. 74).

> creche, a gente luta por escola em tempo integral, a gente luta pela questão da saúde. [...] A gente tem essa questão de dar visibilidade à categoria, valorização da categoria, combate à violência e ao assédio moral e sexual da trabalhadora doméstica. É tão difícil a gente conseguir provar o que acontece dentro do âmbito do trabalho doméstico, porque o âmbito é privado (Oliveira, 2019).

Considerando a invisibilidade da raça em análises sobre família, podemos mencionar os impactos da escravidão sobre a capacidade de amar de pessoas negras obrigadas a verem seus entes queridos serem vendidos, violentados, mortos (hooks, 2010); e as persistentes representações de famílias negras como disfuncionais ou desestruturadas, especialmente sobre mães solo (Roberts, 2017). A família pode abrigar conflitos relacionados a fenótipos e estigmas raciais na socialização de famílias negras e/ou interraciais (Hordge-Freeman, 2015) ou ser o refúgio que possibilita sobrevivência emocional e apoio coletivo em face da marginalidade e do racismo institucional perpetrados pelo Estado — seja o núcleo familiar, a família estendida ou uma rede comunitária de solidariedade (hooks, 2019, Collins, 2019).

Podemos falar dos movimentos de mães do Rio de Janeiro na defesa da memória dos filhos que perderam para a violência policial, retratados como bandidos pela mídia e pela Justiça (Brito, 2018), e dos feminicídios de mulheres negras no Distrito Federal, que têm três vezes mais chances de morrer nas mãos dos companheiros do que mulheres brancas, muito embora sua raça apareça mais como dado estatístico que como categoria de análise (Diniz; Costa; Gumieri, 2015). Podemos falar das famílias de santo de religiões de matriz africana, das casas de *Ballroom* e das filhas de domésticas que trabalham por vezes para as mesmas famílias que suas mães, passadas para os filhos dos patrões como objetos de herança (Oliveira, 2019). Patricia Hill Collins (2019) conclui que o ideal de "família tradicional" parece ser tudo que as famílias negras não são.

Essa invisibilidade ressoa tensões raciais nas teorias e práticas feministas. Sindicatos de trabalhadoras domésticas oferecem uma série de exemplos de parcerias com organizações feministas ao longo de décadas, "mesmo a gente sabendo que essas mulheres brancas eram nossas patroas". Segundo Creuza, nas discussões sobre direitos iguais para mulheres, "elas esqueciam da mulher negra que tava lá dentro da casa dela, inclusive tomando conta dos filhos dela pra ela ir pra militância" ou para fazerem seus doutorados (Oliveira, 2019).

Considerando a hipótese da pesquisa, voltei aos anais e busquei pelos termos "empregada", "doméstica" e "babá" nas atas de todas as Comissões e Subcomissões da ANC. Encontrei, por exemplo, falas sobre crianças adotadas em Varas de Família para serem domésticas escravizadas[73] ou que abandonavam os estudos para trabalhar e ajudar suas famílias e acabavam perdendo seus vínculos familiares[74]; mães pobres, no desemprego, na prostituição, cujos filhos eram "raptados" pelos serviços assistenciais e iam parar na Funabem; conexões entre planejamento familiar, menoridade, racismo e a Lei do Ventre Livre de 1871[75]; babás estupradas por coronéis no interior, sem qualquer proteção ou punição da lei[76]; ou empregadas cujos relatos de violência sexual eram considerados falsos[77].

[73] Num debate sobre a não distinção entre filhos tidos dentro e fora do casamento na Comissão da Soberania dos Direitos e Garantias do Homem e da Mulher (1), o relator, senador e juiz José Paulo Bisol (PMDB/RS), disse que, em 30 anos de carreira, "nunca tive, como réu de aborto, uma pessoa de condições sociais razoáveis. Todas as rés de aborto que tive eram empregadas domésticas ou marginais". Para ele, na prática, a distinção permitia que os filhos adotados fossem escravizados. "No Juizado de Menores, cada um pode, infelizmente, até levar uma empregada para casa, para cuidar dar criancinhas [...], pensando que lhe estão fazendo um grande bem, o tratam como escravo" (ANC, 1987c, p. 20).

[74] Na Subcomissão da Família, do Menor e do Idoso, a irmã Maria do Rosário Cintra, representante da Pastoral do Menor da Arquidiocese de São Paulo e da CNBB, sensibilizada pelo Movimento de Meninos de Rua (sic), falou das domésticas como crianças exploradas no trabalho infantil para ajudar suas famílias muito pobres, que abandonavam a escola, sofriam violência em casa e iam parar na rua, perdendo seus vínculos familiares (ANC, 1987d, p. 168-169).

[75] O jovem negro Evanir, da Associação dos ex-Alunos da Funabem, a antiga Fundação Nacional do Bem--Estar do Menor, afirmou que "a grande maioria das garotas que estão dentro da Funabem [...] são filhas de empregadas domésticas". Ele mesmo era filho de uma doméstica que migrou do campo para a cidade e, ao engravidar, foi expulsa da casa da patroa e foi parar na prostituição. "Raptado" pelo Serviço de Assistência ao Menor (SAM), que entendeu que ele estava abandonado, Evanir viveu "o pão que o mestiço amassou com o rabo". Sem o filho, a mãe cometeu suicídio. Evanir era contrário ao discurso do planejamento familiar levantado pelo relator, Eraldo Tinoco (PFL/BA), que sugeriu que o problema vinha das famílias pobres, que tinham muitos filhos por falta de informação. O jovem relacionou a questão do "menor" ao racismo, mencionando a Lei do Ventre Livre, de 28 de setembro de 1871, como primeira lei que regulava a menoridade no Brasil (ANC, 1987d, p. 134-141). A lei previa liberdade às crias das escravas, mas, a partir dos sete anos, seriam entregues ao Estado ou teriam de trabalhar para os donos de suas mães até os 21 anos para comprar sua liberdade.

[76] O estupro aparece com alguma recorrência. Na Comissão da Soberania dos Direitos e Garantias do Homem e da Mulher, num debate sobre pena de morte para o crime de estupro, Maurílio Ferreira Lima (PMDB/PE) declarou que "os maiores estupradores que conheci na minha terra são os barões latifundiários e chefes políticos da região". Os filhos dos latifundiários iniciavam suas vidas sexuais estuprando suas empregadas domésticas. Um coronel de sua região tinha mais de 50 filhos naturais pelo estupro das filhas de camponeses que trabalhavam para ele. A ele não só não foram aplicadas as penas da lei, como a sociedade "aplicou-lhe todas as honrarias possíveis. Deu-lhe poder, mando e impunidade. [...] o estupro, no caso, é muitas vezes conseguido com a conivência dos pais, que, indefesos, em troca de migalhas, vendem a honra e a dignidade de suas filhas púberes aos latifundiários que com elas querem dormir" (ANC, 1987c, p. 109).

[77] Samir Achôa (PMDB/SP), advogado, levantou a hipótese de erro do judiciário como argumento contra a pena de morte para o crime de estupro, para evitar condenações injustas. Deu um exemplo pessoal de um assalto que ocorreu em sua residência, em que a empregada da casa vizinha fez uma acusação de estupro contra o "delinquente". "Conversei com meu filho e com a moça que trabalhava em minha casa e cheguei à conclusão de que não houve o estupro" (ANC, 1987c, p. 109). A possibilidade de violência sexual contra uma trabalhadora doméstica foi afastada sem que sequer ela fosse ouvida pelas autoridades. A lei não seria mobilizada para protegê-la, porque ela supostamente estava mentindo.

Encontrei ainda discursos sobre mulheres presas ou mortas por aborto[78]; mulheres pobres, ignorantes[79], sem acesso a direitos básicos[80], uma metáfora de submissão[81], a imagem da derrota da raça negra[82]; ou da guerreira que carrega a família e a comunidade nas costas, diante da suposta incapacidade do homem negro de se inserir na sociedade de classes[83]; ou ainda aquela que africaniza a cultura brasileira ao ensinar

---

[78] As domésticas foram mencionadas na audiência pública sobre aborto conduzida pelo médico Manuel Barbato, representante do movimento pró-vida de Brasília, e a socióloga Eleonora M. de Oliveira, do Conselho Nacional dos Direitos da Mulher, que defendia o direito das mulheres de controle sobre o próprio corpo. A historiadora Carmem Maria Souto, ouvinte, questionou o falso moralismo sobre o tema, inclusive fora das hipóteses de aborto legal já previstas na época (estupro ou de risco de vida para a pessoa gestante). "É disso que tenho medo, de que aqui fiquemos nessa [...] de que aborto não pode, aborto pode, enquanto todos o praticam. Todos nós temos pessoas na família ou amigos que já fizeram[45]. A gente sabe disso e [...] só quem é penalizado pelo aborto é a empregada doméstica, que não vai ter condições de pagar um bom hospital, um bom médico, com toda assistência, correndo até o risco de morrer ou de ser presa caso seja surpreendida numa situação dessas" (ANC, 1987d, p. 102).

[79] Numa reunião da Subcomissão do Sistema Eleitoral e Partidos Políticos (4a) sobre o alto índice de abstenções nas eleições anteriores, Arnaldo Malheiros, advogado do ramo do Direito Eleitoral, considerou que este se dava "exclusivamente por força de uma complexidade da cédula e do sistema eleitoral [...], que leva o eleitor a se confundir, [...] fica aflito e nervoso. Até vi uma empregada doméstica lá de casa dizer que ficou nervosa e acabou não votando em ninguém, porque na hora não entendeu o mecanismo" (ANC, 1987e, p. 98).

[80] Na Subcomissão do Poder Judiciário e do Ministério Público (3c), o defensor público José Neves César, falando dos problemas e finalidades da Defensoria, distinguiu a atuação da instituição do *pro bono*: "Mas há uma diferença fundamental em fazer isso esporadicamente, uma vez na vida, para atender a um amigo ou uma empregada doméstica da nossa casa, e fazê-lo diariamente, para vinte pessoas. Temos de ver que a Defensoria Pública é um preceito constitucional que tem de ser cumprido em benefício da população brasileira, da qual 80% são carentes, no sentido legal" (ANC, 1987f, p. 63).

[81] Na Subcomissão da Política Agrícola e Fundiária e da Reforma Agrária (6c), o deputado Vicente Bogo (PMDB/RS), agricultor de origem pobre do Rio Grande do Sul, avaliando negativamente a condução dos trabalhos constitucionais, citou uma frase do humorista Millôr Fernandes: "Os intelectuais são as empregadas domésticas dos capitalistas" (ANC, 1987g, p. 257). Diferenciando erudição de sabedoria, ser "empregada doméstica dos capitalistas" parece significar servir aos interesses dos poderosos, limpar sua sujeira ou fazer seu trabalho sujo.

[82] Na Subcomissão dos Negros, Populações Indígenas, Pessoas Deficientes e Minorias (7c), o deputado estadual João Carlos de Oliveira (PFL/SP), conhecido como "João do Pulo" por sua carreira esportiva no atletismo, interrompida por um acidente no qual perdeu uma perna; falou sobre suas propostas na Assembleia Legislativa de São Paulo com menores carentes, a maioria negros, a quem deviam dar educação, "porque senão será mais um maconheiro, mais um ladrão, mais um sambista, mais um bêbado caído na sarjeta". João reagia ao racismo de seus conterrâneos destacando sua formação educacional nos Estados Unidos e a trajetória brilhante no esporte. "Temos que lutar, meus irmãos, nós temos que brigar, porque se nós ficarmos sentados esperando que uma Constituição vá fazer, vá reformular a Carta que discriminação é proibida, as nossas negras ficarão trabalhando de empregas domésticas e os nossos negros ficarão trabalhando de estivadores. Eu não quero isso para a minha raça" (ANC, 1987h, p. 147)

[83] Numa audiência pública na Subcomissão dos Negros, Populações Indígenas, Pessoas Deficientes (sic) e Minorias (7c), o deputado federal e sociólogo Florestan Fernandes (PT/SP) contrapôs a tese de Gilberto Freyre a partir de seus estudos sobre os povos indígenas Tupi no século XVI e XVII e sobre a população negra no estado de São Paulo no século XX. Florestan falou do trabalho doméstico quando explicava sobre a dificuldade de integração do negro à sociedade brasileira no pós-abolição. Na transição para o trabalho livre, os negros teriam sido abandonados à própria sorte, e os negros não teriam condições de competir com os brancos, restando os postos de trabalho mais marginalizados. Para as mulheres negras, já acostumadas à relação com

os brancos a falar, um exemplo das resistências negras ignorados pelo paternalismo das esquerdas[84].

Esses e outros fragmentos relevantes do arquivo merecem ser analisados de forma mais detida em trabalhos futuros. Contudo, é possível supor que esse imaginário em disputa sobre o emprego doméstico teve alguma relevância em pautas diversas naquele contexto, e que sinaliza que o controle da sexualidade e reprodução de mulheres negras ou percebidas como negras, bem como o controle de crianças negras, parece afetar não apenas questões trabalhistas, mas a regulação do corpo e da família em várias esferas, como Criminal, Família, Infância e Adolescência, Previdência e Assistência Social (Roberts, 2017).

Neste capítulo, meu objetivo é estabelecer um quadro explicativo que nos ajude a situar o trabalho doméstico entre a classe, o gênero e a raça. Para isso, inicialmente, resolvi voltar algumas casas e retomar uma

---

o branco no trabalho doméstico, sem a proteção de uma ética que impedia mulheres brancas de acessarem o mercado de trabalho e as confinava ao papel de donas de casa, e sem as restrições impostas aos homens negros para se adaptarem ao trabalho livre, a crise teria sido menor. Elas teriam condição de trabalhar (ANC, 1987c, p. 25). "Até hoje as domésticas não conseguiram definir o seu tipo de trabalho como um trabalho digno e protegido pela lei de forma plena. De qualquer maneira, a mulher tinha uma proteção, ela possuía um meio de vida de subsistência, e é em torno da mulher negra que vai se dar a preservação do meio negro na cidade de São Paulo. De uma forma muito destrutiva porque a mulher negra acaba sendo a fonte de subsistência do homem que não trabalha, vítima da sua incompreensão da realidade, incompreensão que levava o homem a ser o que ele chamava de "colecionador de cabaços" (ANC, 1987h, p. 25)."

[84] Lélia Gonzalez, professora de Sociologia da PUC-Rio, falando como representante do movimento negro também numa audiência pública na Subcomissão dos Negros, Populações Indígenas, Pessoas Deficientes (sic) e Minorias (7c), falou da formação nacional brasileira enfatizando a marginalização das contribuições de seus construtores produzindo uma visão alienada por meio da veiculação da ideologia do branqueamento pelos meios de comunicação e pela educação. Referindo-se aos apagamentos produzidos sobre nossa história, destaca o papel da mulher em civilizações africanas e seu legado na cultura brasileira. Lembrando, em pleno centenário da abolição, que as promessas abolicionistas de um século antes não haviam sido cumpridas, para ela, a ANC era a chance de finalmente construir um projeto de nação com participação do povo brasileiro, majoritariamente negro, de modo que pudesse conhecer sua própria história para construir um futuro para si. Buscando manter a população negra "em seu lugar", não se percebia a influência negra na cultura brasileira. Aqui, foram mencionadas as trabalhadoras domésticas para falar da africanização da cultura brasileira, sobretudo do português falado no Brasil. Lélia situou o mito da democracia racial na desmobilização do negro que se organizava nas três primeiras décadas do século XX (como a Frente Negra Brasileira). Forjado pelo representante das elites açucareiras do país, Gilberto Freyre, e apropriado por Getúlio Vargas, que se colocou como "pai" dos pobres, era replicado também pelas esquerdas brasileiras, "que embarcam num discurso de direita, porque, transpondo mecanicamente a questão da luta de classe para a sociedade brasileira, [...] não atentam para o fato de que a maior parte dos trabalhadores brasileiros é constituída por negros" (ANC, 1987c, p. 56). Cansada da postura paternalista da esquerda que, na "hora H", fechava as portas do mercado de trabalho e dos partidos para o criouléu, "nós, negros, tivemos que ir à luta, praticamente, sozinhos e sobretudo nos anos 70, inspirados muito pela nossa própria história", mencionando a experiência de Palmares no século XVII, com Zumbi e Dandara, a Revolta dos Malês, no nome de Luiza Mahin, a Revolta da Chibata, de João Cândido, além das guerras de libertação africanas, "sobretudo da África lusófona", e a luta do movimento por direitos civis nos EUA; a partir dos quais se organizou a crítica do movimento negro brasileiro contemporâneo ao regime militar (ANC, 1987h, p. 56-57).

obra fundacional, considerada um marco incontornável dos estudos feministas: o livro *A Origem da Família, da Propriedade Privada e do Estado*, publicado originalmente em 1884 por Friedrich Engels (2019). Com base nos escritos de L. H. Morgan e Karl Marx, Engels estabelece uma relação entre a acumulação do capital e a opressão da mulher, à qual se atribui uma leitura econômica, não biológica. Revela, a partir da família burguesa, elos entre a estrutura de classe e o papel do casamento e da autoridade masculina na subordinação das mulheres, no controle da reprodução, da economia e da propriedade privada.

O autor elege dois fatores que determinam o desenvolvimento da sociedade segundo a concepção materialista da história: trabalho e família ou, em outras palavras, produção e reprodução. A primeira diz respeito à criação de meios de existência (alimentação, habitação etc.). A habilidade na produção determina a superioridade e domínio do homem sobre a natureza na obtenção dos recursos necessários. A reprodução, por sua vez, é a produção do próprio homem, os nascimentos que garantem a continuação da espécie (Engels, 2019).

A partir daí, Engels traça uma narrativa evolutiva da estrutura familiar desde o que chama de "estágios pré-históricos de cultura", que compreendem o "estado selvagem", a fase mais primitiva ou infância do gênero humano, e a "barbárie" até chegar à "civilização". Vale lembrar que o estado selvagem é definido com base nas investigações de Morgan sobre os indígenas americanos. A chamada civilização é marcada pelo estabelecimento do Estado como forma de conter os antagonismos de classe dados pela transformação das terras comunais em propriedade privada, que possibilitou o acúmulo de riquezas, o emprego de mão de obra alheia e o consequente desenvolvimento do capitalismo e da indústria, movendo-se das fases inferiores para as superiores, procurando estabelecer uma linearidade entre estágios de "evolução" comuns da espécie humana.

Entendendo a História como uma sucessão de modelos produtivos, o fio que conecta cada etapa do "progresso" da humanidade é o trabalho, acompanhado pela "evolução" dos laços de parentesco. A transição para a propriedade privada se completa, ao passo que o casamento poligâmico passa à monogamia e o direito materno das conformações familiares matrilineares e matrifocais, que conferiam grande poder às mulheres, dão lugar ao direito paterno e à forma reduzida da família nuclear, consolidando a sucessão hereditária da propriedade entre homens da família, que informa a organização de monarquias europeias emergentes.

Em Engels, a ruptura com o passado parece significar a superação do suposto primitivismo das formas de vida indígenas e dos sistemas de direito materno pelo mundo, que deveriam ter desaparecido para poder determinar a paternidade e a transmissão do patrimônio. O domínio da natureza, dobrada à vontade dos homens em nome do progresso, pode ser identificado com a exploração e o extermínio de povos inteiros vistos como a "infância" da humanidade, num "estágio evolutivo" anterior ao dos europeus. Embora fale do papel da escravidão (ateniense) na nova economia capitalista como base de todo o edifício social, ignora as milhares de pessoas africanas escravizadas nas Américas que forneceram o algodão, o açúcar e o tabaco que abasteceram a indústria capitalista europeia, sob condições extremas de violência deliberada. E embora seja enérgico na defesa da revolução do proletariado, não dirige uma linha à Revolução Haitiana, ocorrida quase cem anos antes da publicação de seu livro. Não é difícil perceber em que medida esse discurso crítico compartilha dos pressupostos racistas do pensamento moderno. Para o autor, a emancipação da mulher seria possível se ela passasse a participar em larga escala da produção e reduzisse o tempo dedicado ao trabalho doméstico, o que seria possibilitado pela grande indústria moderna.

Silvia Federici (2018) apresenta uma série de evidências que contrapõem essa tese. Para ela, o trabalho doméstico não é reminiscência de um passado pré-moderno longínquo que submete igualmente todas as mulheres ao poder dos homens, como defenderam as feministas radicais; tampouco sua desvalorização se justifica pela suposta natureza improdutiva, como se não desempenhasse nenhuma função na economia capitalista, conforme defenderam marxistas ortodoxos — o que sugere como solução a mera inserção das mulheres no mercado de trabalho "produtivo", mantendo sob o manto de "não econômico" o trabalho não assalariado daqueles e daquelas "que trabalham nas cozinhas, nos campos e nas plantações, fora de relações contratuais, cuja exploração foi naturalizada, creditada a uma inferioridade natural" (Federici, 2018, p. 13). Vendo a reprodução quase como um recurso natural, análises marxistas clássicas não a consideram um terreno de exploração ou de resistência.

Segundo Federici, o trabalho doméstico é um dos pilares da economia capitalista por ser o trabalho que produz e mantém a força de trabalho, elevando a reprodução à categoria-chave para entender a exploração de classe, enquanto legado da ascensão da família nuclear na Europa, da apropriação estatal da capacidade reprodutiva das mulheres e da escravidão negra e indígena nas Américas. A caça às bruxas revela o papel da destituição de um universo de práticas femininas, terras comunais, relações coletivas e sistemas de conhecimento na gênese do capitalismo e da era moderna, que separaram a família da esfera pública e excluíram mulheres de ocupações assalariadas, criando uma nova divisão sexual do trabalho.

O corpo, como nos ensina a socióloga nigeriana Oyèrónkẹ Oyěwùmí, ocupa um lugar central no pensamento ocidental. A biologia, enquanto destino e lógica de organização do mundo social, é, contraintuitivamente, o que articula uma tradição "apresentada como registro do pensamento racional". A "diferença é expressa como degeneração" física e moral de um "tipo original" e superior de biologia: a dos homens brancos europeus. Uma vez que a lei social é encarnada, "todos aqueles qualificados como 'diferentes' em variadas épocas históricas têm sido considerados corporificados, logo, dominados pelo instinto e pelo afeto [...]. Eles são o Outro, e o Outro é um corpo[85]" (Oyěwùmí, 1997, p. 1-3).

Ver negros como bichos selvagens, por exemplo, como polo oposto da razão, justificou sua escravização. E o verbo é mesmo "ver", tendo a visão, reta e superficial, como sentido privilegiado de apreensão da realidade — em detrimento da audição, que se destaca numa tradição com ênfase na oralidade, que "não privilegia o mundo físico sobre o metafísico" (Oyěwùmí, 1997, p. 14). Oyěwùmí nos ajuda a entender o gênero como princípio organizador do Ocidente, baseado no dimorfismo sexual, questionando sua presunção de universalidade, argumentando que não havia "mulheres" — enquanto contraparte masculina, uma classe de seres humanos definidos pela falta de pênis, poder ou participação política — na sociedade iorubá pré-colonial. Suas considerações sobre a velha Oyó, na região da atual Nigéria, dão conta que não era o corpo a base dos papéis sociais ou da divisão do trabalho, mas a idade relativa, ou senioridade.

Ao enfatizar o caráter especificamente euro-americano da forma de família nuclear, defende que a família iorubá não era generificada. Levanta como exemplos uma série de papeis e instituições, como ọkọ e *aya*, que são respectivamente membros que ingressam na família via nascimento ou via matrimônio, geralmente traduzidos como marido e esposa — o que gera confusões sobre "maridos fêmeas"; *obìnrin* e ọkùnrin, pessoa anatomicamente fêmea e macho, uma distinção sem diferença que se limita às funções reprodutivas; *àbúro*, que define irmãos e primos

---

nascidos após determinada pessoa, como marcação de idade relativa, não papel fixo; *omo*, prole, sem marcação sexual; *ọbá*, governante, função que se presume exclusivamente masculina, a despeito da evidência contrária, em virtude da escrita de uma tradição oral.

No centro da cosmopercepção iorubá, a autora identifica a categoria socio-espiritual de *Ìyá*, traduzida precariamente como "mãe" — essa quase ininteligível fora da unidade isolada do lar da família nuclear e do par conjugal, principal relação de solidariedade adulta, inscrita no regime político da heterossexualidade[86]. *Ìyá*, mais velha venerável, ser humano arquetípico, categoria singular não generificada, sem comparação com um pai/marido, tem com sua prole um vínculo único, de natureza pré-terrena, pré-gestacional, vitalícia e póstuma. O ato de uma alma pré-terrena se ajoelhar no *Orum* para escolher seu *orí*, sua cabeça-sina-destino, antes de vir ao mundo dos vivos, funde-se com o ato de *Ìyá* se ajoelhar no *Ayê* para dar à luz, tornando-a cocriadora da humanidade, junto à divindade criadora *Ẹlẹ́dàá* (Oyěwùmí, 2016).

Considerando as raízes e rotas da diáspora africana (Gilroy, 2012), em "De Ialodês[87] a feministas: Reflexões sobre a ação política das mulheres negras na América Latina e Caribe", Jurema Wernek (2008) discorre sobre os legados africanos reelaborados nas lutas feministas negras no Brasil. Compreendida como um dos títulos da orixá Oxum, representante das mulheres, liderança política, a Ialodê, para Wernek, informa modelos de organização e de conduta em mobilizações negras diversas em sociedades pós-escravistas, seja como lideranças religiosas, em sociedades secretas, partidos políticos, universidades, organizações de trabalhadores, associações culturais e de moradores de favelas, movimentos de resistência à ditadura, marcados pelo combate indissociado ao racismo e ao sexismo.

Narra ainda um duplo papel de atração e repulsa de mulheres negras pela incipiente teoria feminista no Brasil nos anos 1970, por seu simultâneo conteúdo emancipatório e caráter excludente. Críticas ao

---

[86] Chamo atenção para as considerações de Ochy Curiel (2013) sobre a heterossexualidade, entendida não como preferência sexual, mas como regime político compulsório engendrado pela apropriação pública (coletiva) e privada (de maridos e outros homens da família) das mulheres e de seu trabalho. Em sua análise da Assembleia Constituinte colombiana de 1991, esse regime político informa a construção do que chama de nação heterossexual. Oyěwùmí (2004, 1997) aponta o paradoxo da expressão "mãe solteira", que denota a compreensão da maternidade não como relação de descendência com a prole, mas como uma relação sexual com um homem, situando a heterossexualidade no centro da divisão do trabalho ocidental.

[87] Vale pontuar que Oyèrónkẹ Oyěwùmí (2016) discorda do uso da categoria Ialodê por considerá-la reducionista diante da magnitude da instituição de Iyá na sociedade iorubá.

racismo eram interpretadas como ameaça à irmandade almejada. Sobre o contexto de emergência de organizações de mulheres negras autointituladas feministas, que recorriam a tradições culturais afrobrasileiras, perturbando marcos tradicionais do feminismo hegemônico, Wernek destaca o papel de Lélia Gonzalez. Lélia, avaliando o ativismo feminista na América Latina, enfatizando contribuições de ameríndias e amefricanas, afirmava em 1988:

> Por tudo isso, o feminismo latino-americano perde muito de sua força abstraindo um fato da maior importância: o caráter multirracial e pluricultural das sociedades da região. Lidar, por exemplo, com a divisão sexual do trabalho sem articulá-la com a correspondente ao nível racial é cair em uma espécie de racionalismo universal abstrato, típico de um discurso masculinizante e branco. Falar de opressão à mulher latino-americana é falar de uma generalidade que esconde, enfatiza, que tira de cena a dura realidade vivida por milhões de mulheres que pagam um preço muito alto por não serem brancas (Gonzalez, 2020, p. 142).

Análises do patriarcado e do capitalismo que desconsiderem os impactos da escravidão nas Américas, ignoram a forma de produção que estruturou o mundo moderno, possibilitou o desenvolvimento dos Estados-nação e moveu a economia capitalista por quatro séculos, e seu principal produto, mais que o café, o tabaco, o algodão e a cana: o escravo. Sem a escravidão nessa equação, "trabalho" parece um privilégio branco e masculino daqueles trazidos da Europa para embranquecer a nação no pós-abolição. As Outras fazem alguma outra coisa sem nome que fornece permanentemente a mesa farta, a hospitalidade, a diversão, o aconchego e o sexo tipicamente brasileiros (Alves, 2017; Machado, 2016). São a matéria-prima bruta da ação modeladora da raça branca, cujo paternalismo dissimula violência como benevolência (Silva, 2006). No lugar da pretensa harmonia, o trauma e o roubo do tempo organizam seu uso para nutrir a supremacia branca como cativas (James, 2016). Passividade ou privilégio são palavras injustas diante das estratégias de resistência e provações suportadas pelas sobreviventes da casa-grande.

Processo de alienação natal, destituição cívica, remoção do sujeito de suas redes de parentesco para convertê-lo em estranho/mercadoria, um bem fungível, borrando as fronteiras entre produção e reprodução, a escravidão pode ser entendida como a experiência de perder a mãe (Hartman, 2008). "O navio negreiro é um útero/abismo. A *plantation* é a barriga do mundo. *Partus serquitur ventrem* – a criança segue a barriga[88]", herdando o status legal de escravizada da genitora. "As relações materiais de sexualidade e reprodução definiram as experiências históricas de mulheres negras como trabalhadoras e moldaram o caráter de sua recusa e resistência à escravidão" (Hartman, 2016, p. 166). Como diria Dorothy Roberts sobre os EUA, a invenção da raça como traço biológico hereditário resolve as contradições da "anomalia da existência da escravidão numa República fundada num compromisso radical com a liberdade, a igualdade e os direitos naturais[89]" (Roberts, 2017, p. 9).

> Não foi a Declaração de Independência, a Constituição, ou as estrelas e listras que pariram a América. Foi a vagina negra que botou o ovo de ouro, ou melhor, o semovente escravo. É isso mesmo. Durante os anos formativos da América, a propriedade mais valiosa que se produzia, a propriedade sobre a qual toda a economia estava baseada, a propriedade que foi leiloada para construir a América, era propriedade em escravos. Doze bilhões de dólares. Não podemos nem começar a dimensionar em valores atuais. E de onde isso veio? As vaginas de quem passaram esses doze bilhões de dólares? As vaginas de quem foram capitalizadas, colonizadas e amortizadas, tudo para dar à luz a América? As vaginas de quem foram apropriadas, [...] depreciadas, mas nunca, nunca, justiçadas no processo de construção deste país? A única vagina que era menos valiosa quando protegida, amada e respeitada que quando aberta, tomada e ocupada à força[90] (Crenshaw, 2019).

Mulheres negras não são sinônimos de vaginas negras, seja por nosso precário pertencimento à categoria "mulher", por não sermos essencialmente ligadas (ou fadadas) à reprodução, ou pela ficção do binarismo biológico de gênero[91], que reduz mulheres e vaginas à cisgeneridade. O ponto é que o trabalho dito reprodutivo em sentido amplo, incluindo os

---

[88] Tradução nossa.

[89] Tradução nossa.

[90] Tradução nossa.

[91] Refiro-me não apenas a identidades de gênero trans, travestis e não binárias, mas à multiplicidade de combinações do sexo cromossômico, não identificável pela observação de características sexuais visíveis. Relembro o caso da atleta olímpica espanhola María Patiño, que em 1988, por meio de um teste de feminilidade do Comitê Olímpico Internacional, descobriu que possuía um cromossomo Y e testículos ocultos, o que destruiu sua carreira esportiva (Fausto-Sterling, 2000).

atos de parir, gestar e cuidar[92], entre outros, parece um ponto-chave para entendermos a escravidão, a modernidade, o Estado e a Constituição. E que a ruptura de laços familiares, sobretudo de mulheres e crianças negras, parece crucial para a expropriação de seu trabalho doméstico "em condições análogas" à escravidão — para utilizar a linguagem do Art. 149 do Código Penal.

Que família é essa da qual a trabalhadora doméstica é "quase" parte? Se nos voltarmos para as últimas décadas do século XIX e primeiras do século XX — sem pretensão de fazer transposições automáticas e acríticas de mais de século de distância —, a resposta será muito diferente da "história mítica" da divisão sexual e racial do trabalho da narrativa freyreana de formação nacional brasileira (Bernardino-Costa, 2007); que, elaborada desde os anos 1930, recorre à imagem da mãe preta, o contraponto do escravo revoltado e vingativo, como alegoria privilegiada da confraternização inter-racial brasileira por seus atributos maternais e afetivos; e da mucama, escrava doméstica sexualmente disponível, cujo estupro sinaliza ao mesmo tempo ausência de preconceito e aumento da propriedade do senhor (não o nascimento de um herdeiro), bem como a produção do sujeito nacional, o mestiço; ambas erigidas sobre a nostalgia de um patriarcalismo rural decadente (Roncador, 2008; Silva, 2006; Feyre, 2017).

Em seu trabalho seminal sobre serviço doméstico no Rio de Janeiro entre 1860 e 1910, a historiadora Sandra Lauderdale Graham (1992) descreve não uma família nuclear, mas um arranjo doméstico de corresidentes desigual e mutuamente dependentes (*household*) encabeçado por um senhor-patrão-e-marido, enquanto unidade jurídica, política e econômica e metáfora da organização social. Sob sua autoridade, assegurada pela lei e pela tradição portuguesa, mulher, filhos, agregados e criados, escravizados ou livres, ocupavam diferentes posições na hierarquia, embora todos fossem submetidos a ele[93].

---

[92] A historiadora Martha Santos (2016) argumenta que o princípio do direito romano que fundamenta a hereditariedade do status de escravizado pela linha materna foi central no debate sobre a manutenção da escravidão após a proibição do tráfico transatlântico de escravizados em 1831, uma vez que, interrompido o fluxo de entrada de africanos no país, o abastecimento do mercado interno de escravos contou mais intensamente com a reprodução e o cuidado das cativas para repor mão de obra.

[93] Nessa entidade civil e política, era negado aos dependentes o direito ao voto, e era assegurado ao senhor, por exemplo, o direito de aplicar castigos físicos a todos e o dever de guardar a honra das mulheres da casa — todas elas, não apenas esposa e filhas. "A escravidão combinada com a autoridade paternal estabelecera o paradigma para todas as relações senhor-criados". Não apenas a vida laboral, mas "a vida emocional e sexual de um/a escravo/a pertencia à jurisdição do senhor" (Graham, 1992, p. 109-110). Esse arranjo não era único ou absoluto — viúvas poderiam assumir a chefia da casa com a morte dos maridos, ou homens solteiros, que podiam delegar a gestão da casa a uma criada, em vez uma esposa. A insistência de manter pagamentos na forma de bens aos "fâmulos" por uma patroa, em vez de exclusivamente na forma de salário, apelava àquele paradigma.

À casa, domínio seguro e estável, pertenciam as relações familiares duradouras, enquanto a rua, suspeita, imprevisível e perigosa, era um lugar sujo, incerto e de relações temporárias. "Sendo nem família, nem totalmente desconhecidos, criados ocupavam um lugar ambíguo e suspeito entre os dois[94]" (Graham, 1992, p. 27). "Portas adentro" ou "portas afora", o trabalho doméstico garantia o funcionamento da casa, atendendo não apenas a caprichos laboriosos, mas a cada aspecto da vida de famílias ricas (ou menos abastadas, dependendo do orçamento) da capital do Império: complexas refeições com muitos pratos e processos, limpeza de cômodos abarrotados de tapeçarias e móveis à moda francesa no calor tropical, vestir, pentear, catar piolhos, fazer cafuné e abanar as senhoras com folhas de bananeira, amamentar e criar suas crianças; além de uma série de atribuições que somente seriam supridas pela tecnologia de serviços públicos de saneamento e energia anos mais tarde, como buscar água, carregar barris de dejetos humanos e comprar mantimentos diariamente.

Essa relação entre casa e rua podia se inverter para aquelas que serviam, sujeitas aos riscos da casa, à violência autorizada pela autoridade patriarcal, que estabelecia uma obrigação de proteção[95] (fornecimento de necessidades básicas e favores arbitrários) em troca de uma obrigação de obediência (trabalho e gratidão) — uma transação em que alguém comprou e alguém foi comprado. Podia ser mais seguro se manter longe dessa proteção, sendo uma lavadeira ou costureira que atendesse a várias famílias, ou uma vendedora de comida pronta, mantendo sua própria família com mais liberdade num cortiço, podendo transitar entre os encontros, tentações e diversões da rua; ou mesmo uma criada que dormisse a maior parte do tempo na casa do patrão, mas que destinasse a maior parte de seu parco ordenado ao aluguel de um quarto só seu do outro lado da cidade, onde pudesse manter seus pertences, amores e intimidades longe da vigilância patronal, sem perder sua respeitabilidade, entre outros arranjos. Famílias, formadas ou não por laços conjugais, podiam se manter também portas adentro, ou ser separadas pela venda de um ente querido para longe, ou por deixar um bebê na Roda dos Expostos por falta de condições de mantê-lo; não sem esforços para recuperá-los.

---

[94] Tradução nossa.

[95] Se o senhor-patrão faltasse com seus deveres, por maus tratos, negligência, era possível perder a propriedade sobre escravas judicialmente — como atestam as ações ajuizadas por elas. Mas essa corda esticava bastante. Avanços sexuais não costumavam contar como violação, a não ser que atingissem "sensibilidades públicas", além da honra e da propriedade da família.

Abolição e contágio eram as duas ameaças que se fundiam na imaginação patronal com a proximidade de oitenta e oito, acirrando os conflitos entre quem executava e quem dependia do trabalho. "Vulneráveis" aos habitantes de zonas inabitáveis da cidade — onde era maior, não exclusivo, o volume de lixo e de corpos vitimados pelas epidemias do período, sobre quem se voltavam medidas de controle policial e sanitário, confundindo doença e crime (Graham, 1992); patrões lamentavam o que se chamava à época de "crise dos criados". Flávia Fernandes de Souza (2017) identifica por meio de fontes diversas a proliferação de discursos que apontam para uma percepção compartilhada de perda de controle senhorial em relação às trabalhadoras, caracterizadas como fofoqueiras, desleixadas, traidoras, invasoras, lascivas, invejosas, inimigas, interesseiras que exigiam salários abusivos e abandonavam o serviço sem motivo, doentes cheias dos vícios de sua gente, que potencialmente maculariam a ordem do lar; em oposição aos antigos criados da casa[96], tidos como fiéis e obedientes, que "entravam ao colo de sua mãe [...] e saíam de 60 a 80 anos no caixão para o cemitério" (Souza, 2017, p. 300).

Realizando o mais íntimo do trabalho doméstico, amas de leite foram especiais alvos, consideradas agentes de contágio físico e moral de crianças brancas. Em suas múltiplas biografias e atribuições, trabalhadoras domésticas negociaram proteção e obediência e gestos de recusa, ao mesmo tempo engendrando e participando de transformações do novo século, enquanto participavam e testemunhavam de perto o cotidiano dos patrões (Graham, 1992).

Aponte a câmera do celular para o QR Code para ouvir a *playlist* do Capítulo 4.

---

[96]   Era preferível ter escravos nascidos ou criados em casa (o que se tornou menos comum com a crescente urbanização e com a maioria populacional livre), ou pelo menos com referência de bom comportamento, para evitar ter de recorrer a anúncios de jornal ou a agências de aluguel e contratação (antes majoritariamente de escravizadas, cada vez mais especializadas no trabalho livre de imigrantes europeias), para minimizar os perigos do contato com aqueles identificados com a rua.

MANUAIS JURÍDICOS SOBRE EMPREGO DOMÉSTICO

O trabalho doméstico é um dos mais refratários à regulamentação, pelas suas condições peculiares, entre as quais um certo aspecto de benevolência [...] que faz do empregado, em muitos casos, um agregado da família a que serve, além do que, como já se observou – e com razão – a legislação social não se interessa tanto por ele, porque não há aí realmente conflitos entre o capital e o trabalho a resolver.
(Antônio Ferreira Cesarino Júnior)

Na entrevista concedida por Creuza Maria Oliveira para a pesquisa, perguntei como ela avaliava a relação das trabalhadoras domésticas com o mundo do Direito, com os operadores da lei, no trânsito nas instituições jurídicas. A resposta foi categórica: "Continuamos sendo as negras da senzala". A presidenta da Fenatrad avaliava: "Os três poderes não nos reconhecem enquanto classe trabalhadora, principalmente porque somos mulheres, e a grande maioria mulheres negras". Indenizações irrisórias na Justiça do Trabalho e aprovação de dispositivos legais que impedem vínculo de emprego para diarista na Câmara e no Senado foram citadas como exemplos de discriminação respectivamente no poder Judiciário e no Legislativo. "Então a gente ainda tem que fazer muita mudança de mentalidade, e de práticas, mudar muitas práticas no mundo do trabalho" (Oliveira, 2019).

Neste capítulo, faço uma breve revisão de manuais jurídicos brasileiros sobre emprego doméstico. Buscando interpelar a "mentalidade" descrita por Creuza, orientada pelo conceito de epistemicídio (Carneiro, 2005), faço esse pequeno levantamento na esperança de encontrar pistas sobre os modos de produção de sujeitos excluídos da universalidade jurídica sem qualquer crise ética (Silva, 2007). Compreende-se o manual jurídico como "um dos pilares da formação do pensamento jurídico no ensino superior do país, estando também presente na fundamentação das decisões [judiciais]", que ensina não apenas modos de interpretar e aplicar normas, mas "um modo de considerar a realidade" (Nascimento; Duarte; Queiros, 2017, p. 1166).

Vale relembrar a lição de Patricia Hill Collins sobre o controle de homens brancos de elite sobre as instituições de produção e validação do conhecimento, cujos interesses permeiam "os temas, paradigmas e epistemologias da pesquisa acadêmica tradicional" (Collins, 2019, p. 401). Não é incomum encontrar trabalhadoras domésticas retratadas como autoras do crime de furto nas residências dos patrões em manuais de direito penal brasileiros, caracterizadas como suspeitas e vingativas, que traem a confiança dos empregadores, violando seu sentimento interior de segurança[97]. Evandro Piza Duarte, compreendendo as faculdades de direito como parte do sistema penal, com papel na sua reprodução ideológica, analisou um conjunto de manuais introdutórios de direito penal e disse o seguinte:

> Nesse sentido, pode-se considerar a tendência descrita por Hespanha na medida em que se comparam suportes distintos de reprodução do saber jurídico e se constata a supressão da própria narrativa histórica dos manuais. Dessa forma, dos tratados de Direito, nos quais se dedicavam longas páginas às questões históricas e filosóficas mais gerais, passou-se para o manual, que se apresentava como uma forma de conhecimento fácil, no qual, a cada passo, a descrição histórica vai sendo reduzida, ou, simplesmente, é substituída pela abordagem técnica, até se chegar aos códigos comentados, representantes de uma forma de conhecimento de acesso imediato e parcializado e aos programas informatizados que radicalizam essa perspectiva. De outra parte, no decorrer da pesquisa, outra tendência aparentemente oposta, ainda que se constitua em exceção, também foi sentida. Trata-se, neste caso, do retorno de discursos historicamente datados, despidos do contexto em que foram escritos. Assim, por exemplo, encontraram-se autores nos quais as teorias criminológicas mais recentes compartilhavam o mesmo espaço com discursos advindos de narradores do período colonial, ou ainda, a publicação de

---

[97] No manual de direito penal de Guilherme Nucci, por exemplo, na explicação sobre os requisitos do concurso de agentes, o autor dá o seguinte exemplo: "**Ex.: uma empregada, decidindo vingar-se da patroa, deixa propositadamente a porta aberta, para que entre o ladrão.** Este, percebendo que alguém permitiu a entrada, vale-se da oportunidade e provoca o furto. **São colaboradores a empregada e o agente direto da subtração, porque suas vontades se ligam, pretendendo o mesmo resultado, embora nem mesmo se conheçam**" [grifo meu]. No furto com abuso de confiança ou mediante fraude, mais uma vez ele recorre à empregada: "**Ex.: uma empregada doméstica que há anos goza da mais absoluta confiança dos patrões, que lhe entregam a chave da casa e várias outras atividades pessoais (como o pagamento de contas), caso pratique um furto, incidirá na figura qualificada.** Por outro lado, a empregada doméstica recém contratada, sem gozar da confiança plena dos patrões, cometendo furto incide na figura simples" [grifo meu] (Nucci, 2014, p. 289; 586).

"clássicos" do pensamento jurídico nacional, sem qualquer referência ao momento histórico em que suas obras foram escritas (Duarte, 1998, p. 34).

Na trilha de Evandro, e do "Hegel e Haiti" de Susan Buck-Morss (2011), Vanessa Rodrigues Silva (2015) percebe uma supressão das lutas por liberdade de pessoas escravizadas nas narrativas dos manuais de direito do trabalho, que identificam a história desse ramo do direito com o trabalho livre. Marcada pelo caráter linear e evolutivo, em que a etapa anterior é completamente substituída pela seguinte, essa narrativa histórica dos manuais se divide em duas partes. A primeira descreve um direito do trabalho geral ou europeu, que narra seu surgimento como resposta a fenômenos sociais — a Revolução Industrial na Inglaterra, a Revolução Francesa, as lutas dos trabalhadores por melhores condições de vida como resposta ao capitalismo industrial desenfreado nesses contextos.

A escravidão aparece como elemento de um passado remoto, superada e substituída pela servidão medieval, seguida pelas corporações de ofício e depois pelo trabalho assalariado livre. A institucionalização do Direito do Trabalho no século XX "surge" como ápice da narrativa, enquanto conjunto de normas protetivas depois de um longo período de desproteção. Essa parte histórica é confessadamente subsidiária em relação ao conteúdo real do manual: a técnica jurídica. A segunda parte, sobre o direito brasileiro, resume-se à enumeração de diplomas legais. Nela, não há referência à atuação de movimentos de trabalhadores, o que denota que no Brasil não houve lutas sociais que gerassem disputas sobre direitos trabalhistas.

Selecionei no catálogo da Rede Virtual de Bibliotecas (RVBI), que reúne bibliotecas de órgãos da Administração Pública Federal, do Executivo, Legislativo e Judiciário e do governo do Distrito Federal, um conjunto de manuais que tratam especificamente do trabalho doméstico, optando, portanto, por não analisar manuais completos de direito material do trabalho, nos quais o emprego doméstico geralmente é um subtópico dentro dos tipos de contrato de trabalho, esperando encontrar mais informação. Incluí apenas títulos com edições posteriores à aprovação da Emenda Constitucional n.º 72, de 2013, e da promulgação da Lei Complementar n.º 150 de 2015, considerando o longo processo de constitucionalização desses direitos, a maior quantidade de materiais disponíveis nesse período e o senso comum sobre a suposta equiparação por eles promovida. A partir desses critérios, encontrei seis títulos.

Considerando a hipótese de que há uma relação entre direitos fundamentais e imagens de controle, essa análise preliminar, sem pretensão de esgotar o conteúdo de cada obra, tampouco a literatura sobre o tema no campo do direito, buscou identificar características gerais e responder a três perguntas: 1) Quais as narrativas elaboradas sobre o processo histórico de surgimento dessas normas? 2) Elas consideram a agência política das associações e sindicatos da categoria? 3) O que dizem sobre o caráter "não econômico" ou "não lucrativo" que define o trabalho doméstico na CLT e na legislação especial? As impressões a seguir estão agrupadas em três tópicos, para três pares de manuais.

5.1 Parcerias familiares

O primeiro manual analisado foi "O Novo Manual do Trabalho Doméstico", uma coautoria entre Maurício Godinho Delgado, Ministro do Tribunal Superior do Trabalho (TST) e sua filha Gabriela Neves Delgado, professora de Direito do Trabalho da UnB, ambos doutores em direito pela UFMG. Trata-se da segunda edição do manual, publicada pela LTr, em junho de 2016. O livro conta com um prefácio de Delaíde Miranda Arantes, também ministra do TST e ex-trabalhadora doméstica, que destaca as contribuições dos autores para uma leitura constitucionalizada do direito do trabalho, com base no primado da dignidade humana, do valor social do trabalho e do princípio da igualdade; as limitações do texto constitucional de 1988 pré-emenda; e as polêmicas em torno da aprovação das alterações, que evidenciavam o preconceito contra a categoria, com especial atenção aos recortes de raça e gênero.

A abordagem dos autores é consonante com os achados de Vanessa. Há uma noção linear e evolutiva da história que informa a interpretação sobre a "exclusão civilizatória" da categoria, na qual a evolução de direitos equivale a maturação, que se move num ritmo mais lento para a classe dos domésticos. Desconsidera-se o período anterior à institucionalização do direito do trabalho nas décadas de 1930 e 1940 na conformação dessa exclusão. Replicando a estrutura do manual tradicional, sem a seção histórica "geral", não há menção a lutas por direitos, embora narrem o direito do trabalho como ramo inerentemente inclusivo. O "limbo jurídico" no qual se encontra a categoria é impressionante, mas não tem explicação[98].

---

[98] "A evolução jurídica do contrato de trabalho doméstico no Brasil evidencia a presença de um dos mais dramáticos exemplos de exclusão civilizatória percebida na sociedade brasileira no século XX. Todo o desenvolvimento do Direito do Trabalho no País, a contar das décadas de 1930 e 1940, não teve a aptidão de alcançar esse numeroso segmento de trabalhadores componentes da realidade laborativa brasileira, que se manteve em

Essa evolução é dividida em dois momentos: uma fase de exclusão jurídica e uma fase de inclusão. Na fase de exclusão, na qual os rurais e domésticos são tidos como as únicas categorias não integradas pela generalização do direito do trabalho na economia e sociedade brasileiras, menciona-se a Consolidação das Leis do Trabalho (CLT) — Decreto-lei 5.452, de 1943 —, que exclui expressamente a categoria, e o Decreto-lei 3.078, de 1941, sobre locação de serviços domésticos, que não chegou a ser regulamentado. Não há menção ao autoritarismo que marcou o período, embora se celebrem os avanços de direitos sociais. Destaco que o decreto de 1941 não menciona o caráter "não econômico" ou "não lucrativo" presente nos diplomas posteriores e que, para emissão de carteira de trabalho, estabelecia obrigatoriedade de emissão de atestado de boa conduta por autoridade policial e atestado de vacina e de saúde por autoridade sanitária[99], o que sugere uma possível permanência das imagens de ameaça e contágio do fim do século XIX e início do XX.

A fase de inclusão se divide em duas etapas: uma anterior à Constituição de 1988, de "modesta normatização inclusiva", e uma posterior à sua promulgação, que deflagrou um ciclo de institucionalização da cidadania trabalhista doméstica. Antes da CF/88, menciona-se a "singela e esquálida" Lei 5.859/1972, que previa direito à assinatura de carteira, férias anuais de 20 dias e inclusão do empregado na Previdência. Ao passo que garantia "um mínimo de cidadania", a Lei n.º 5.859 "praticamente, apenas *formalizava* a exclusão" (Delgado, 2015 *apud* Delgado; Delgado, 2016, p. 19). Destaco que a lei, do auge da ditadura, também previa a obrigatoriedade de apresentação de atestado de boa conduta e de saúde para admissão no emprego[100]. Menciona-se ainda o direito ao vale transporte (Lei 7.418/85 e 7.619/87 e Decreto 95.247/87), que se somou a esse curto rol de direitos.

---

impressionante limbo jurídico até as décadas finais do século passado. A extensão do Direito do Trabalho [...]a esse segmento trabalhista peculiar fez-se em ritmo marcadamente lento, somente acentuando seus passos com a promulgação da Constituição de 1988. Nesse contexto, o cenário aberto pela Constituição da República é que permitiu se deflagrar um processo crescente de resgate dessa profunda dívida civilizatória, de maneira a integrar a categoria dos empregados domésticos no universo de direitos e garantias característico do Direito do Trabalho. Esse processo de inclusão jurídica trabalhista encontrou seu ápice com a Emenda Constitucional n. 72, de 2013, e seu diploma normativo regulamentador, a Lei Complementar n. 150, de 2015" (Delgado, Delgado, 2016, p. 17).

[99] "Art. 1º São considerados empregados domésticos todos aqueles que, de qualquer profissão ou mister, mediante remuneração, prestem serviços em residências particulares ou a benefício destas". O decreto estabelecia obrigatoriedade de uso de carteira profissional para os empregados no serviço doméstico, exigindo como requisito para expedição a) prova de identidade, b) atestado de boa conduta emitido por autoridade policial e c) atestado de vacina e de saúde fornecido por autoridade sanitária federal, estadual ou municipal (Brasília, 1941).

[100] Art. 2º Para admissão ao emprego deverá o empregado doméstico apresentar: I – Carteira de Trabalho e Previdência Social; II – Atestado de boa conduta; III – Atestado de saúde, a critério do empregador.

A segunda etapa tem três momentos: cidadania deflagrada, cidadania ampliada e cidadania consolidada. É deflagrada pela promulgação da Constituição, que assegurou aqueles nove direitos que vimos no Capítulo 3; ampliada pela Lei 11.324/2006 (inclui na redação da Lei 5.859/1972 a vedação de descontos por fornecimentos de alimentos, vestuário, higiene e moradia; 30 dias de férias; garantia de emprego à gestante; e dedução das contribuições previdenciárias patronais do imposto de renda do empregador); e consolidada pela Emenda Constitucional 72 de 2013 (altera o texto do parágrafo único do Art. 7º da Constituição para incluir 16 novos direitos[101]), que se completa com a regulamentação pela Lei Complementar n.º 150, de 2015, que ocorreu, para os autores, com surpreendente rapidez.

Delgado e Delgado chamam atenção para a natureza especial da legislação em razão das peculiaridades do emprego doméstico, demarcando as especificidades dessa relação jurídica que se dá exclusivamente entre pessoas físicas (empregado e pessoa ou família empregadora), que se desenvolve no espaço doméstico, e não tem "conteúdo econômico" ou "finalidade lucrativa" para o tomador do serviço — esses entendidos como resultado comercial ou industrial, valor de troca, não de uso, conversão do serviço em fator de produção para a pessoa ou família empregadora, por exemplo, quando a casa é uma pensão, e a faxina e alimentação se destinam a terceiros de fora da família. As características anteriores norteiam a interpretação constitucional desse novo conjunto normativo.

> Todos esses aspectos reunidos [...] conduziram a **Constituição de 1988** a deflagrar um processo de institucionalização da **cidadania trabalhista** para a **categoria doméstica**, de maneira a **retirá-la da inaceitável exclusão** em que se encontrava na realidade jurídica brasileira [...], porém mediante a **formatação de uma legislação realmente**

---

[101] A nova redação do parágrafo único do Art. 7º é a seguinte: "São assegurados à categoria dos trabalhadores domésticos os direitos previstos nos incisos IV, VI, VII, VIII, X, XIII, XV, XVI, XVII, XVIII, XIX, XXI, XXII, XXIV, XXVI, XXX, XXXI e XXXIII e, atendidas as condições estabelecidas em lei e observada a simplificação do cumprimento das obrigações tributárias, principais e acessórias, decorrentes da relação de trabalho e suas peculiaridades, os previstos nos incisos I, II, III, IX, XII, XXV e XXVIII, bem como a sua integração à previdência social" (Brasil, 2013). Os que dependiam de regulamentação posterior eram: garantia de salário nunca inferior ao mínimo; proteção do salário contra retenção dolosa; limite de jornada de 8h diárias e 44h semanais; remuneração da hora extra; normas de saúde, higiene e segurança do trabalho para redução dos riscos inerentes ao trabalho; reconhecimento de convenções e acordos coletivos; proibição de diferença de salário, exercício de função e critérios de admissão por motivo de sexo, idade, cor ou estado civil; proibição de discriminação de pessoa com deficiência; e proibição de trabalho noturno, perigoso ou insalubre a menores de 18 anos e qualquer trabalho para menor de 16. O resto precisava de regulamentação: proteção contra dispensa arbitrária; seguro desemprego; FGTS; remuneração do trabalho noturno superior à do diurno; salário família; assistência gratuita a filhos e dependentes em creches e pré-escolas; e seguro acidentário.

> **especial** para o trabalho doméstico, **ao invés da simples extensão da legislação econômica e profissional característica da CLT** e das demais leis trabalhistas do País. **Essa clara escolha constitucional [...] foi novamente enfatizada pela Emenda Constitucional n. 72, de 2013.** (Delgado, Delgado, 2016, p. 26, grifos meus).

A principal peculiaridade está entre os cinco elementos fático-jurídicos da relação de emprego. Constitui-se uma relação de emprego se o trabalho for realizado por pessoa física, com pessoalidade, onerosidade, subordinação e não eventualidade[102]. São quatro as teorias que regem a não eventualidade: da descontinuidade, do evento, dos fins do empreendimento e da fixação jurídica. Quando a CLT fala em "não eventual", ela remete à teoria do evento: se o trabalhador trabalha num evento específico ou esporádico, ele é eventual; se permanece no empreendimento com ânimo definitivo, é empregado. Essa é informada pelo princípio da continuidade da relação de emprego, que estimula que os contratos se prolonguem no tempo.

É na descontinuidade que está a diferença da categoria. Para os domésticos, em vez da não eventualidade, considera-se o elemento fático-jurídico geral peculiar da continuidade. Aqui, entende-se o eventual como descontínuo, interrupto, disperso. Rejeitada pela CLT, ela foi adotada na legislação especial, o que "resultou da intenção legal de não enquadrar na figura técnico-jurídica de empregado doméstico o trabalhador eventual doméstico, conhecido como *diarista*" (Delgado, 2019, p. 343, grifo do original). Conforme está expresso no Art. 1º da LC150/2015, é empregado doméstico quem presta serviço a pessoa ou família de forma contínua por mais de dois dias na semana[103]. Por outro lado, um garçom que trabalhe pelo mesmo período num restaurante não é considerado eventual, fazendo jus, portanto, a todos os direitos trabalhistas.

Por fim, destaco um trecho sobre as hipóteses de dispensa por justa causa, que é uma "infração trabalhista, tipificada em lei que, cometida pelo empregado, permite ao empregador colocar fim ao contrato de trabalho,

---

[102] Uma pessoa física, não jurídica, deve estar no polo ativo da prestação, que deve ocorrer de forma pessoal, ou seja, infungível, mediante prestação pecuniária, tendo em vista o objetivo econômico do obreiro, que é subordinado ao empregador, ou seja, submetido ao seu poder diretivo relativamente ao contrato de trabalho, de forma não eventual (Delgado, 2019).

[103] O Art. 1º da antiga Lei 5.859/1972, revogada pela atual Lei Complementar 150, utilizava a expressão "serviços de natureza contínua", que se manteve na redação da nova lei, com adição expressa do parâmetro de dois ou mais dias por semana para configuração de relação de emprego doméstico: "Art. 1º Ao empregado doméstico, assim considerado aquele que **presta serviços de forma contínua**, subordinada, onerosa e pessoal e de finalidade não lucrativa à pessoa ou à família, no âmbito residencial destas, **por mais de 2 (dois) dias por semana**, aplica-se o disposto nesta Lei" (Brasil, 2015, grifos meus).

sob ônus do trabalhador", grave o suficiente para justificar a demissão. Diante do empregado faltoso[104] (ou, melhor, da empregada), emerge uma imagem prudente, sensata e benevolente do empregador ou empregadora, que deve educar ou "aculturar" seu subordinado para o trabalho.

> Conforme se percebe, o empregador tem de exercitar o **poder disciplinar** com **sensatez, prudência e comedimento**. Deve também atentar para o necessário **intuito pedagógico** de seus poderes diretivo, fiscalizatório e disciplinar, buscando **aculturar o empregado às melhores práticas no cumprimento do contrato de trabalho, educando-o para o trabalho**. Nesse exercício **ponderado** e **sensato** de seu poder disciplinar, pode aplicar penalidades mais leves (advertência verbal ou escrita; suspensão disciplinar) até atingir, se for o caso, a punição máxima da ordem jurídica, consistente na dispensa por justa causa.
> Claro que as peculiaridades da relação empregatícia doméstica se sobrelevam, mais uma vez, no presente contexto. Desenvolvendo-se a prestação de serviços na própria **residência do empregador**, no contexto do **ambiente familiar**, torna-se mais **tormentosa** a condução da **atividade punitiva**, em face da **afetação severa que pode deflagrar no seio da família** e de seu ambiente interno (Delgado; Delgado, 2016, p. 146, grifos meus).

O segundo livro analisado foi *A nova lei do trabalho doméstico: Comentários à Lei Complementar n.º 150/2015*. Publicado pela Saraiva em 2015, também é fruto de uma parceria entre pais e filhas: Carlos Henrique Bezerra Leite, desembargador do Tribunal Regional do Trabalho (TRT) da 17ª Região e professor da Faculdade de Direito de Vitória (FDV), Laís Durval Leite, advogada e professora na FDV, e Letícia Durval Leite, graduanda na FDV e estagiária do TRT17. O livro se apresenta como simples e descomplicado e tem como público-alvo estudantes e profissionais do direito e correlatos, empregadores, trabalhadores e sindicatos.

---

[104] "Art. 27. Considera-se justa causa para os efeitos desta Lei: I - submissão a maus tratos de idoso, de enfermo, de pessoa com deficiência ou de criança sob cuidado direto ou indireto do empregado; II - prática de ato de improbidade; III - incontinência de conduta ou mau procedimento; IV - condenação criminal do empregado transitada em julgado, caso não tenha havido suspensão da execução da pena; V - desídia no desempenho das respectivas funções; VI - embriaguez habitual ou em serviço; VII - (VETADO); VIII - ato de indisciplina ou de insubordinação; IX - abandono de emprego, assim considerada a ausência injustificada ao serviço por, pelo menos, 30 (trinta) dias corridos; X - ato lesivo à honra ou à boa fama ou ofensas físicas praticadas em serviço contra qualquer pessoa, salvo em caso de legítima defesa, própria ou de outrem; XI - ato lesivo à honra ou à boa fama ou ofensas físicas praticadas contra o empregador doméstico ou sua família, salvo em caso de legítima defesa, própria ou de outrem; XII - prática constante de jogos de azar" (Brasil, 2015).

No breve histórico da evolução legislativa, os autores pontuam nas linhas iniciais a ausência de legislação específica "desde o 'descobrimento' até a abolição da escravatura (1888) e desta até 1972". Passando pela negação celetista, descrevem a Lei 5.859 como insignificante, "pois permaneceu, na essência, a exclusão dos domésticos dos mais elementares direitos conferidos aos empregados urbanos" (Bezerra Leite; Leite; Leite, 2015, p. 19). A pioneira Constituição de 1988 reconheceu e integrou a categoria à Previdência. Aqui, aparece a atuação dos movimentos sociais no debate público sobre a Emenda Constitucional 72, de 2013.

> Pressionado por movimentos sociais e pela grande mídia, o Congresso Nacional, em 2-4-2013, promulgou a Emenda Constitucional n. 72, que alterou a redação do parágrafo único do art. 7º da CF 'para estabelecer a igualdade de direitos trabalhistas entre os trabalhadores domésticos e os demais trabalhadores urbanos e rurais'.
> Na verdade, embora o enunciado da referida emenda constitucional tenha proclamado 'a igualdade de direitos trabalhistas', o texto promulgado concretamente apenas ampliou o rol dos direitos dos trabalhadores domésticos previstos na redação original da Constituição Federal de 1988 (Bezerra Leite; Leite; Leite, 2015, p. 21).

A Lei n.º 150 é descrita como um novo microssistema do trabalho doméstico, com dois objetivos, extraídos do Projeto de Lei do Senado (PLS) n.º 224/2013:

> [...] regulamentar o novel do parágrafo único do art. 7º da CF, com redação dada pela EC 72/2013, e corrigir uma injustiça histórica perpetrada pelo Estado e pela sociedade brasileira contra a categoria dos trabalhadores domésticos (Bezerra Leite; Leite; Leite, 2015, p. 26).

Os autores optam por utilizar a denominação "trabalhador doméstico", em vez de "empregado", tendo em vista que o doméstico não tem os mesmos direitos do empregado urbano ou rural; que a Constituição usa o termo trabalhador, a despeito do uso de "empregado" na CLT e na legislação especial, privilegiando a leitura constitucional; e pelo uso de "trabalhador" na então não ratificada Convenção 189 da OIT, que dispõe sobre o trabalho decente para a categoria.

O requisito da finalidade não lucrativa se refere a "serviços normais realizados no interior de uma residência familiar necessários à sua manutenção, [...] limpeza e conservação, ou à satisfação das necessidades básicas das pessoas ou família que moram na residência" (Bezerra Leite; Leite; Leite, 2015, p. 42). O econômico-lucrativo é entendido como comercial, a partir do exemplo da dona de casa que vende bolos feitos com colaboração da empregada. Destaco que o texto da Convenção 189, fruto da 100ª reunião da Conferência Geral da OIT, em Genebra, Suíça, em 2011, ratificada pelo Brasil em fevereiro de 2018, cuja elaboração teve forte participação dos sindicatos brasileiros de trabalhadoras domésticas, não utiliza o caráter não econômico ou não lucrativo para definir o trabalho ou o trabalhador doméstico.

> Para o propósito desta Convenção: (a) o termo "trabalho doméstico" designa o trabalho executado em ou para um domicílio ou domicílios; (b) o termo "trabalhadores domésticos" designa toda pessoa, do sexo feminino ou masculino, que realiza um trabalho doméstico no marco de uma relação de trabalho; (c) uma pessoa que executa o trabalho doméstico apenas ocasionalmente ou esporadicamente, sem que este trabalho seja uma ocupação profissional, não é considerada trabalhador doméstico (OIT, 2011).

5.2 Interesse de longa duração

A terceira obra é a 14ª edição do *Manual do Trabalho Doméstico* do magistrado do TRT2 e professor da USP Sérgio Pinto Martins, publicada em 2018 pela Saraiva. A escrita foi motivada em parte pela ausência de respostas na doutrina para questões que apareciam na atividade jurisdicional desde a década de 1990. O autor opta pelo uso de "trabalho" em vez de "emprego" doméstico, uma vez que analisa "não só o empregado doméstico e seu empregador, como também outros trabalhadores domésticos que não têm vínculo de emprego" (Martins, 2018, p. 19-20). Martins inicia com um histórico que passa por Roma, feudalismo, Idade Média e século XVII, e elenca o Código Civil português de 1867 como marco normativo exauriente inaugural do trabalho doméstico. Na sequência, há uma seção separada sobre o Brasil. Há uma preocupação em admitir o período escravista como parte integrante desse histórico, embora a abolição pareça performar uma conversão automática entre ser escravizada e ser empregada doméstica e não haja menção a lutas e resistências negras por liberdade.

> Na época colonial, os senhores do engenho mantinham mucamas para cuidar dos afazeres domésticos das "Casas-Grandes". [...] No Brasil, o trabalho doméstico surge com os escravos, que vinham da África e também eram utilizados para fazer os trabalhos domésticos, principalmente as empregadas, cozinhando ou servindo como criadas. [...] Com a abolição da escravatura, muitas pessoas que eram escravas continuaram nas fazendas, em troca de local para dormir e comida, porém na condição de empregados domésticos (Martins, 2018, p. 22).

O professor cita o Código de Posturas Municipal de São Paulo de 1886, que regulava atividades de criados e amas de leite e definia o criado de servir em seu Art. 263 como pessoa livre e assalariada nas ocupações de "moço de hotel, hospedaria ou casa de pasto, cozinheiro, copeiro, cocheiro, hortelão, de ama de leite, ama seca, engomadeira ou costureira e, em geral, a de qualquer serviço doméstico". Estabelecia obrigatoriedade de registro junto à Secretaria de Polícia e previa doença incapacitante como justa causa para dispensa, bem como o fato de o empregado sair de casa sem licença do patrão, sobretudo à noite, entre outras regras (Martins, 2018, p. 22). Perceba o espectro do perigo e do contágio. Chamo atenção ainda para a existência de atividades específicas, nem todas desenvolvidas na ou para a casa.

Na ausência de normas específicas após a abolição, aplicava-se ao serviço doméstico o Código Civil brasileiro de 1916. O autor traz o Decreto 16.107, de 1923, que regulamentava esse serviço no âmbito do antigo Distrito Federal, o Rio de Janeiro, também especificando quem compunha essa classe, num rol que novamente incluía trabalhadores externos à residência familiar, como o porteiro. Também havia previsão de apresentação do trabalhador junto à autoridade policial. Maus antecedentes poderiam justificar a negativa de emissão de carteira (Martins, 2018, p. 23).

O autor destaca a definição de empregado doméstico do Decreto 3.078 de 1941: "todos aqueles que, de qualquer profissão ou mister, mediante remuneração, prestem serviços em residências particulares ou a benefício destas". Aqui, restringe-se o espaço de atuação. Além da exigência de prova de identidade e a dos atestados de boa conduta, de vacina e de saúde para expedição de carteira de trabalho pela autoridade policial; assinala o direito a aviso prévio depois de seis meses trabalhados, e a possibilidade de rescisão contratual "em caso de atentado a sua honra ou integridade física, mora salarial ou falta de cumprimento da obrigação do empregador de proporcionar-lhe ambiente higiênico de alimentação e habitação" (Martins, 2018, p. 23). Sustenta que, a despeito de ausência da regulamentação prevista, o decreto se manteve válido, uma vez que a CLT não tratava de direitos dos domésticos.

Porteiros, zeladores e outros funcionários de prédios residenciais deixaram de ser considerados domésticos por força da Lei 2.757, de 1956. Não apenas a CLT excluiu expressamente o empregado doméstico, deixando-o "praticamente marginalizado", mas também a lei do repouso semanal remunerado (Lei 605, de 1949) e o Estatuto do Trabalhador Rural de 1963. "A situação do empregado doméstico só foi efetivamente resolvida com a Lei n.º 5.859, de 11-12-1972", descrita aqui sem o ceticismo dos autores anteriores, que a caracterizam como inútil ou instrumento de formalização da exclusão.

Ao discutir as disposições da Constituição Federal sobre a matéria, o autor remete aos anais da Assembleia Nacional Constituinte, um recurso incomum em manuais. Examinando as versões do texto da Subcomissão dos Direitos dos Trabalhadores, da Ordem Social, da Sistematização e do texto final promulgado, refere-se às críticas à inclusão da categoria e ao compromisso estabelecido pelos constituintes com ela.

> Criticou-se, também, a inclusão do empregado doméstico na Constituição em razão de que estaria sendo privilegiada uma categoria em particular, sendo que a Lei Maior não deveria conter particularidades, que deveriam ficar a cargo da lei ordinária. Todavia, havia um compromisso das lideranças com a categoria dos empregados domésticos, de forma que seus direitos fossem assegurados constitucionalmente. Assim, mostra-se que houve intuito deliberado do constituinte no sentido de passar a assegurar na Constituição direitos trabalhistas aos empregados domésticos, que muitas vezes eram marginalizados, inclusive na legislação ordinária (Martins, 2018, p. 26).

Esse trecho contrasta com o disposto no Capítulo 17, sobre direito coletivo do trabalho, no qual o autor minimiza a organização sindical da categoria:

> Os empregados domésticos são considerados categoria, pois o parágrafo único do art. 7º da Constituição faz referência à palavra *categoria*. Logo, eles podem reunir-se e fundar sindicatos dos trabalhadores domésticos. [...]
> Até hoje não houve a inclusão dos empregados domésticos no enquadramento sindical a que se refere o quadro anexo ao art. 577 da CLT, mesmo antes da Constituição de 1988. De outro lado, **não se verifica que a classe de empregados domésticos seja reivindicadora** ou que faça greves, principalmente por ser **desorganizada**, e até mesmo certas pessoas **desconhecem a existência de sindicatos de empregados domésticos** (Martins, 2018, p. 145-146, grifos meus).

Por fim, esse é o único autor que ao menos admite algum contraponto sobre o caráter não econômico do trabalho doméstico, citando Mozart Victor Russomano e Délio Maranhão, que consideram que "toda produção de bens ou serviços que vise atender às necessidades humanas tem caráter econômico" — o que não quer dizer que seja considerado propriamente lucrativo, que proporcione "lucros ou rendimentos pecuniários", mantendo intacta a definição de trabalhador doméstico da legislação (Martins, 2018, p. 30).

A quarta obra analisada foi o *Manual de Contrato de Trabalho Doméstico: direitos, deveres e garantias dos empregados e empregadores domésticos*, do desembargador do TRT da 1ª Região Aloysio Santos. Publicado em 2015 pela editora Forense, já está na quinta edição, sendo a primeira datada de 1989. Aloysio abre seu primeiro capítulo com a epígrafe que abre este meu quinto, de autoria do professor Antônio Cesarino Junior, que justifica a ausência de interesse da legislação social pelo trabalho doméstico por uma suposta ausência de conflito entre capital e trabalho, e a dificuldade de regulamentação, pela benevolência em torno do empregado, descrito como agregado da família.

Na sequência, descreve as razões para a escolha da narrativa histórica adotada: uma grande resistência de seus pares de magistratura em aceitar a relação entre trabalho doméstico e a escravização de africanos no Brasil fez com que Santos alterasse o conteúdo do seu livro à contragosto[105]. A

---

[105] "Na introdução deste Manual, dissemos, despretensiosamente, que a história do trabalho doméstico no Brasil começa com a chegada dos escravos africanos às nossas terras. E, como não tínhamos o intuito de transmitir conhecimentos sociológicos através de uma obra jurídica votada à praticidade, tratamos desse fato apenas como um dado histórico. Não estávamos, sinceramente falando, conscientes da grande repercussão que essa assertiva teria diante dos nossos leitores. [...] Alertados para esse importante acontecimento, fomos

busca por literatura historiográfica veio daí. Assim, o primeiro capítulo é intitulado "O trabalho doméstico na história da humanidade" e passa pelos hebreus, Egito, Pérsia, Grécia, Idade Média, recorrendo a referências como o volume 1 da coleção *História da Vida Privada* — o que é incomum, considerando que as referências que predominam nos manuais analisados são outros manuais —, antes de se reportar ao contexto brasileiro.

> Com o surgimento dos primeiros obstáculos à escravidão no Brasil, as famílias de posses passaram a se abastecer de criados e empregados no interior do país ou da província, de onde mandavam vir meninas e jovens senhoras – geralmente da raça negra – para servirem nos lares como crias, babás ou acompanhantes. Aias, mucamas e camareiras passaram a ser figuras indispensáveis nas residências dessas famílias. Dando um salto no tempo, não conseguimos enxergar mudança significativa nessa tradição brasileira até inícios dos anos de 1930, porque o Interior continuou sendo a fonte donde saíram as empregadas domésticas, num processo de migração que ainda não se extinguiu definitivamente. Esta prática subsiste em algumas regiões, embora os maiores fornecedores de mão de obra doméstica sejam hoje a periferia dos grandes centros urbanos e as pequenas cidades circunvizinhas às metrópoles (Santos, 2015, p. 5).

Aloysio é o único autor que assinala o autoritarismo de Getúlio Vargas que marcou o processo de institucionalização do direito do trabalho nos anos 1930 e 1940. "Até então não tínhamos leis sociais beneficiando os trabalhadores e, curiosamente, não foi um governo democrata que os protegeu, mas, sim, o do caudilho Getúlio Dorneles Vargas, feito Chefe do Governo Provisório com a vitória do levante armado", de 1930, sem se furtar de enaltecer os frutos desse "período muito fértil de concessão de direitos trabalhistas à mão de obra pátria" e a inteligência de seu condutor (Santos, 2015, p. 7)[106].

---

estimulados por colegas magistrados e outros estudiosos da matéria, apegados às origens do fato social, a aprofundar esses conhecimentos e transmitir aos leitores outros elementos concretos capazes de melhor representarem a situação dos trabalhadores domésticos através dos tempos. Não foi sem resistência – impõe-se que admitamos isso – que aceitamos tal sugestão" (Santos, 2015, p. 3).

[106] "Neste tempo, e como consequência da ação inteligente encetada por Getúlio Vargas, [...] a chamada questão social deixou de ser tratada pelo Poder Público como um caso de polícia, passando a ser encarada como um fenômeno socioeconômico moderno, que exigia dos governantes atenção, cuidado e, acima de tudo, habilidade política no trato do conflito de classes. [...] Após baixar diversas normas legais regendo a relação de emprego, o governo central decidiu sistematizar a legislação trabalhista vigente, considerada esparsa e

Aqui, há uma pista do lugar dos trabalhadores nesse cenário: o de receptores passivos dessas concessões de direitos sociais. O autor reconhece a existência dos vários sindicatos de trabalhadores domésticos espalhados pelo país, é verdade, mas não no processo histórico de conquista de direitos. Ao comentar sobre a Lei 5.859, de 1972, por meio da qual "o legislador brasileiro começava a resgatar a dívida social que tinha contraído com os trabalhadores domésticos", diante da negação de direitos na CLT, argumenta que em 1943 realmente não havia "amadurecimento social" para estender esses direitos à categoria. Então, usa os mesmos jargões mobilizados durante a Assembleia Constituinte:

> **A evolução do direito deve ser gradual e consistente para não causar traumatismos sociais**, especialmente na hipótese que ora tratamos em que o trabalho é prestado em **condições especiais**, queremos dizer no **seio da família**, onde o empregado doméstico se insere, em dado momento, **desfrutando normalmente da hospitalidade e de tratamento respeitoso** por parte da pessoa ou do grupo familiar empregador.
> Uma observação muito sensata fez o professor e político Carlos Alberto Gomes Chiarelli, em artigo publicado à época, a respeito desta evolução social. Ele disse: "É evidente que a tendência nossa é a de acompanhar o movimento de benefícios ascendentes em favor do doméstico, que se verifica em todos os **países civilizados**. E a nossa palavra é, antes de mais nada, uma palavra previdente, visando a **evitar que o atropelo futuro possa vir a conceder direitos que, pela sua extensão e pela sua natureza, sejam capazes de antes de beneficiar, prejudicar**; antes de regularizar, tumultuar" (Santos, 2015, p. 11-12, grifos meus).

Embora haja uma dívida social a ser saldada, ela não parece ter correspondência com o valor econômico da força de trabalho despendida pelas domésticas, mas sempre está no horizonte a capacidade dos patrões de pagar. "Outro fator que vem preocupando os membros do Poder Legislativo federal é que não sendo o empregador doméstico uma empresa, não lucra, em termos econômicos, com os serviços do trabalha-

---

tímida pelos estudiosos da questão social. Foi adotada, então, a Consolidação das Leis do Trabalho (CLT)" (Santos, 2015, p. 7).

dor" (Santos, 2012, p. 12), o que dificulta a ampliação de direitos, uma vez que eles oneram a família empregadora.

5.3 Os manuais práticos

O quinto manual analisado é o *Manual Prático do Trabalho Doméstico*, de autoria da juíza do TRT da 3ª Região Thais Macedo Martins Sarapu e pelo professor da Unihorizontes Daniel Vieira Sarapu, publicado pela editora RTM, em 2018. Apesar do sobrenome em comum, não há no texto informações para afirmar algum grau de parentesco. Contudo, caso exista, vale nos questionarmos sobre o que teria feito esses sete profissionais do direito aparentados se juntarem para escrever sobre esse tema em específico. O livro estabelece como público-alvo operadores do direito, empregados e empregadores domésticos. Não possui uma seção histórica como os anteriores, mas a introdução nos informa:

> O trabalho doméstico é uma das modalidades de relação de trabalho mais antigas e remete ao período da escravatura, quando já se utilizava a mão-de-obra de terceiros para executar as tarefas domésticas em âmbito residencial. Com o passar do tempo, diante das alterações vivenciadas na sociedade brasileira, em especial o ingresso da mulher no mercado de trabalho, o trabalho doméstico se tornou ainda mais comum, necessário e diversificado. No Brasil, segundo o relatório da Organização Internacional do Trabalho (OIT) de 2013, estima-se que havia 7.200.000 (sete milhões e duzentos mil) trabalhadores domésticos, sendo a grande maioria do sexo feminino.
> Todavia, a demanda crescente pelo trabalho doméstico não foi acompanhada da respectiva valorização dessa categoria de trabalhadores, seja no que tange à remuneração, seja no que diz respeito à incorporação de direitos trabalhistas (Sarapu; Sarapu, 2018).

Aqui, a análise sublinha a relação entre escravidão e emprego doméstico no Brasil, e parece partir de um prisma dos direitos das mulheres, correlacionando o aumento de demanda por serviços domésticos executados por terceiros ao ingresso de mulheres empregadoras no mercado de trabalho, ao passo que assinalam também a maioria feminina entre as trabalhadoras. A Lei 5.859 de 1972 é descrita como omissa em relação ao referencial celetista, e a Constituição de 1988, como garantidora de avanços, assim como a Emenda Constitucional 72, de 2013, que assegurou "outros direitos significativos há muito reconhecidos para outros trabalhadores". A Lei Complementar 150 é a estrela do livro, a "grande reviravolta" regulamentadora, que elevou "a categoria dos trabalhadores domésticos a patamar equivalente a dos trabalhadores celetistas" (Sarapu; Sarapu, 2018), salvo suas peculiaridades inerentes. Os autores consideram, portanto, que houve equiparação. Não há menção a lutas por direitos, nem controvérsia sobre o caráter não econômico ou não lucrativo.

Por fim, o último é o *Manual Prático do Trabalhador Doméstico: da contratação ao desligamento*, do professor e advogado Aristeu de Oliveira, publicado pela editora Atlas, em 2016. A consulta à RVBI também retorna resultados de edições mais antigas, de 2010, 2006, 2003, sob o título *Manual prático do empregador doméstico*, revelando a possível finalidade de se voltar ao patronato, e ainda uma edição de 2001 chamada *Manual prático do empregado doméstico*. Esse também é, portanto, um autor que se dedica ao tema há muitos anos e que também não opta por fazer uma seção histórica.

Em sua introdução, Oliveira narra o aperfeiçoamento do regramento dos domésticos ao longo do tempo enfatizando o "alto grau de cidadania conquistado pelo trabalhador, que passou a ser mais exigente", e o "interesse da sociedade" em resolver conflitos nessa relação. Comparando o doméstico com outros seguimentos que já gozavam de um amplo conjunto de direitos da CLT, destaca o papel da Constituição, "também chamada por Ulysses Guimarães de *Constituição Cidadã*", e a Emenda Constitucional n.º 72, de 2013, por meio da qual o Congresso estendeu mais direitos, "pensando na importância dos empregados domésticos para o nosso país" (Oliveira, 2016, p. 1). O autor parece segurar a mão do empregador leigo, assustado diante das mudanças provocadas no cotidiano doméstico com a nova legislação, para tranquilizá-lo e explicar questões jurídicas do dia a dia da gestão do empregado.

> Essa lei chegou para mudar a rotina das famílias brasileiras, mostrando-se como um marco histórico para a sociedade brasileira. No entanto, há muita polêmica permeando tais mudanças. Muitos empregadores domésticos estão preocupados com as mudanças e não sabem como agir diante delas. Da mesma forma, muitos empregados domésticos têm dúvidas quanto aos seus novos direitos e deveres para com os seus empregadores.
>
> É, pois, com esse espírito de atenção aos ventos modernos que este livro endereça-se pelo quase enigmático campo da legislação trabalhista, para dirimir dúvida e apresentar

uma prática de fácil acesso, mesmo para os não iniciados, como é o caso, quase sempre, de patrões e patroas [...]. Nosso objetivo foi apresentar um conjunto de subsídios para auxiliar os que desejam praticar a legislação com segurança. [...]
Destaca-se que, embora, a princípio, tais dispositivos normativos espantem os empregadores diante de novos encargos e obrigações incidentes, esta é a maior proteção dada aos trabalhadores domésticos, promovendo uma justa equiparação destes aos demais empregados consubstanciados pela Consolidação das Leis do Trabalho (Oliveira, 2016, p. 2-4).

Aponte a câmera do celular para o QR Code para ouvir a *playlist* do Capítulo 5.

PARTE III

DEMOCRACIA:
CONSTITUCIONALISMO EM PRETUGUÊS

Então pra mim ali foi uma luz no fundo do túnel, que eu nunca tinha ouvido ninguém dizer que ia defender doméstica, era a primeira vez que eu estava ouvindo alguém dizer que ia defender doméstica. [...]
Porque se a gente tá lutando por igualdade, por equiparação de direito, e aí não é só direito trabalhista, é o direito de participação sindical, [...] é o direito de moradia, é o direito à saúde, é o direito de participação política. [...]
Eu gostava da forma de Luiza falar, a voz segura, aquela segurança que ela tinha. Eu disse 'Olha que coisa maravilhosa, eu queria ser assim' e tal. E aí eu começo a participar e começo a aceitar meu cabelo, me olhar no espelho, começo... E aí o MNU, e mais os cursos de formação que a gente teve com o grupo de doméstica, que eu saía de Salvador pra Recife sem minha patroa saber. Eu saía dia de sábado de Salvador, chegava domingo de manhã em Recife, participava de um curso de formação, que era onde a gente trabalhava nossa autoestima.
(Creuza Maria Oliveira)

E, realmente, o Direito Constitucional é vida; ou é vida ou não é nada.
(Menelick de Carvalho Netto)

Os pais brancos nos disseram 'Eu penso, logo, existo'. As mães negras em cada uma de nós – a poeta – sussurra em nossos sonhos 'eu sinto, logo posso ser livre'.
(Audre Lorde)

DIALÉTICA DO SENHOR E DA MUCAMA: AMEFRICANIZANDO A IDENTIDADE DO SUJEITO CONSTITUCIONAL

> *Mas que nêga linda!*
> *E de olho verde ainda*
> *Olho de veneno e açúcar*
> *Vem nêga, vem ser minha desculpa [...]*
> *Vem ser meu álibi, minha bela conduta*
> *Vem, nêga exportação, vem meu pão-de-açúcar!*
> *(Monto casa procê mas ninguém pode saber, entendeu meu dendê?)*
> *Minha tonteira minha história contundida*
> *Minha memória confundida, meu futebol [...]*
> *Rebola bem meu bem querer [...]*
> *Em mim tu esqueces tarefas, favelas, senzalas, nada mais vai doer.*
> *[...] vem nêga, me ama, me colore*
> *Vem ser meu folclore, vem ser minha tese sobre nego malê.*
> *Vem, nega, vem me arrasar, depois eu te levo pra gente sambar.*
> *(Elisa Lucinda)*

O trecho do poema "Mulata Exportação", de Elisa Lucinda, revela o papel reservado às mulheres negras no mito da democracia racial: a redenção do pecado do racismo por meio do sexo com homens brancos. Comer uma mulata é a desculpa, o álibi, a memória confundida dos crimes perpetrados contra o povo negro, dos séculos opressão, barbaridade e genocídio. Mas é aquilo, né, o sexo escondido, a farra no samba com essa nega fogosa que vem rebolando sem ele ter que fazer nada, sem ter que se mexer. É quase uma criatura mitológica, que só existe na imaginação pra satisfazer suas fantasias sexuais e ser objeto de teses científicas. "Em mim tu esqueces tarefas, favelas, senzalas, nada mais vai doer". Só estando muito confuso mesmo.

Mas a mulata, já enojada e muito puta, sabendo muito bem que "não é o pau de um branco mal resolvido que vai libertar uma negra", procura a Justiça. O delegado pisca pra ela. O juiz decreta pequena pena por ser o branco intelectual. A justiça aqui só é possível passando a verdade a limpo e escrevendo juntos sinceramente uma outra história (Lucinda, 1997, p. 180-181). Nesse jogo entre memória e justiça, ela sai da posição de objeto para a de sujeito na luta por seus direitos.

Lélia Gonzalez (1984), no artigo "Racismo e sexismo na cultura brasileira", retoma o imaginário sobre mulheres negras na cultura brasileira por meio das figuras da mulata, da doméstica e da mãe preta. Mulata e doméstica são entendidas como duas atribuições do mesmo sujeito, a mucama. Ela pega o significado de mucama no dicionário: "(Do quimbundo mu'kama 'amásia escrava'). S. f. Bras. A escrava negra moça e de estimação que era escolhida para auxiliar nos serviços caseiros ou acompanhar pessoas da família que, por vezes era ama de leite" (Aurélio *apud* Gonzalez, 1984, p. 229).

"Amásia" significa concubina. A definição do Aurélio sugere que a palavra "mucama" teve o sentido original africano esvaziado no português, mas talvez essa função entre parênteses não tenha realmente sumido. Mulher negra pra foder, tudo bem. Mulher negra pra trabalhar, explorada como um bicho, também. Mas pra se casar, meu amigo, aí já é demais. A função sexual, tão importante, é sempre escondida sob a desculpa esfarrapada de que ela é "como se fosse da família", dissimulada por uma imagem de controle passiva, corpulenta, fiel e assexuada.

A mulata é um verdadeiro patrimônio nacional, junto do samba, a caipirinha e o futebol. No oba-oba da celebração interracial, a etnicidade é um tempero para a "merda insossa da cultura branca dominante", um negócio primitivo, quente e excitante que os brancos já teriam perdido há muito tempo, um convite à transgressão e à exposição dos tabus sociais mais pervertidos (hooks, 2019, p. 66). A rainha, que, para deleite dos foliões-súditos, distribui beijos como bênçãos, materializa a dimensão sexual da mucama, exaltada excepcionalmente no rito carnavalesco. Essa suspensão moral reencena o mito da democracia racial, revelando quem realmente reina na cultura brasileira (Gonzalez, 1984).

A doméstica, segunda atribuição da mucama, representa sua dimensão econômica, o cotidiano de anonimato e exploração do trabalho precário. Ao passo que a dimensão sexual da mucama é recalcada, a doméstica é a mucama permitida, o burro de carga que carrega sua família e a dos outros nas costas. Mas a função sexual nunca deixou de existir no trabalho doméstico, coisa que o assédio sexual sistemático não nos permite ignorar, o que faz da doméstica a mucama com todas as letras. Por isso, justamente por cutucar a culpabilidade branca, é sempre escondida na cozinha, no quartinho dos fundos, no elevador de serviço (Gonzalez, 1984). Ela é a prova do crime da escravidão.

A bunda, palavra de origem bantu, é um aspecto inconsciente do mito da democracia racial, que remete à categoria freudiana de objeto parcial,

> [...] [t]ipo de objeto visado pelas pulsões parciais, sem que tal implique que uma pessoa, no seu conjunto, seja tomada como objeto de amor. Trata-se principalmente de partes do corpo, reais ou fantasmadas [...], e dos seus equivalentes simbólicos (Gonzalez, 1988, p. 70).

É a parte da mulher negra que todo mundo quer pegar, porque, como diz aquela antiga marchinha racista, "O teu cabelo não nega, mulata/ Porque és mulata na cor/ Mas como a cor não pega, mulata/ Mulata, eu quero teu amor". Ao mesmo tempo que são objeto de fantasias de sujeira, primitivismo e contágio racial e, portanto, de repulsa, mulheres negras são também objeto de desejo (Kilomba, 2019), desejo por esse pedaço de carne sexualizado.

Interpelada pela bunda, a mulata do poema se afirma por meio da boca, esse órgão que simboliza a fala e a expressão, algo que os brancos precisam controlar, segundo Grada Kilomba (2019). Ela fala da máscara de ferro de Anastácia, uma mulher escravizada na Bahia que usava o "adereço" como castigo por auxiliar outros escravos a fugirem do cativeiro, pelo ciúme de uma sinhá que temia sua beleza ou por resistir a investidas sexuais de seu senhor. Os relatos variam. A função da máscara seria imprimir um senso de mudez, medo e tortura, para impedir que os escravos comessem cana ou cacau enquanto trabalhavam. A boca, além de associada ao silenciamento, é também uma metáfora de posse, fantasia de que querem possuir os bens do branco, comer os frutos da plantação, embora eles pertençam moralmente à/ao escrava/o.

> "Estamos levando o que é Delas/es" torna-se "Elas/es estão tomando o que é Nosso." Estamos lidando aqui com um processo de negação, no qual o senhor nega seu projeto de colonização e o impõe à/ao colonizada/o. É justamente esse momento – no qual o sujeito afirma algo sobre a/o "Outra/o" que se recusa a reconhecer em si próprio – que caracteriza o mecanismo de defesa do ego. [...] A informação

original e elementar – "Estamos tomando o que é Delas/
es" – é negada e projetada sobre a/o "Outra/o" (Kilomba,
2019, p. 34).

Nesse sentido, podemos dizer que "A mulata é fogosa" oculta a informação original de que o homem branco é um estuprador. O sujeito branco projeta sobre a/o Outra/o partes do ego que se recusa a reconhecer em si mesmo (o bandido, violento, perverso, mau), aspectos desonrosos que causam extrema ansiedade, culpa e vergonha, possibilitando que os sentimentos positivos sobre si permaneçam intactos, preservando a branquitude como a parte boa do ego. Nós, o objeto externo ruim, incorporamos aspectos que a sociedade branca reprime e transforma em tabu: a agressividade e a sexualidade, "permitindo à branquitude olhar para si como moralmente ideal, decente, civilizada e majestosamente generosa, em controle total e livre da inquietude que sua história causa" (Kilomba, 2019, p. 37).

Sabemos que dizer não, falar o que pensamos e lutar pelos direitos dos nossos é perigoso. A morena gostosa vira a neguinha imunda em dois segundos. Em seu último pronunciamento público na Câmara de Vereadores do Rio de Janeiro, no dia 8 de março de 2018, Marielle Franco falava sobre a violência contra as mulheres na cidade, da resistência de mulheres faveladas na então intervenção federal militar, entre mães de crianças revistadas sob a mira de fuzis nas portas das escolas e mães de policiais mortos em operação, mulheres negras, trans e lésbicas assassinadas, entre tantas outras.

Marielle falava da centralidade e da força política dessas mulheres e de como nas ruas eram interpeladas pelo quadril largo e pela bunda grande, como se estivessem no período escravocrata. "Não estamos, querido! Nós estamos no processo democrático". Em dado momento, alguém grita ao fundo "Ustra vive!", enaltecendo a memória do coronel torturador da ditadura, no que ela responde: "Não serei interrompida! Não aturo interrompimento dos vereadores desta casa! Não aturarei de um cidadão que vem aqui e não sabe ouvir a posição de uma mulher *eleita*" (Franco, 2018).

No 14 de março, menos de uma semana depois, Marielle foi executada na saída do evento "Mulheres negras movendo estruturas", na Casa das Pretas, com o motorista Anderson Gomes. Essa é a face da democracia brasileira. Como uma prerrogativa da branquitude como propriedade

(Harris, 1993), o discurso na esfera pública tem como donos "cidadãos de bem" que se sentem roubados pela presença de mulheres negras como sujeitos de direito. Nutro profundo respeito por uma trajetória encerrada de forma tão brutal e pela dor de quem fica. E entendo o recado dado a todas as mulheres negras que tenham, assim como ela, a ousadia de falar, mesmo sabendo que nosso silêncio nunca nos protegeu (Lorde, 2019).

Lélia, nossa intérprete da nação, entendia que o racismo no Brasil é caracterizado pela denegação, categoria freudiana que designa o "processo pelo qual o indivíduo, embora formulando um de seus desejos, pensamentos ou sentimentos, até aí recalcado, continua a defender-se dele, negando que lhe pertença" (Gonzalez, 1988, p. 69). Ou seja, ao passo que se afirma uma ausência de racismo, concretamente, voltam-se contra a população negra. Entendendo o racismo como neurose cultural brasileira, ela brinca com as noções de consciência e memória pra entender as razões do sucesso do nosso mito de formação.

> Como consciência a gente entende o lugar do desconhecimento, do encobrimento, da alienação, do esquecimento e até do saber. É por aí que o discurso ideológico se faz presente. Já a memória, a gente considera como o não-saber que conhece, esse lugar de inscrições que restituem uma história que não foi escrita, o lugar da emergência da verdade [...]. Consciência exclui o que memória inclui. Daí, na medida em que é o lugar da rejeição, consciência se expressa como discurso dominante (ou efeitos desse discurso) numa dada cultura, ocultando memória, mediante a imposição do que ela, consciência, afirma como a verdade. Mas a memória tem suas astúcias, seu jogo de cintura: por isso, ela fala através das mancadas do discurso da consciência. [...] E, no que se refere à gente, à crioulada, a gente saca que a consciência faz tudo prá nossa história ser esquecida, tirada de cena. E apela prá tudo nesse sentido. Só que isso tá aí... e fala (Gonzalez, 1984, p. 226-227).

Como as considerações de Lélia perturbam a ideia de sujeito constitucional? Em Rosenfeld (2003), a questão do sujeito parte do conflito entre o "Eu" (Self) e o "Outro". Ela guarda afinidades com a teoria psicanalítica do sujeito de Freud e Lacan e com a teoria filosófica do sujeito de Hegel, que se referem ambos à dialética do senhor e do escravo, que, segundo Buck-Morss, seria informada pela Revolução Haitiana, o que sinaliza uma conexão entre o pensamento filosófico e conflitos raciais concretos de seu tempo[107].

---

[107] Susan Buck-Morss (2011) argumenta que o discurso de avanço da liberdade iluminista, que marcou o surgimento do constitucionalismo moderno, guarda o paradoxo da prática da escravidão colonial. A escravidão é usada o tempo todo como metáfora na filosofia política, associada pela crítica especializada à escravidão

Na alegoria hegeliana, o senhor é um ser independente e autodeterminado, de posição política superior. O escravo não. Ele, na condição de coisa, é dependente do senhor. Não é determinado por si, mas pelo exterior. Sua condição de escravo determina que sua essência é viver para outrem. Ele é o responsável por sua condição por escolher pela vida em vez de lutar pela liberdade, mantendo sua autopreservação. Essa dominação, contudo, é revertida, uma vez que a consciência do senhor se torna dependente do escravo. O escravo chega à autoconsciência de que é sujeito, que pode transformar a realidade material, enfrentando a morte para afirmar sua liberdade, atingindo a independência e autoconsciência (Buck-Morss, 2011).

Considerando o texto nacional brasileiro a partir de Gilberto Freyre, Denise Ferreira da Silva (2006), revisitando *Casa Grande & Senzala*, analisa a construção do sujeito moderno no Brasil como um Eu patriarcal tradicional. Em "À brasileira: racialidade e a escrita de um desejo destrutivo", ela identifica na obra a produção de dois tipos de sujeito: um sujeito histórico, o português, construtor espiritual da nação, que empreende a civilização brasileira nos trópicos; e o mestiço, um sujeito social, trabalhador, concreto, produto da regulação jurídico-econômica do português. A miscigenação inscreve um duplo movimento. Por um lado, traça a trajetória teleológica do sujeito branco europeu em direção a uma civilização moderna patriarcal. Por outro, traça a trajetória escatológica dos outros, negros e indígenas, sujeitos da morte, destinados a desaparecer (Silva, 2006).

A democracia racial se sustenta sobre a suposta falta de preconceito racial do português ou sua capacidade de assimilar culturas e raças inferiores. O mestiço, brasileiro mais ou menos negro, indígena ou branco, esse sujeito social precário, condenado ao autoapagamento, é a evidência da violência autorizada contra aqueles e aquelas que asseguram as necessidades de produção e reprodução da *Casa Grande*. A violência sexual do branco é, portanto, produtora da nação, justificada pela promiscuidade da sociedade colonial (Silva, 2006). Essa violência era por vezes incestuosa, considerando que, em Freyre, "em alguns casos, se amassem o filho branco e a filha mulata do mesmo pai" (Freyre, 2017, p. 424), e que era apreciada a masculinidade do menino que desde cedo estivesse metido com raparigas

---

ateniense. Buck-Morss defende que os círculos intelectuais parecem preferir ignorar evidências que contradigam suas teses como fatos desviantes que ameaçam a coerência de suas grandes narrativas como erros marginais. Ela apresenta evidências de que Hegel sabia dos fatos, e sugere que ele teria elaborado especialmente a dialética se debruçando sobre os eventos de São Domingos.

e não tardasse a deflorar e emprenhar negras para aumentar o rebanho e o capital paterno.

Freyre elege o patriarcado como concepção moderna de autoridade jurídica e de relações econômicas, tendo a família e a vida sexual como os lugares por excelência do exercício de poder do homem branco europeu. E é aí que entra a mucama. Nessa narrativa patriarcal e familiar da nação, o escravo homem adulto quase não aparece, nem a esposa branca. As contribuições culturais da raça ao tecido nacional são secundárias, porque é branca a alma da nação. Nessa narrativa nacional patriarcal e privada, os personagens principais são a mulher negra e o senhor. "Somente a escrava representaria o outro da Europa que ajudou na produção daquilo que marca a 'diferença intrínseca' brasileira, a saber, o mestiço" (Silva, 2006, p. 74).

O senhor de engenho não é só sujeito de direito, ele é a encarnação da regulação jurídico-econômica, o regente do latifúndio, da mulher, dos filhos e escravos. A instituição do casamento legitima a sujeição de esposa e filhas, enquanto a escravidão legitima a sujeição de escravos e escravas, removendo-o duplamente de seu engajamento imediato com a natureza, ou seja: a divisão racial e a divisão sexual do trabalho permitem que ele fique longe do trabalho exigido para alimentação (*plantation*) e reprodução (trabalho doméstico). Sendo o soberano das regras, a exploração do trabalho que garante sua reprodução, descendência e enriquecimento, não constitui uma transgressão. Ela é possibilitada pela regulação (Silva, 2006).

Paul Gilroy (2012) chama atenção para a apropriação da dialética do senhor e do escravo por pensadores negros. Hegel era o filósofo favorito de Martin Luther King Jr., por exemplo. A alegoria permitia sonhar com a derrota da opressão. Gilroy traz a narrativa autobiográfica de Frederick Douglass, que, então escravizado, foi mandado por seu dono para um adestrador de escravos particularmente cruel como punição por ter organizado uma escola de Sabá. Depois de uma surra violenta, Douglas apela sem sucesso ao amo que injustamente lhe pusera nesse tormento, colocando em risco sua propriedade: ele mesmo. Ele então apela ceticamente a outro escravo, dotado de poderes mágicos, que lhe deu uma raiz que o faria invencível aos golpes do algoz, que eventualmente foi pra cima dele. Aí ele decide finalmente se levantar na luta física em sua própria defesa. Presos no impasse hegeliano, Douglass vence. Aquele foi o ponto de inflexão em sua vida. Agora ele era um homem.

A experiência de Douglass confronta o ideal iluminista de luta por liberdade de maneira oposicional à supremacia branca, com a força das tradições africanas. Também é uma típica narrativa masculina de resistência negra, marcada pela luta corporal e pela liberdade de fronteiras geográficas muito amplas, que tem o navio como metáfora principal. Douglass, depois desse episódio, foge — uma de suas estratégias para chegar a território livre foi usar o uniforme e os documentos de um marinheiro —, muda de nome e vira um importante líder abolicionista. Podemos nos indagar sobre os custos de gênero das trajetórias masculinas. Quem cuida de quem o viajante deixa pra trás? Como explicar o apagamento dos trabalhos e das formas específicas de resistência das mulheres negras (Hartman, 2016)? Tornar-se homem significa crescer pra cima das mulheres negras? Há espaço para nós para além do papel de mães e avós santas, sofredoras, resilientes e batalhadoras, enquanto todas as outras são vagabundas ardilosas, "o cão de buceta e saia" (Collins, 2019; Vida Loka [...], 2002)?

> Mas talvez um homem não fosse nada além de um homem [...]. Eles convenciam você a deixar uma parte do peso nas mãos deles, e, assim que você sentia o quanto aquilo era leve e bom, eles estudavam suas cicatrizes e tribulações, depois faziam o que ele tinha feito: expulsavam seus filhos e quebravam a casa[108] (Morrison, 2007, p. 31).

Uma doméstica que passa a vida trabalhando em casas alheias não parece a imagem idealizada da liberdade, embora ela realize o trabalho necessário para a manutenção de sua família e sua comunidade (Hartman, 2016). Para além de registros da condição de escravizadas, suas experiências dão conta do lugar dessas mulheres na força de trabalho livre (Santos, 2023). Há relatos recentes de cozinheiras negras cuja agência política não é reconhecida pelo movimento negro. "[O] pessoal [...] falava que eu não passava do estereótipo da negrinha na cozinha" (Machado, 2021, p. 248).

É importante pontuar que a viagem não é exclusividade masculina, tampouco o confronto físico. O ativismo das trabalhadoras domésticas levou suas integrantes a todas as partes do Brasil e do mundo. Joaze Bernardino-

---

[108] Refere-se a uma passagem do romance Amada. A protagonista Sethe menciona uma fala da sogra: "'Um homem não é nada mais que um homem', dizia Baby Suggs. 'Mas um filho? Bom, isso já é alguma coisa'". Sethe, ex-escravizada que fugira para a liberdade, e pagara por isso o mais alto preço, vivendo depois uma vida solitária e assombrada, reflete sobre sua relação com os homens negros de sua vida desde a fazenda Doce Lar, da qual escapara, até o reencontro com Paul D, um dos escravos da fazenda que nunca tivera Sethe, a única escrava em idade reprodutiva. Anos depois, ele aparece em sua porta, e ela se abre para ele. Então, o fantasma de sua filha morta se manifesta, e ele a espanta, quebrando tudo o que ela conquistara depois de uma vida na cozinha da fazenda dos Garner. Depois de 25 anos de desejo, eles fazem sexo, e, logo em seguida, a idealização dele se converte em repulsa diante das marcas do tempo e da escravidão no corpo da mulher (Morrison, 2007, p. 32).

-Costa (2007) compara com a história de Douglass uma passagem da vida de Lenira de Carvalho em que ela confronta o padrinho e patrão que a criara.

> Eu tinha muito medo dele, não medo no sentido do sexo, não. Ele me respeitava muito. Um dia eu fui lá. Então, eu tava abaixada num armário que tinha na casa. E aí eu levantei e ele falou que o movimento que eu tava era comunista. Então, ele começou a ter comigo uma reação diferente. Aí eu levantei e bati nele. Aí ele me disse... não lembro o que ele me disse. Aí eu falei: 'O senhor não é mais do que eu, não. O senhor só tem riqueza'! Eu ter coragem de falar aquilo pra aquele homem foi demais. Aí ele me expulsou (Carvalho *apud* Bernardino-Costa, 2007, p. 132).

A biografia de Laudelina de Campos Mello, a pioneira fundadora da Associação Beneficente de Empregadas Domésticas de Santos/SP e do Sindicato de Campinas/SP, também tem uma passagem semelhante, em que ela, aos 12 anos, avançou no pescoço de um capataz português que foi atrás de sua mãe com um chicote após ela abandonar o posto de trabalho quando foi agredida pela patroa, dizendo que não era escrava para ter de suportar aquela gente — isso por volta de 1916. "Agarrei na garganta dele, se não me separassem dele eu o teria matado de tanto ódio que fiquei" (Pinto, 2015, p. 182).

Outras trabalhadoras domésticas relatam desenvolverem uma espécie de dupla consciência diante da vigilância patronal, escondendo "um ponto de vista autodefinido dos olhos curiosos dos grupos dominantes", aparentemente correspondendo a expectativas para evitar desconfiança e represálias ao menor sinal de humanidade — omitindo dos empregadores que o filho entrou na faculdade ou aceitando restos de comida para jogar no lixo na primeira esquina, por exemplo. Há orgulho e resistência por trás da máscara de conformidade[109] (Collins, 2019, p. 179). Creuza Oliveira (2019) narra que mentia para a patroa na Salvador/BA dos anos 1980 para sair do trabalho e ir escondida para reuniões de militância e formação política sem perder o emprego.

---

[109] "Sempre fomos as melhores atrizes do mundo. [...] Acho que somos muito mais inteligentes do que eles, porque temos de jogar o jogo. Sempre tivemos de viver duas vidas – uma para eles, outra para nós mesmas" (Gwaltney, 1980 *apud* Collins, 2019, p. 179). Ter de performar um certo papel, conscientes das consequências da sua imagem pública, negociando contradições que conciliam o que elas de fato são e como o mundo as enxerga, não é paranoia, é preparo. Já que em geral não podem contar com a proteção legal de seus direitos trabalhistas, essas mulheres, sozinhas, precisaram mobilizar estratégias para negociar com seus patrões, impor limites e resistir às suas pressões. Aqui, Patricia Hill Collins (2019) faz referência expressa à ideia de dupla consciência elaborada por W. E. B. Du Bois, que remete às contradições de ser ao mesmo tempo cidadão e inimigo público de uma nação.

As experiências são múltiplas. Mas a jornada em direção à liberdade para elas frequentemente não tem as mesmas distâncias das dos homens. Ela passa pela transformação do silêncio em linguagem e ação (Lorde, 2019), buscando a conexão, não a oposição entre indivíduos como forma de autodefinição (Collins, 2019).

Gilroy (2012) também traz um relato de mulher. A jovem Margaret Garner foge de uma fazenda em Kentucky com sua família no inverno de 1873, em direção a Ohio. Encurralada pelos caçadores, Margaret mata a filha de três anos com uma faca de açougueiro e tenta matar os outros pra que não fossem levados de volta à escravidão. A história inspirou o romance *Amada*, de Toni Morrison, no qual o bebê morto, a única pessoa que poderia julgar a decisão da mãe (embora ela tenha sido julgada por um tribunal), assombra a casa da família e volta, materializando-se em forma adulta. Entrevistada por Gilroy, Morrison afirma que as resistências negras femininas são geralmente ligadas à maternidade e à comunidade. Em vez de um conflito entre o Eu e o Outro, ela fala de uma tensão entre o Eu racial e a comunidade racial.

> Ela ilustra o confronto entre dois sistemas filosóficos e ideológicos opostos e suas respectivas concepções sobre razão, história, propriedade e parentesco. Uma é produto de África e outra é uma expressão da modernidade ocidental (Gilroy, 1993, p. 177-178).

> Me ocorreu que as questões sobre comunidade e individualidade eram certamente inerentes naquele incidente como eu imaginei. Quando você é a comunidade, quando você é os seus filhos, quando isso é a sua individualidade, não tem divisão... Margaret Garner não fez o que Medeia fez e matou seus filhos por causa de algum cara. Era para mim o clássico exemplo de uma pessoa determinada a ser responsável[110] (Morrison *apud* Gilroy, 1993, p. 177).

Sem divisão entre o Eu e o Outro, entre os vivos e os mortos, entre o presente, o passado e o futuro, há outros exemplos que perturbam nossas concepções sobre sujeito, parentesco e resistência à escravidão. Em *Kindred – Laços de Sangue*, Octavia Butler (2017), a grande dama da ficção científica, conta a história de Dana, uma mulher negra que vivia em Los Angeles, na década de 1970, e inexplicavelmente passa a fazer viagens no tempo até a

---

[110] Tradução nossa.

Maryland pré-Guerra Civil, para salvar a vida de seu ancestral senhor de escravos, Rufus. Para além dos complexos elementos do racismo além do tempo na história de Dana, Octavia nos apresenta a personagem Sarah, a cozinheira da fazenda. Contrariando as imagens da mãe preta como figura de amor abnegado ao senhor, ela se mostra uma mulher escravizada cheia de ódio pelo dono que vendera seus filhos. No comando da cozinha, seu espaço de domínio e poder, só não mata a todos envenenados para evitar as terríveis represálias que seus pares sofreriam depois.

A outra dimensão do conflito entre o Eu e o Outro no conceito de identidade do sujeito constitucional remete ao desenvolvimento infantil, no qual, inicialmente, a compreensão da criança como sujeito envolve um processo de alienação ou de sujeição ao Outro, pois se expressa como uma carência e se esforça para preencher o vazio pela aquisição da identidade como sujeito. Para adquirir uma identidade própria como sujeito, a criança precisa abandonar o mundo dos objetos e entrar na ordem simbólica da linguagem. Mas a linguagem, imposta pelos adultos, aliena a criança, tornando-a submissa a um código imposto externamente. Nem seu próprio nome a criança pode escolher pra se definir, porque não sabe falar. A linguagem serve para mediar a busca por identidade para suprir sua carência (Rosenfeld, 2003).

> A nosso ver, a "Mãe Preta" e o "Pai João", com suas estórias, criaram uma espécie de "romance familiar", que teve uma importância fundamental na formação dos valores e crenças do povo, do nosso *Volkgeist*. Conscientemente ou não, passaram para o brasileiro "branco" as categorias das culturas africanas de que eram representantes. Mais precisamente, coube à "Mãe Preta", enquanto sujeito-suposto-saber, a africanização do português falado no Brasil (o "pretuguês", como dizem os africanos lusófonos) e, consequentemente, a própria africanização da cultura brasileira. (Gonzalez, 2018b, p. 40).

Lélia argumenta que se a mulher negra é quem cuida, amamenta, conta história e ensina a falar, inserindo a criança na ordem da cultura por meio da linguagem, atuando na formação de seu inconsciente durante a primeira infância, ela é a mãe na cultura brasileira. Rejeitando a imagem supostamente passiva dessa figura, usada como exemplo máximo de integração interracial, é ela "quem vai dar a rasteira na raça dominante" (Gonzalez, 1984, p. 235). Em vez da trajetória teleológica do Espírito europeu nos trópicos e da trajetória escatológica dos Outros da Europa (Silva, 2006), temos na verdade um país em que as formações do nosso inconsciente coletivo foram irreversivelmente africanizadas pela mãe preta.

Se essa constatação significa a exposição da violência constitutiva dessa relação e das múltiplas formas de agência dessas mulheres, a autoconsciência do valor econômico de seu trabalho, o fim da dominação, da infantilização e sobretudo o fim da expropriação de seu corpo e a reparação correspondente, aí é outra história (Gonzalez, 1984; Silva, 2019). Como diria Audre Lorde, a opressão corrompe nossas fontes de poder e conhecimento mais profundas e irracionais. Confundido com o pornográfico, colocado a serviço dos homens e do sistema, o erótico é entendido como

> [...] uma dimensão entre as origens da nossa autoconsciência e o caos dos nossos sentimentos mais intensos. É um sentimento íntimo de satisfação, e, uma vez que o experimentamos, sabemos que é possível almejá-lo. Uma vez que experimentamos a plenitude dessa profundidade de sentimento e reconhecemos seu poder, em nome de nossa honra e de nosso respeito próprio, esse é o mínimo que podemos exigir de nós mesmas (Lorde, 2019, p. 67).

Como reclamar esse poder me parece a questão fundamental, pois

> Em contato com o erótico, eu me torno menos disposta a aceitar a impotência, ou aqueles outros estados do ser que nos são impostos e que não são inerentes a mim, tais como a resignação, o desespero, o autoapagamento, a depressão e a autonegação (Lorde, 2019, p. 72-73).

Espiritual, emocional, sexual, vital, político, presente em todas as dimensões da vida, é ele que nos move em direção à realização da nossa criatividade e à transformação do silêncio em linguagem e ação.

Aponte a câmera do celular para o QR Code para ouvir a *playlist* do Capítulo 6.

TECENDO MEMÓRIA: ENTREVISTA COM CREUZA MARIA OLIVEIRA

Em 2019, no teatro do SESC da 904 Sul, assisti pela primeira vez ao espetáculo *Afeto*, do grupo de teatro Embaraça, das atrizes Fernanda Jacob e Tuanny Araújo, que fala das vidas afetivas de mulheres negras com irreverência e sensibilidade. Numa das cenas, imagens do Buraco do Tatu são projetadas na parede enquanto Fernanda entra no palco. Ela explica que o Buraco do Tatu é um viaduto que passa pela rodoviária do Plano Piloto, bem onde se encontram as duas asas do avião de Lúcio Costa. "Em um carro numa batida a 65km/h, os passageiros sofrem um impacto equivalente a 820kg". Fernanda então pega uma folha de papel, respira fundo e inicia a leitura de uma carta.

Brasília, 04/08/1976.
Não tem um dia que eu não me lembro das nossas conversas no fundo do quintal. O chão lotado de mangas maduras e esmagadas pelo caminhar firme de minhas irmãs e o cheiro do café forte da vizinha, que teimava em invadir toda nossa casa. Lembra do vestido branco que você me deu? Você se desculpou ao me entregar o embrulho, dizendo que era um presente singelo, já usado... Hoje eu já nem sei mais o que é meu corpo ou o vestido. Ele nunca mais foi retirado. Quando estou sem ele me sinto sem um pedaço de mim e talvez eu queira me sentir inteira. Se eu disser que o vestido combina com a cidade? A verdade é que daqui eu só consigo ver poeira, às vezes é até muito difícil de respirar. O calor machuca. O meu nariz passou a sangrar. Confesso: antes de chegar à Brasília, o ônibus parou no meio da estrada perto de uma pequena vendinha. Os 10 cruzeiros que me deu não foram usados para refrescos e salgados. Foi irresistível não comprar o caderno de arame, um lápis e uma borracha. Dona Lúcia veio ao meu encontro. Ela estava numa caminhonete gigante. Chegando em sua casa me acomodei em um pequeno quarto nos fundos. Um colchão no chão, uma cadeira para segurar a porta e uma fresta. A janela está emperrada, não fecha por completo. O que me entristece não é o medo do novo, afinal

de contas, já estou por essa cidade há mais de seis meses, mas a vida não parece correta comigo. Tiveram dias que arranhei a parede com as unhas, deixando as pontas dos meus dedos em carne viva de tanta raiva. Quando deixei minha casa e virei à esquina, saí compartilhando um sonho que era nosso: de estudar, aprender. Depois de várias promessas que frequentaria uma escola, conforme havíamos combinado, Dona Lúcia não tocou mais no assunto. Foi aí que me encontrei em um labirinto sem saída. Passei a lidar diariamente com panos de chão, vassouras, pratos, gritos e mais gritos. Lavo, passo, cozinho... E o caderno de arame continua em branco, vazio. Um dia o filho mais novo de Dona Lucia veio me perguntar se eu estava morta. Pode parecer estranho, mas não me senti incomodada com a pergunta. Segundo ele, seu tio havia lhe contado que quando uma pessoa está morrendo, a primeira coisa que acontece é a perda do brilho dos olhos. Talvez ele tenha reparado os meus olhos muito de perto. A verdade é que a saudade me corta o pescoço lentamente como uma navalha todos os dias. Sinto saudade de vocês e para sempre sentirei. Assinado: Meire da Silva Pereira[111] (Jacob, 2019).

Essa é uma carta fictícia escrita por Fernanda em homenagem à sua tia Meire, que veio do Tocantins trabalhar como doméstica numa casa na Capital Federal e, aos 15 anos, jogou-se na frente dos carros do Buraco do Tatu. Ela e a irmã, mãe de Fernanda, foram dadas pela avó a duas famílias de Brasília, na esperança de um futuro melhor. Essas rotas migratórias, marcadas por dores comuns nas vidas de meninas e mulheres negras, de algum modo ecoam aquelas do tráfico transatlântico. Suspensos sobre as águas, culturalmente desfeitos, o destino final por vezes encobre aqueles que ficaram pelo caminho. "Passagem do Meio" designa um trecho particularmente obscuro da travessia que temperou o oceano com as lágrimas de pessoas africanas, algumas das quais, recusando-se a serem escravizadas, lançaram-se ao mar (Hartman, 2016; Gilroy, 2012). "O navio negreiro é um útero/abismo. A plantation é a barriga do mundo. *Partus serquitur ventrem* – a criança segue a barriga" (Hartman, 2016, p. 166). O navio que gestou o mundo moderno e sepultou outros tantos mundos, e a plantação que alimenta o mundo e consome os corpos das mulheres negras, "convertem o útero numa fábrica de reprodução da negritude como abjeção, transformando o canal vaginal em outra passagem do meio doméstica"[112] (Sharpe, 2014 *apud* Hartman, 2016, p. 169).

---

[111] Texto no prelo reproduzido com autorização de Fernanda Jacob.
[112] Tradução nossa.

Mas uma enorme sereia azul, deusa iorubá dos peixes e das águas salgadas, com sua pele negríssima e sua coroa de conchas, seguiu a espuma do primeiro tumbeiro a partir da costa africana. Ouvindo os lamentos vindos dos porões, acompanhando a interminável viagem, a sereia, querendo ajudar, não podia romper o antigo pacto entre os deuses e a Morte, que a proibia de intervir a não ser que pedissem seu amparo. Arrasados pelo medo, entorpecidos pelas ondas e pelas condições insalubres, os africanos esqueceram suas preces, ensinadas por seus anciões. Numa noite sem lua, uma menina trêmula que escapou até a proa sussurrou ao mar repetidamente: *"Yyamí Aró, sa orí ere egba mi! As orí ere egba mi, Iyamí"*[113]. Percebendo a fortaleza de seu coração, refletida em seus olhos de búzios, a Mãe Sereia sacudiu sua cauda de escamas brilhantes e libertou os tripulantes-carga do encalço da Morte, que repousava sobre os ombros dos demônios de olhos azuis, afundando o navio e transformando a todos em animais marinhos (Cárdenas, 2018).

Teresa Cárdenas nos presenteia nas lindas páginas de seu livro infantil com uma história de povos maiores que a modernidade. Talvez, essa mesma mãe sereia tenha embalado o sono de Meire e de outros que fizeram a travessia, dando colo a todas as cabeças, seja nas águas do Atlântico ou nas asas de um avião. *Orí*, centro do ser, que permite a conexão entre *Ayê* e *Orun*, o mundo dos vivos e o dos encantados, é o que orienta a viagem de volta, rearticulando presente, passado e futuro e a busca de um novo espaço, a criação de uma nova nação (Nascimento, 2018). Não estamos sozinhos e não somos escravos. Precisamos recordar.

7.1 A entrevista

A memória é um tema central na reflexão filosófica e historiográfica do século XX, associada aos contextos pós-traumáticos das duas grandes guerras mundiais. Sua crescente revalorização questionou a teleologia das grandes narrativas, do tempo como progresso da razão universal, definitivamente alterando os modos de se fazer história. Inaugura-se o que se pode chamar de a "era do testemunho", em que os relatos do trauma passam a operar como elemento-chave da narrativa histórica, não mais restrita à história política e às fontes oficiais que marcam o século XIX. Nesse sen-

---

[113] "Iemanjá parou no ato. Aquela menina falava um idioma muito antigo. Pedia a ela que lhes salvasse da Morte e dos brancos, que lhes levasse de volta às montanhas e aos vales que conheciam, que partisse em dois aquele navio e lhes libertasse da dor e da tristeza" (Cárdenas, 2018).

tido, a figura da testemunha, sobrevivente ou vítima é apresentada como um novo elemento nesse momento particular da história, entre os limites do ato de narrar o trauma e seu uso como prova para responsabilização dos perpetradores da violência. A partir desse repertório, a memória é acionada no contexto brasileiro para abordar as experiências ditatoriais latino-americanas (Agamben, 2008; Rousso, 2016; Paixão, Frisso, 2016).

Teóricos da diáspora africana têm denunciado os limites dessa narrativa, chamando atenção para o fato de que o totalitarismo europeu que mais tarde se voltaria contra a Europa teve como grande laboratório o imperialismo e o colonialismo (Césaire, 1978), bem como para o caráter racista da tipificação do crime de genocídio, atravessado pela negação da vitimação de comunidades negras na diáspora, identificando padrões históricos que situam a violação de corpos brancos europeus como expressão única do terror (Flauzina, 2014), ignorando que o terror racial, narrado como excepcional, é constitutivo da experiência moderna.

> Faz alguns anos que a teoria social, a filosofia e a crítica cultural euroamericana têm abrigado debates acerbos e politicamente carregados sobre o conteúdo e o *status* do conceito de modernidade [...]. Seja como for que se dedique à tarefa, estes autores compartilham uma preocupação com o impacto das mudanças do pós-guerra sobre as bases cognitivas e tecnológicas da vida social e cultural no mundo superdesenvolvido, onde eles têm conseguido descobrir 'uma espécie de tristeza no Zeitgeist'. O conceito de pós-modernismo é frequentemente introduzido para enfatizar a natureza radical ou mesmo catastrófica da ruptura entre as condições contemporâneas e a época do modernismo. Dessa forma, pouca atenção é dada à possibilidade de que grande parte do que é identificado como pós-moderno possa ter sido pressagiado ou prefigurado nos contornos da própria modernidade. Tanto os defensores como os críticos da modernidade parecem não atentar para o fato de que a história e a cultura expressivas da diáspora africana, a prática da escravidão racial ou as narrativas de conquista imperial europeia podem exigir que todas as periodizações simples do moderno e do pós-moderno sejam drasticamente repensadas (Gilroy, 2012, p. 102-103).

Relatos como os reunidos no livro da historiadora, *rapper* e ex-trabalhadora doméstica Preta Rara (2019), coletados pelas redes sociais por meio da *hashtag* #EuEmpregadaDoméstica, dão conta de dinâmicas cotidianas fundadas no racismo e no sexismo que incluem tortura, jornada sem limite, assédio moral e sexual, trabalho perigoso e degradante, exploração de mulheres idosas e sequestro de crianças, como a própria avó da autora. Levada aos sete anos por uma mulher que passou em frente à sua casa e perguntou aos responsáveis se poderia levá-la para brincar com seus filhos em troca de uns trocados para a família, sob a promessa de que pagaria pelos estudos da menina, ela foi então levada para outra cidade e forçada a trabalhar em todo o serviço de casa, vivendo trancafiada, apanhando da patroa e sendo humilhada diariamente por seus filhos.

Neste capítulo, trago a entrevista com Creuza Maria Oliveira, concedida no dia 3 de dezembro de 2019, com duração de 2:27:06, na sede do Centro Feminista de Estudos e Assessoria (CFEMEA), em Brasília, onde a FENATRAD funcionava provisoriamente na cidade. O contato com Creuza se deu em virtude da minha participação no projeto Promotoras Legais Populares[114] do DF e Entorno, que, em 2018, foi procurado para organizarmos uma turma de PLPs exclusiva para trabalhadoras domésticas, nos moldes do que já ocorria em outros estados, visando a eventual formação de novas lideranças sindicais locais. A experiência nas PLPs demarca os impactos das ações afirmativas também no âmbito da extensão universitária. O período foi marcado pela participação de mulheres negras, universitárias ou não, em todas as turmas do projeto, evidenciando tensões raciais na educação jurídica popular feminista (Santos, 2018).

---

[114] Segundo Lívia Gimenes Fonseca (2012), o projeto Promotoras Legais Populares se trata de uma ação afirmativa em gênero criada no período pós-1988 como forma de capilarizar as conquistas das mulheres na Constituição Federal. A criação das Promotoras Legais Populares foi inspirada nos projetos de "paralegais" desenvolvidos em países como Peru, Bolívia, Chile e Argentina, que enviaram representantes ao Seminário Latino-americano e Caribenho sobre os Direitos das Mulheres, organizado pelo Comitê Latino-Americano e Caribe de Defesa dos Direitos das Mulheres (CLADEM), ocorrido em São Paulo, em 1992. No ano seguinte, a União de Mulheres de São Paulo (UMSP), a THEMIS – Gênero, Justiça e Direitos Humanos e outras lideranças feministas, além de instituições como a Procuradoria Geral do Estado de São Paulo, reuniram-se num seminário nacional no qual definiram estratégias, metodologias e conteúdos que norteariam o projeto nacionalmente. As PLPs refletem a história do movimento feminista no Brasil e na América Latina enquanto um espaço de formação orientado pela luta por igualdade e afirmação de cidadania, que busca a emancipação das mulheres fomentando a autonomia, o empoderamento e a erradicação da violência em suas comunidades. Lívia destaca que o projeto foi gestado a partir das lutas das mulheres pela redemocratização. O período foi marcado pelos movimentos de mães por anistia, em defesa dos filhos e filhas mortos e desaparecidos pela ditadura, pelas demandas por direitos sexuais e reprodutivos e pelo combate à violência doméstica.

Figura 4 – Creuza Maria Oliveira

Fonte: Agência Senado, 2015

Embora os feminismos se apresentem frequentemente como espaços de conflito racial e negação das violências perpetradas por mulheres brancas para o ativismo de trabalhadoras domésticas, conforme já pontuado no Capítulo 4, é também neles que muitas delas encontraram ferramentas para fortalecer sua autoestima, falar sobre sua sexualidade, nomear violências e buscar autonomia, melhores condições de vida, moradia própria, visando "retirar a patroa de dentro da sua cabeça" (Bernardino-Costa, 2007, p. 136). As associações e sindicatos são espaços não só de luta por direitos, mas de acesso a cultura, educação, lazer, formação política, "uma luz no fundo do túnel", a abertura de um mundo novo para além da solidão do quartinho de empregada (Pinto, 2015; Oliveira, 2019).

Creuza fala de sua família e infância, de ter perdido os pais cedo e começado no serviço doméstico ainda criança, de como sua vida foi transformada pela militância, das lutas pela Constituinte e pela regulamentação no Legislativo nos anos seguintes, e de sua passagem pela política institucional. Pouca coisa é inédita. Eu mesma já havia lido e ouvido Creuza falando de muitos dos fatos narrados aqui. Ela é uma figura pública, que produziu um determinado discurso público sobre si, como aponta Sônia

Roncador a respeito das biografias de Lenira de Carvalho, que classifica como literatura de testemunho — "uma narrativa impressa, em primeira pessoa, de uma situação coletiva de injustiça" que "[interpela] o leitor a 'revisar' a 'história oficial' da empregada doméstica" (Roncador, 2008, p. 188-189). Decidi disponibilizar a íntegra da transcrição da entrevista, como Sueli Carneiro fez, descrevendo assim seus entrevistados:

> São em primeiro lugar sobreviventes de um evento de radical unicidade que foi a escravização de seus ancestrais africanos, cujos efeitos permanecem persistentes em sua memória, em seus corpos, em suas vidas e na história de seu país. Elas são também portadoras de uma contra-história na qual se ressignificam e se deslocam os assujeitamentos, os estigmas e estereótipos promovidos pela escravização e pelos processos posteriores de exclusão racial. Eles são testis daqueles que sucumbiram ao tráfico negreiro, à escravização – e que foram ou estão silenciados pela abolição inconclusa –, e à compilação por outros como ironia e perplexidade. São sobreviventes dos poderes disciplinares e do biopoder que subjugam e exterminam a sua racialidade no pós-abolição (Carneiro, 2005, p. 154).

Considerando os dilemas éticos de falar pelos outros (Alcoff, 1992), esse é definitivamente o registro de um diálogo *com* Creuza. Abrindo a porta para entrar na sala daquela reunião numa tarde chuvosa de dezembro, em Brasília, alguns anos atrás, eu te convido a entrar, sentar e ouvir nossa conversa.

Entrevistadora: Dia 3 de dezembro de 2019, entrevista com a Creuza Maria de Oliveira. É Oliveira ou de Oliveira?

Entrevistada: É Oliveira, sem o "de".

Entrevistadora: Creuza, primeiro obrigada de novo pela participação, mesmo.

Entrevistada: Deixa Laísa terminar de tossir [risos].

Entrevistadora: Eu queria te perguntar algumas coisas hoje sobre a sua vida e trajetória, sobre a articulação na Assembleia Nacional Constituinte especificamente e um pouquinho do pós-88, pra entender um pouco como aconteceu. Aí nessa primeira parte, queria que falasse um pouco sobre sua trajetória familiar, de trabalho e de militância.

Entrevistada: Assim, a minha trajetória é assim: meu pai e minha mãe eram do interior, depois vieram morar Salvador, e no caso nós, eu e meus irmãos, nascemos em Salvador. Aí depois meu pai veio a óbito, faleceu, e minha mãe voltou pro interior. Voltou pro interior, levou dois filhos, que minha mãe teve oito filhos, desses oito filhos só três sobreviveram, que era meu irmão, eu e minha irmã. Minha mãe voltou pro interior depois do falecimento de meu pai, levou meu irmão e minha irmã e eu fiquei ainda um pouco em Salvador. Fiquei em Salvador com meus tios, com meu tio que era irmão do meu pai e a esposa dele. Aí fiquei lá um tempo em Salvador, aí depois quando minha vó paterna, que morava no interior, veio me buscar. Veio me buscar em Salvador e me levou pro interior pra me criar. E ela me criou até um certo período. Aí depois ela foi ficando mais idosa, quer dizer, ela já era idosa, né, e começou a ter problema da visão, que na época era catarata, só que naquela época ninguém tinha conhecimento assim da catarata. Aí ela começou a ter dificuldade de cuidar de mim. Nessa época, eu tinha em torno de seis ou sete anos de idade, ela cuidava de mim, penteava meu cabelo e tal, e depois ela começou a ter dificuldade de cuidar de mim, pegou e fez contato com a minha mãe e me devolveu pra minha mãe. Eu fui morar com minha mãe no interior, na roça, na zona rural, fui morar com minha mãe. Minha mãe morava de favor na casa de um parente, de um primo dela, com minha vó, que era mãe dela e tudo. E fiquei pouco tempo, não fiquei muito tempo não.

Aí antes dos 10 anos, eu fui trabalhar de doméstica, como babá, em Santo Amaro da Purificação. E a cunhada da minha mãe — que minha mãe depois de um certo tempo arranjou um companheiro e foi morar com esse companheiro, aí a gente morou algum tempo com eles. E aí foi quando a cunhada da minha mãe disse "Ó, eu arranjei um lugar pra Creuza, pra Creuza ir cuidar de uma criança. Quer dizer, brincar. A moça quer pra ela ir brincar com a criança, aí ela vai botar na escola e tal", entendeu? E aí minha mãe, como no interior que a gente morava era muito seco assim, o interior era muito seco, era muita dificuldade, aí minha mãe achou que eu indo para trabalhar na casa de alguém em Santo Amaro, que é um município de Salvador, então eu indo pra lá era bom porque eu ia ter alimentação, ia ter aquela história de casa e comida, e a senhora prometeu que ia botar na escola, né. Pelo menos foi o que chegou lá a informação pra minha mãe, coisa que não aconteceu.

Quando chegou lá em Santo Amaro, eu não fui estudar, eu fiquei cuidando da criança, cuidava da criança e também fazia algum serviço doméstico, que era lavar os pratos, varrer a casa, essas coisas que eu fazia. E aí fiquei lá um tempão. Apanhava, porque não tinha noção das coisas. Caía a xícara da minha mão, quebrava o prato, e eu apanhava por causa disso, né, porque quebrava as coisas, e a patroa dizia que era lerdeza, que era moleza, que era preguiça e acabava apanhando mesmo. E aí depois, com um certo tempo, uma vizinha lá que sempre ouvia eu apanhar, ela dizia "Creuza, cê tem que dizer pra sua mãe que Marlene lhe bate". Mas eu não dizia, não dizia, porque era aquela coisa, né. Minha patroa, quando ela me batia, eu dizia que ia dizer pra minha mãe, só que ela dizia "Se você disser pra sua mãe, eu vou dizer que é mentira, que você está mentindo. Que você não quer trabalhar, porque é preguiçosa, não quer fazer as coisas quando eu mando, e aí tá inventando que eu tô lhe batendo pra poder ela lhe levar. E claro que sua mãe não vai acreditar em mim que sou adulta pra acreditar em você que é criança". E eu achava que era verdade, porque naquela época mãe não tinha esse negócio de acreditar em criança não, o que os adultos diziam tava assinado embaixo, né. Acreditava nos adultos e não na criança, né. E aí pronto, e eu não falava.

Até que um dia essa vizinha disse "Ó, diga pra sua mãe", e eu dizia pra ela "Não, não vou dizer, porque Dona Fulana disse que se eu disser que ela me bate ela vai me jogar no rio. Minha mãe não vai acreditar em mim. Minha mãe foi embora e não vai me levar, vai me deixar, ela vai me jogar no rio e eu vou desaparecer, e depois ela vai dizer pra minha mãe que eu fugi de casa". E eu acreditava nisso mesmo e não dizia. Aí quando minha mãe chegava, perguntava: "Tá tudo bem?" e eu dizia: "Tá tudo bem". Dizia que tá tudo bem. Até que um dia essa moça, a vizinha, disse "Ó, você diga a sua mãe que você não quer mais ficar, não diga que é porque ela lhe bate, diga que você não quer mais ficar porque a menina tá pesada, você não aguenta carregar a menina, que suas costa dói, seu braço, e aí sua mãe vai lhe levar. Vai lhe levar". E eu disse: "Ó, mainha, não quero mais ficar aqui não, porque a menina tá pesada, minhas costas doem, a menina cresceu e eu tenho que carregar ela". E aí minha mãe pegou e falou com ela. Disse "Creuza, e o que eu vou dizer? Essa mulher não vai gostar nada de saber que você quer ir embora". Aí eu digo: "Ah, a senhora diz a ela que minha madrinha", que minha madrinha que morava em Salvador, trabalhava de doméstica em Salvador, "a senhora diz que minha madrinha vem me buscar pra me levar pra Salvador".

E isso minha mãe fez, né. Aí falou pra ela que ia me levar, porque a minha madrinha que morava em Salvador vinha no interior pra me buscar pra me levar pra Salvador. E isso aconteceu, a patroa ficou com muita raiva, ficou muito chateada quando minha mãe disse que ia me levar, mas minha mãe me levou, né. E os menino dela eram muito apegados a mim, apesar da gente ser criança, mas o menino era na minha faixa etária, o menino mais velho era na minha faixa etária, de 10 pra 11 anos, e os outro eram menores. Mas até o menino maior era apegado a mim também, né. E aí eu fui, minha mãe me levou, pouco tempo depois, minha mãe achou outro emprego em Santo Amaro, em Santo Amaro, e eu voltei pra outra casa pra trabalhar de doméstica. E aí foi quando, aí eu já tava com 11, 12 anos. E aí foi quando a mulher um dia tava, tinha um restaurante do lado da casa que eu fui trabalhar, e quando eu tava lá na porta da mulher tomando conta de outra — de um menino, agora já era um menino. A primeira casa era uma menina, aí a segunda já era um menino. Aí eu tava lá com o menino na porta brincando quando a patroa, a minha ex-patroa, me viu. Ela ficou com muita raiva quando ela me viu lá na outra casa. Ela disse "Sua mãe não disse que você ia, que sua madrinha ia lhe levar pra Salvador? Ela mentiu pra tirar você lá de casa?". E aí a menina quando me viu veio correndo pra mim: "Creuza! Creuza!", e aí veio correndo pra mim, e ela veio e arrancou a menina de mim, e a menina chorando, e ela levou a menina pra dentro do restaurante e muito revoltada. Os meninos vieram "Creuza!", e ela (gritos) brigando com os menino pra não chegar perto de mim e tal, né.

E aí eu também fiquei nessa casa. E aí em diante dessa primeira casa, foram várias casa que eu trabalhei na infância. Trabalhei em Santo Amaro, depois em Amélia Rodrigues, depois aí com 14 anos, eu vim pra Salvador. Porque eu nasci em Salvador, mas aí com essa história de meu pai falecer, meu pai faleceu e tal, aí a gente foi pro interior, e com 14 anos eu voltei pra Salvador. Entre 13 e 14 anos, eu voltei pra Salvador pra trabalhar de doméstica, e de lá não saí mais, tô até hoje em Salvador.

E aí foi muita dificuldade, porque naquela época não tinha direito, as trabalhadoras domésticas não tinham direito, quando veio o primeiro direito, que foi carteira assinada, foi em 1972, aí daí eu era menina ainda, né, e aí não tive esse direito. Eu na verdade só vim assinar minha carteira, só vieram assinar minha carteira quando eu estava com 21 anos de idade, e já trabalhava de doméstica há muito tempo. E aí foi quando eu tirei minha carteira de trabalho. Na verdade, esse patrão me levou pra tirar carteira de trabalho, tirei a carteira de trabalho e ele assinou. E aí eu trabalhei nessa casa, fiquei trabalhando com carteira assinada, mas antes de assinar carteira eu já tinha passado por várias casas, sempre ganhando menos do que o salário, porque o direito de receber o salário foi a partir de (19)88, que doméstica teve direito por lei de receber o salário. Antes, alguma ou algum patrão que queria pagava o salário, mas naquela época por lei não era obrigado. Só a partir de 88. E aí em 88 a gente tava na militância.

Porque eu vim pra Salvador, continuei trabalhando de doméstica, né, cheguei a ir a São Paulo com uma patroa, com a mãe da minha patroa, eu cheguei a ir a São Paulo, tava na faixa etária de 16 anos quando eu fui pra São Paulo. Naquela época, não tinha essa coisa do juizado de menor, procurar saber pra onde um menor tava indo, pra outro estado, não tinha fiscalização. Botava a gente no ônibus, levava, e não tinha fiscalização, pelo menos não me lembro que com 16 anos tinha fiscalização pra uma adolescente ou um menor viajar. Eu viajei com a mãe da minha patroa, que a mãe de minha patroa tinha vindo de São Paulo pra Salvador passar uns dias com a filha que era paulista e morava em Salvador, tinha mudado pra Salvador com o marido, e aí a mãe dela veio pra passar as festas, veio ela, uma filha adulta, aí depois a filha e o filho adolescente voltaram por causa da escola e de trabalho e a idosa ficou né. E aí quando ela voltou pra São Paulo a filha não queria que ela voltasse sozinha. Aí disse "Vamo, a Creuza vai com a senhora".

Entrevistadora: *Aí cê foi com ela e voltou só.*

Entrevistada: *Aí eu fui com ela pra São Paulo, né, e voltei sozinha. De São Paulo depois, eu voltei sozinha. Fiquei lá um período lá em São Paulo, depois eu voltei pra Salvador novamente. E aí continuei trabalhando nessa casa, depois fui pra outra. E me alfabetizar, só fui terminar de me alfabetizar com 17 anos, né, no Mobral, que é o antigo, é o Topa de hoje, questão da educação pra jovens e adultos que é o EJA, né. Então naquela época o Mobral era alfabetização para adultos, jovens e adultos. E aí eu fui estudar no Mobral, terminar minha alfabetização no Mobral, mas tinha aquela dificuldade de permanecer na escola, porque tinha muita evasão. Eu evadia muito da escola, porque era muito cansaço, tinha que trabalhar o dia todo, muitas vezes dupla, tripla função, tomar conta de criança, cuidar da casa, arrumar casa, acordar cedo e aí dormir tarde. Aí muitas vezes eu ia pra escola e muitas vezes eu ainda tinha que ir* *arrumar cozinha, que a patroa não permitia que dormisse prato na pia por causa da barata, por causa dos ratos, essa coisa. Então eu ia dormir muito tarde e acordava cedo. E quando chegava na sala de aula eu estava cansada e com sono. Acabava dormindo, acabava repetindo de ano. E acabava desistindo também da escola. E também tinha isso, às vezes eu tava numa casa que a patroa permitia que estudasse, e a outra não, entendeu? Então eu precisava trabalhar, e aquela época eu não tinha casa pra morar, não tinha pai, nem mãe, porque minha mãe faleceu eu tinha 12 anos de idade, meu pai faleceu eu tinha cinco anos. E quando minha mãe morreu, eu devia ter uns 12 anos. Então eu não tinha pra onde voltar, eu tinha que suportar as várias violências [choro], porque eu não tinha pra onde voltar. Era o emprego e acabou, entendeu?*

Entrevistadora: *Se quiser que a gente interrompa, a gente pode.*

Entrevistada: *[Continua falando enquanto procura um lenço de papel na bolsa] Aí eu tava sempre desistindo da escola, porque o mais importante era um lugar pra ficar, a casa. E aí quando foi na década de 80, eu ficava me perguntando: "Poxa, todo trabalhador tem direito, tem sindicato", e naquela época a gente não tinha direito nem a folga aos domingos, patrão dava uma folga e a patroa dava uma folga se quisesse. Aí a folga era uma vez no mês, era de 15 em 15, né. E aquela coisa, você tinha que chegar, fazer todo o trabalho, ou muitas vezes você tinha que sair pra trabalhar e deixar o almoço pronto, deixar as coisa pronta. Então na verdade a folga era no domingo, mas depois que fizesse as funções da casa, deixasse a comida pronta, a roupa lavada, e a gente já saía quase meio-dia. Quase meio-dia que a gente saía do trabalho, né, pra folgar. E hoje a lei fala em 24h, a folga tem que ter no mínimo 24h, mas na verdade naquela época não era 24. A gente saía depois que deixava tudo pronto, tinha que voltar umas seis horas da tarde, tá de volta ao trabalho, e aí chegava lá e a pia tava cheia de prato, aí você tinha que lavar todo prato. Ou seja, eu tinha que lavar todo prato, arrumar as coisas, né. E eu sempre ficava imaginando porque a gente não tinha direito como os outros trabalhadores e trabalhadoras.*

E aí foi quando um dia eu vi falando que existia um grupo de domésticas que se reunia no colégio Antônio Vieira. Colégio Antônio Vieira era um colégio particular durante o dia e à noite eles tinham bolsa de estudo para pessoal da classe trabalhadora, pras pessoas pobres. Aí o pessoal que estudava à noite lá era doméstica, a grande maioria das mulhe-

res era doméstica, os homens eram construção civil, comércio, também tinha mulher e homem do comércio, que trabalhava no comércio, tinha seguranças que estudavam lá né. E esse colégio Antônio Vieira era um colégio muito bom, tinha o mesmo nível à noite que o colégio durante o dia. As professoras tinham muito aquela preocupação com os alunos e as alunas, tinha o SOI que era o serviço social do colégio, que ouvia os problemas dos alunos e fazia pesquisa pra saber a situação de cada aluna e aluno, pra saber a situação de saúde, do trabalho e tal, né. E quando eles iam conversar com as mulheres que estudavam à noite lá, os alunos lá e outras mulheres falavam: "Eu sou da área do comércio, eu sou da construção civil" e tal, mas quando chegava nas domesticas, a doméstica nunca assumia que era doméstica, dizia que morava na casa da tia. Quando ia ver onde morava essa tia, essa tia morava na Barra, na Graça, em Ondina, nos bairros de classe média alta, e que a gente sabe que a realidade da população negra não é morar nesses bairros, né. E aí o pessoal começou a perceber que a doméstica tinha vergonha de dizer que era doméstica. E aí então foi criado um grupo de discussão sobre porque a doméstica tinha vergonha de ser doméstica. E através desse grupo foi que se formou a associação.

Aí na época começou a criar esse grupo. Eu na época não participava desse colégio, fiquei tendo conhecimento desse colégio através de um programa de rádio, porque eu tinha um rádio de pilha que eu sempre levava esse radinho de pilha pra onde eu estivesse. Na cozinha ou no quarto que eu tivesse arrumando, eu estava sempre com esse radinho. Até que um dia eu ouvi uma mulher que estava sendo candidata à vereadora, ela era dona de uma rede de lojas lá em Salvador, a loja era Jimmy Crachete. Aí quando eu vi, essa mulher tava sendo entrevistada no rádio na AM, e eu tava lavando os prato e ouvindo a entrevista, e o locutor perguntava a ela: "Jimmy*, você é candidata a vereadora, qual é seu projeto?". E ela disse "Olhe, se eu for eleita, eu vou defender os direitos das mulheres, das crianças e das empregada doméstica". Então pra mim ali foi uma luz no fundo do túnel, que eu nunca tinha ouvido ninguém dizer que ia defender doméstica, era a primeira vez que eu estava ouvindo alguém dizer que ia defender doméstica. Aí quando ela falou isso, eu parei e aumentei o rádio, aumentei o volume. E o cara perguntou pra ela: "E tem sindicato de doméstica?". Ela disse: "Não, ainda não tem. Elas tão se organizando pra criar um sindicato". E aí o cara perguntou a ela "E onde é que fica, onde elas se reúnem?". E falou todos os dados onde era e eu prestei atenção *em tudo que ela falou: que era o segundo e quarto domingo do mês no Colégio Antônio Vieira, no Santuário Nossa Senhora de Fátima, que elas se reuniam duas vezes no mês. E aí foi quando eu esperei a patroa acordar, e aí quando a patroa chegou na cozinha eu perguntei a ela: "Dona Nilzete, onde fica o colégio Antônio Vieira?". Ela disse "Ah, o Colégio Antônio Vieira fica lá no Garcia", e ela foi me dizendo onde era o colégio, me dando todos os dados. Aí eu disse assim "E a senhora me mostra aqui o segundo domingo do mês e o quarto domingo do mês?", no calendário, né. Aí ela foi lá e mostrou: "Ó, o primeiro é esse, o segundo é esse", aí ela marcou o segundo e o quarto. Depois ela me perguntou: "Por que você tá tão interessada no Colégio Antônio Vieira?". E eu digo: "Não, é porque eu vi uma mulher na rádio dizendo que todo segundo e quarto domingo do mês, lá no santuário Nossa Senhora de Fátima tem uma missa, e eu quero ir assistir à missa" [risos]. Não ia dizer pra ela que era um grupo de doméstica que tava começando a se organizar pra ter sindicato, que senão ela ia fazer de tudo pra me esmorecer, e eu não queria que nada me esmorecesse. E aí eu já comecei a mobilizar as domésticas do prédio que eu trabalhava, né, comecei a mobilizar, chamo uma, chamo outra, chamo uma, chamo outra, e cada uma, ninguém tinha tempo. Uma não tava folgando, a outra ia sair com o namorado, a outra ia pra praia. E eu comecei, chamei minha irmã, e a gente se preparou pra ir para essa reunião, disse "A gente tem que chegar cedo pra chegar lá e achar lugar pra sentar". Que na minha imaginação ia ser um auditório lotado de doméstica que se a gente não chegasse cedo não ia ter lugar pra sentar (empolgação). Aí eu cheguei lá, né, foi eu e minha irmã, e quando nós chegamos lá foi uma decepção muito grande. A gente chegou, procurou, foi lá no Santuário Nossa Senhora de Fátima, chega lá tinha uma mesa assim desse tamanho, e tinha lá sentado umas quatro a cinco pessoas. Aí eu cheguei assim, fiquei meia tímida, e elas "Entre, sente!".*

Entrevistadora: *"Você tinha quantos anos nessa época?"*

Entrevistada: *Eu não tinha 30 anos não, devia tá com uns 27 anos. Aí eu peguei, fiquei assim triste e tal. Cê sabe uma coisa que você fica assim animada e quando você chega não era nada do que você imaginou, que você criou na sua cabeça aquela imaginação? Aí eu fiquei assim... E elas "Sente, pessoal, sente". E depois perguntaram: "Vocês souberam desse grupo onde?". E a gente "No rádio" e tal, e aí foi falando. Ninguém conhecia a tal mulher. Só conhecia a loja, mas ninguém conhecia a mulher.*

Entrevistadora: *Foi a vereadora que chamou?*

Entrevistada: *Foi, a candidata a vereadora.*

Entrevistada: *Ela tava lá?*

Entrevistada: *Não, ninguém conhecia.*

Entrevistadora: *Ela só divulgou.*

Entrevistada: *Só ela divulgou. Só que ninguém ali daquele grupo conhecia ela, só conhecia a loja. Mas ela ninguém conhecia. Mas o que ela fez valeu, porque eu tô no movimento até hoje. E foi ela, através dela que eu cheguei até o movimento, né. Então é como a gente diz, né? Deus não escreve...*

Entrevistadora: *Escreve certo por linhas tortas.*

Entrevistada: *Escreve certo por linhas tortas. Então essa mulher, que era uma patroa, ela fez com que eu chegasse ao grupo, e nunca mais saí desse grupo.*

Entrevistadora: *E esse primeiro grupo lá na Bahia, ele tinha algum vínculo com os outros grupos que tavam se organizando no Brasil?*

Entrevistada: *Já tava começando a ter vínculo já, fazer contato. Elas tinham contato com isso. Tinha contato com o pessoal no Rio de Janeiro, né. E aí pronto, eu comecei a participar da reunião, era duas vezes no mês. Pra mim era sagrado o segundo e o quarto domingo do mês. E quando terminou a reunião eu gostei do que estava tratando na reunião. Na reunião elas diziam que a gente não era da família, a doméstica não era da família, que o trabalho doméstico era nosso emprego, nosso trabalho, não casa, não era família, não era nossa casa, e que a gente precisava se organizar para em 88 quando ia ter a nova constituição a gente conquistar direitos, ser reconhecida enquanto classe trabalhadora, pra ter direito a salário, a folga aos domingos. Então isso me interessou. E aí eu disse: "Não, eu não vou deixar de participar desse grupo, né, quem sabe esse grupo precisa de mim também pra crescer". Daí pronto, todo segundo e quarto domingo eu ia nessa reunião. Folgava duas vezes no mês, segundo e quarto, então era já agenda já toda programada pra essa reunião. Às vezes eu ia de manhã na casa de um parente e tal, mas de tarde eu tava lá na reunião, não faltava um dia. E ali passou a ser um projeto de vida ali aquele grupo. E aí foi,*

foi, foi, esse grupo foi se fortalecendo, com muita dificuldade, tinha vez que eu ia pra reunião e não aparecia ninguém, e eu ficava ali debaixo da árvore das duas às cinco, quando dava 5h que não vinha mais ninguém eu ia embora pro trabalho, né. Eu morava no trabalho na época, e aí em 1986 a gente fundou a associação das domésticas da Bahia, Associação Profissional das Trabalhadoras Domésticas da Bahia, que a gente não podia ser sindicato antes de 1988, e continuamos a nos organizarmos e fazer contato com outros grupos de domésticas pelo Brasil. E aí em 1985 eu participei do V Congresso Nacional de Trabalhadoras Domésticas, que ali pra mim foi um ânimo e um vigor pra luta em Olinda, Pernambuco, onde eu vi doméstica de quase todo o Brasil, e eu pude ver que não era só na Bahia que as domésticas tinham dificuldade, sofria violência. Claro que no Nordeste era muito mais as violências, né. Mas tinha a luta em São Paulo, no Rio, e eu continuei participando. Participei dos congressos, participei de várias atividades. Aí em 1985, no V Congresso Nacional, a gente tirou uma pauta de reivindicação para a Constituição de 1988. Imagine, em 1985 já tava se falando na Constituição de 1988.

Entrevistadora: *Você comentou que desde as primeiras reuniões lá nos anos 1980 já...*

Entrevistada: *Exatamente. Aí se falava da Constituição de 1988. Aí a gente começou a fazer seminários regionais, buscando apoio das igrejas católicas, na época a Igreja Católica contribuía muito (sinal de dinheiro com os dedos) quando a gente ainda não era sindicato, era grupo e associação, a Igreja Católica ajudava muito financeiramente.*

Entrevistadora: *A JOC, né?*

Entrevistada: *A JOC – Juventude Operária Católica e tal. Tinham outras organizações que financiavam movimentos sociais, que aí bancava nossos seminários regionais.*

Entrevistadora: *Que tipo de organizações?*

Entrevistada: *Assim, eram organização financiadora. Era organização financiadora. Eu não lembro assim agora os nomes, porque algumas não existe mais, surgiram outras. Mas o que eu lembro é que a Igreja Católica contribuía, pastorais e tal. Outras organizações contribuíam, outros sindicatos de outras categorias, alguns sindicatos contribuíam pra passagem, pra gente ir pras atividades. Agora naquela época a gente* *viajava muito de ônibus. A gente saía de Salvador pra São Paulo de ônibus, pra Recife, pra o Rio de Janeiro, pra Paraíba, a gente ia de ônibus participar desses eventos, né. E a gente tinha várias atividades a nível de região. E fora isso, estadual também a gente fazia discussões. No nosso V congresso a Benedita da Silva, na época era deputada estadual e ia ser deputada constituinte, aí a gente inclusive entregou uma pauta de reivindicação desse V congresso pra Benedita ser nossa porta voz. E a gente continuou, continuou. Aí depois no processo todo da Constituição tivemos participação ativa. Claro que a região onde tinha mais recurso e mais organização participava mais.*

Entrevistadora: *Sudeste, né.*

Entrevistada: *Como é o caso do Sudeste, Rio, São Paulo, participava mais. Nós do Nordeste, Recife era quem mais participava, porque já tinha lá o SOS Corpo que contribuía com elas apoiando. O SOS Corpo contribuía e a Igreja também contribuía muito com a Associação das Domésticas de Recife.*

Entrevistadora: *O início da organização, pelo menos dessa fase, depois daquela interrupção nos anos 1960 etc. com a ditadura militar, teve algum evento na Bahia que você lembra de ter sido reprimido pela repressão da ditadura?*

Entrevistada: *Não, eu não. Na época eu não fazia parte e não tive conhecimento. Não sei se teve, né. Porque eu soube que antes da gente começar esse movimento da década de 1980, teve um outro, só que não foi na nossa época então a gente não tem conhecimento. Mas eu soube que houve...*

Entrevistadora: *Lá na Bahia também.*

Entrevistada: *Na Bahia, na década de 1970, teve um grupo que começou mas não foi adiante. E esse de 80, da década de 1980, que não parou mais, que hoje é o sindicato. Entendeu?*

Entrevistadora: *E você lembra ao longo da sua vida qual foi o impacto da ditadura militar? Sentiu alguma diferença?*

Entrevistada: *Não. Na verdade, na época da ditadura militar eu era menina praticamente, adolescente, muito jovem, então eu não lembro nada dessa época, até porque nessa época eu não tinha participação. Eu* *comecei a participar na década 1980, em 1984, finais de 1983, 1984... Então não era tão assim, a ditadura militar não tava tanto assim. Tava assim já no final. Então na minha época que eu comecei a participar não tava assim aquela repressão. Tanto que a gente se reunia numa boa, participava de muitos eventos, no V Congresso Nacional nos participamos e não teve nenhum problema da gente ficar com medo de acontecer alguma coisa, não. Em 1986 quando a gente fundou a associação também não teve nenhum impedimento. E aí a gente teve encontro lá na Bahia a nível regional, teve lá na Bahia da região nordeste, que a gente fez na Paraíba, fez na Bahia, fazia em Pernambuco esses encontros regionais, e nunca fomos impedidas. Agora, na época de Nila, de Lenira, da dona Laudelina, que teve que acabar com a associação.*

Entrevistadora: *Na época do Getúlio, né.*

Entrevistada: *Na época do Getúlio teve que acabar com a associação, desfazer da associação, eles desfizeram e tal, depois ela voltou tempos, anos depois, e tornou a recriar a associação. Na época de Lenira, Lenira chegou a ficar presa, ficou presa um dia, e o padre daquela época foi quem interviu pra que Lenira não ficasse presa. Porque Nila, Lenira, participava da JOC – Juventude Operária Católica, e aí vários padres foram presos. E, no caso, Lenira também foi presa porque ela era ligada à igreja católica, a grupo de pastoral da doméstica e tal, e ela chegou a ser presa. E eles, quando ela foi presa, diz que eles ficavam querendo que ela confessasse o que era que os padres falavam, qual era o assunto das reuniões, e ela dizia "Eu não sei, eu não sei". E aí o padre, muito respeitado lá em Pernambuco, foi e defendeu ela, e eles soltaram ela, entendeu? Que aí foi Lenira. Mas assim a nível das outras companheiras, fora Lenira e dona Laudelina que eu sei que teve essa questão, Lenira chegou a ser presa e ela foi inclusive indenizada também com essa anistia e tal, ela foi indenizada também. Então é isso.*

Entrevistadora: *Nessa época você já participava de outros movimentos sociais? Tipo movimento negro...*

Entrevistada: *Não. Eu primeiro, a minha atuação política, de militante, começou com o grupo de doméstica. Aí depois conheci o Movimento Negro Unificado, o MNU.*

Entrevistadora: *Tinha MNU na Bahia já?*

Entrevistada: Tinha. Já tinha MNU na Bahia. Então eu comecei a participar, porque eu sofri muito racismo na minha infância, na minha adolescência e ainda sofro, né, nós sofremos ainda. Mas naquela época eu não tinha nem ideia, quando diziam, puxavam meu cabelo, me dizia piadinha, me chamava de feia, de macaca, várias coisa. Na casa que eu trabalhava os meninos faziam chacota com meu cabelo crespo, tudo isso. Mas eu não tinha noção que isso era racismo. Aí eu não gostava do meu cabelo, tanto que eu só vivia de lenço, porque eu não gostava do meu cabelo, de tantas coisas que eu passei no trabalho. No trabalho e em outros lugares. A gente era chamada de graxeira, um monte de absurdo, né. E aí pronto, aí eu comecei quando eu conheci o grupo de doméstica, e depois eu soube da existência do MNU, e eu aí comecei a querer participar, pra poder ver, ouvir lá o que era que se falava e tal. E aí eu fui numa reunião, gostei do que eles tavam tratando, falavam da violência policial contra o negro, falavam do desemprego, falava do subemprego.

Entrevistadora: E se falava de trabalho doméstico no MNU na época?

Entrevistada: Falava. Falava do trabalho doméstico, que as mulheres negras estavam no trabalho doméstico, que era um trabalho menos remunerado, que não tinha direito e tal. Naquela época não tinha nem direito a salário. E aí, apesar do MNU tem a sua, como é que diz, o seu início com o pessoal da academia, os negros universitários, né, em São Paulo, lá na Bahia, em todo o Brasil, dentro do MNU tinham alguns que eram operários, mas era operário como tipo Luiz Alberto, que era trabalhador, não era nível universitário, era trabalhador, mas era petroleiro, ele era da Petrobrás. Então mesmo sem nível superior, mas ele tava trabalhando numa empresa de status e tal. E os outros eram professores, estudante de Direito, tinha um nível de escolaridade, de academia, de isso e aquilo, entendeu? E eu quando eu cheguei lá, eu sentia assim que eu tava sendo a primeira doméstica participando de uma discussão de um ambiente que as falas eram difíceis né, ou seja, os termos que eles usavam, eu ficava assim sem saber o que é que eles tavam falando. Mas eu sabia que o que eles tavam falando tinha a ver comigo, que era a questão do racismo e tal, mesmo que eles usassem os termos acadêmicos, mas eu sabia que tinha a ver comigo. E eu não saí desse grupo, continuei participando e hoje continuo ainda militante. Tô sempre nos congressos, nas reuniões.

Entrevistadora: Tá aí uniformizada [ela vestia uma camisa do MNU].

Entrevistada: *É. Porque pra mim o MNU me deu régua e compasso. Me deu régua e compasso pra eu entender sobre a desigualdade, sobre o racismo, sobre a intolerância, tudo isso foi o MNU quem me deu esse aprendizado. Porque lá no grupo de doméstica a gente discutia a questão do trabalho doméstico. A gente discutia a questão do salário baixo, do desrespeito, mas a gente não discutia a questão racial. A gente não discutia. Então a partir do momento que eu começo a participar do MNU, e começo a despertar, abrir meu horizonte pra questão racial, aí eu posso levar a questão racial pra dentro do grupo de doméstica, que depois veio a associação, que o MNU também ajudou, e eu levo pra dentro do grupo de doméstica a discussão do MNU, pessoas do MNU que começam a me ajudar até fundar o sindicato.*

Entrevistadora: *A senhora lembra quem do MNU que participou?*

Entrevistada: *Dessa discussão era a Luiza Bairros, Luiz Alberto – Luiz Alberto mais, porque o Luiz Alberto era sindicalista, e ele entendia a questão das domésticas se organizarem enquanto sindicato. Então Luiz Alberto, que hoje ele já foi deputado federal e tal e tal, já está aposentado mas continua na militância, Luiz Alberto participou muito. Luiza Bairros, Saionara. Saionara veio a óbito com um câncer, morreu, mas Saionara contribuiu muito com a nossa organização. Tiveram vários. E por último Edmilton, Edmilton Cerqueira que foi nosso assessor um tempão, trabalhando conosco os textos que a gente precisava fazer, projetos e tal. Edmilton contribuía muito. Hoje a gente participa do MNU, o MNU vem pra nossas atividades, feijoada e tal, mas não tá mais em assessoria. Então tem isso. Mas o MNU foi muito importante na discussão.*

E quando eu chego no MNU, pra mim foi uma coisa muito importante, porque eu tinha vergonha do meu cabelo, eu me achava a pessoa mais feia do mundo, eu não conseguia me olhar no espelho, era um monte de coisa. E aí quando eu começo a participar do MNU, que eu vejo a Luiza Bairros com o cabelo black, cabelo dela assumido, cabelo black, eu vejo Saionara com o cabelo dela black, essa outra, Valdeci, não sei se você já ouviu falar. Valdeci Nascimento, que hoje é da rede de mulheres negras e do Odara. E aí Valdeci usava aquele, as axilas assim cheia de pelo, e eu achava aquilo diferente, né, porque eu sempre fui criada e educada aqui que a mulher tinha que se depilar, que a questão da higiene, tinha que se depilar. E aí quando eu chego lá no MNU e eu vejo aquelas mulheres, tudo assim com aqueles cabelo rebelde, rasta — cabelo rasta ainda não, mas assim o cabelo black e tal, e com os pelos assim, os braços peludos. E aí eu olhava pra uma, olhava pra outra. Luiza que não era assim, Luiza não usava a axila peluda não. E eu dizia assim: "Que coisa diferente". Eu gostava da forma de Luiza falar, a voz segura, aquela segurança que ela tinha. Eu disse "Olha que coisa maravilhosa, eu queria ser assim" e tal. E aí eu começo a participar e começo a aceitar meu cabelo, me olhar no espelho, começo. E aí o MNU, e mais os cursos de formação que a gente teve com o grupo de doméstica, que eu saía de Salvador pra Recife sem minha patroa saber. Eu saía dia de sábado de Salvador, chegava domingo de manhã em Recife, participava de um curso de formação, que era onde a gente trabalhava nossa autoestima. Aí era um curso que tinha com as mulheres da CUT e com as mulheres do SOS Corpo. E aí era aquele curso assim de você olhar de igual para igual, aí botava uma música e botava a gente pra andar no meio, pegar o espelho e se olhar, e aí botava música de Roberto Carlos "Quem foi que disse que tem que ser magra pra ser formosa". Era bastante música assim. A gente falava, a gente fazia encenação que tava negociando com a patroa. Então tudo isso juntou à formação, e eu passei então a ter minha autoestima elevada, e continuo ainda num processo de construção, porque a gente nunca pode achar que já tá pronta, né, é um processo. E aí foi assim.

Na Constituição Federal a gente teve muita participação aqui em Brasília. A gente não tinha onde ficar, o CFEMEA na época tava iniciando ainda, e aqui algumas mulheres do CFEMEA, que ainda tem essa menina, Guacira, que é ainda daquela época, mas as outras tudo muito novo. Não tão novo que já tem um tempinho, mas daquela época de 1980 não tem muita gente. Então foi muito, muita caminhada pra aqui pra Brasília.

Entrevistadora: *Como foi o processo de vir aqui pra cá? Vocês vieram mais de uma vez...?*

Entrevistada: *A gente veio mais de uma vez, vinha de ônibus pra cá. Benedita nos informava quando ai ter as votações, quando ia ter discussão sobre a PEC, né, da doméstica. E a gente conseguia, tentava mobilizar pra trazer sempre o máximo que podia. Nem sempre conseguia-se trazer 10, 15, 20. Só teve uma época, que foi quando Ulysses Guimarães era presidente da Câmara, e aí ia ter a votação do nosso projeto, e aí Benedita nos manteve informada, e a gente veio. E aí São Paulo trouxe dois ônibus, Rio de Janeiro também trouxe, a Bahia não trouxe ônibus, a gente veio, vieram umas três de lá da Bahia, e eu tava entre essas três. E aí no* dia eles não queriam deixar a gente entrar no congresso, e aí Benedita negociou pra que a gente entrasse para acompanhar a votação. E aí eu lembro que eles não queriam que a gente entrasse, houve um tumulto e algumas colegas caíram junto. Que nesse dia tava movimento de sem--terra, tinha o pessoal da reforma agrária, e tinha nós, domésticas. E aí o pessoal da reforma agrária caiu pra cima, chegou a quebrar porta e tudo, e as meninas, algumas colegas nossa mais... como é que se diz? Mais revoltosa ou mais sangue quente, foi pro meio também. Eu lembro que a Amália caiu pra cima, empurrando a porta [risos].

Entrevistadora: E a Constituinte de 1988 é conhecida por ser uma constituinte popular, né.

Entrevistada: Popular, pois é.

Entrevistadora: Você sente que os movimentos sociais tiveram participação?

Entrevistada: Teve participação, os movimentos sociais tiveram participação, mas também tinham momentos que não queriam que entrasse pra acompanhar determinadas votações. Então nesse dia mesmo que veio o ônibus de São Paulo, Rio, eles não queriam que a gente entrasse. Então foi uma luta, Benedita veio e conseguiu negociar, a gente entrou e a gente acampou dentro do Congresso. A gente chegou lá dentro daquele congresso, deitamos ali naqueles tapetes vermelhos. Aí tinha lá os trabalhadores rurais de um lado e a gente do outro. "A gente não sai daqui, porque se a gente sair eles não vão deixar a gente entrar de novo. Então a gente vai ficar aqui acampado aqui dentro". E aí, Benedita negociou pra que o presidente da Câmara, Ulysses Guimarães, nos recebesse. E Ulysses nos recebeu, e aí nos anais dele lá deve ter foto, a gente lá no plenário assim. E ele nos recebeu e fez aquele discurso lindo e maravilhoso, pra ele, né. E aí ele disse que estava feliz de ter trabalhadora doméstica de várias partes do Brasil ali e que ele respeitava a categoria de doméstica, porque ele reconhecia como uma categoria importante na sociedade. E nós tínhamos nomeado uma companheira pra falar em nome de todas, que foi Lenira, de Recife.

Entrevistadora: Foi o dia que vocês apresentaram a carta?

Entrevistada: É, exato, apresentamos a carta. Mas antes, Lenira fez um discurso. E aí quando ele disse que a gente era como se fosse da família e tal, que ele já tinha uma trabalhadora na casa dele que já tinha 30 *anos na casa. E aí foi quando foi cedida a palavra pra Lenira, e Lenira disse, agradeceu e tal, e falou que o que a gente queria era que eles reconhecessem. Que ele tava dizendo que a gente era da família, mas que a gente não era da família, a gente era parte da classe trabalhadora brasileira, da classe operária brasileira, que a gente não queria ser da família. Porque se a gente era da família, por que que a gente não fazia parte do testamento? Das heranças dos patrões? Então a gente não era da família. E que se ele realmente reconhecia a importância da nossa categoria, e da mulher que trabalhava na casa dele há 30 anos, que ele levantasse o crachá a favor do nosso direito, na hora da aprovação do nosso direito, e não só ele mas todos ali que estavam ali no plenário ali, os deputados que ali estavam. E aí foi aplaudida, Lenira foi aplaudida de pé, foi uma coisa maravilhosa.*

E a Benedita dizia pra nós que a gente não ia conseguir tudo. E ela era essa porta voz junto com outros parlamentares como Paulo Paim, e outros, né. Tinha a questão das mulheres, que não eram tantas, mas procurava-se conversar, e a gente também conversava, mandava carta pros deputados de suas cidades, dos seus estados. Até que foi aprovado na Constituição de 1988 os direitos, que foi salário, décimo terceiro, o aviso prévio, a folga aos domingos, que antes não era lei, o patrão dava se quisesse. Então foi aprovado esses direitos. E Benedita — a gente queria FGTS, a gente queria horas extras, queria adicional noturno...

Entrevistadora: *Queria equiparação, né.*

Entrevistada: *Queria tudo, né. E Bené dizia "Nós não vamos conseguir tudo. Porque estamos tentando negociar, o que a gente tá conseguindo que passe é o salário, o décimo terceiro, o aviso. Mas horas extras, adicional noturno e FGTS eles não querem aprovar. E vocês tem que decidir se leva pra frente o projeto de aprovar parte do que vocês querem, ou não". Aí, claro, tinham aquelas colegas radicais que diziam: "Ou aprova tudo ou a gente não quer nada! Ou aprova tudo ou nada!" [risos]. E outras "Não, vamos aprovar o salário, o décimo terceiro e tal, e depois a gente vai vendo outras coisas, vai continuar lutando por outras coisas", né. E aí foi quando foi aprovado na Constituição.*

Entrevistadora: *No que vocês atuaram assim diretamente dentro do Congresso? Foi só nesse dia ou em outros dias vocês também conseguiram...? Vocês circulavam lá dentro?*

Entrevistada: Circulava constantemente. A gente ia, falava nos gabinetes, com líder de bancada, líder de partidos, né. Claro que a gente sabia que a gente tinha nossos parceiros, parceiros que eram dos partidos de esquerda, de parlamentares mulheres que eram ligada a movimento, que era poucas ainda, e como hoje ainda é poucas. Então a gente tinha aqueles que sabia que podia contar, que não tinha preocupação. Agora, nossa preocupação era o bloco de direita, o bloco daqueles que não queriam direito pra categoria.

Entrevistadora: Como era circular lá dentro do Congresso?

Entrevistada: Era a mesma coisa de agora. A gente entrava no Congresso, eles queriam saber pra onde ia, o que ia fazer. A gente não podia entrar com faixas, não podia entrar com bandeiras, a gente tinha que deixar do lado de fora ou deixar em um lugar. E entrava um grupo, depois outro grupo, pra não — que eles não permitiam que entrasse tudo de vez, então a gente tinha que entrar de bloco, em bloco, em grupo de três, quatro, cinco. Depois entrava mais outras três, quatro, cinco. A gente só entrava de maior quantidade quando uma parlamentar, ou um parlamentar, que geralmente era Bené, que botava gente pra dentro. Ela, como deputada, ela botava uma quantidade. Mas quando a gente ia sem ela intervir pra gente entrar, aí tinha que ser de pedaço em pedaço, de bloco. Ia três, depois ia mais três, depois ia mais três. Muitas vezes a gente não entrava com as camisas, a camisa dentro da bolsa, e chegava lá dentro e a gente vestia. E as camisas eram assim: "Constituinte sem direito de doméstica não é democrática". Essa camisa fez sucesso! "Constituinte sem direitos das domésticas não é democrática".

Entrevistadora: E foi a fala da Lenira lá no dia.

Entrevistada: Uhum. Exatamente. E aí é isso.

Entrevistadora: Vocês atuaram mais na Subcomissão dos Direitos dos Trabalhadores, mas vocês também atuaram em outras subcomissões, né?

Entrevistada: Era, a gente atuava na comissão do trabalho, a gente atuava — a gente chegou reunir com Almir Pazzianotto, ministro do trabalho. A gente chegou a ter reunião também com parlamentares, que Bené nos orientava: "É bom vocês conversarem com tal parlamentar, com tal bancada, com tal líder de partido". Então a gente fazia isso. Aí depois, aí tinha toda aquela coisa que teve na Constituição de 1988, *que teve agora com a PEC de 2015, tudo que aconteceu agora aconteceu também na Constituição de 1988 né. Porque a imprensa dizia que ia ter desemprego, os próprios parlamentares diziam que não poderiam aprovar tudo, porque senão ia ter desemprego, que a sociedade não ia conseguir empregar, que as domésticas é que iriam ser as grandes prejudicadas, que iam ficar desempregadas. E a gente viu que isso não é verdade, porque na verdade o patrão e a patroa não querem pagar a trabalhadora, eles querem ter privilégios, ter uma trabalhadora dentro da casa, mas não querem assumir com esse custo. E muitas vezes eles preferem gastar com coisa supérflua do que pagar pra uma pessoa que tá lá trabalhando, que é uma trabalhadora, que faz parte da classe operária, que ela é chefe de família, e é com esse trabalho que ela sustenta sua família. Então muitas vezes o patrão prefere pagar mil reais ou mil e quinhentos numa garrafa de whisky, de conhaque, em uma noitada com seus amigos, e gastam mais do que mil e quinhentos, do que pagar um valor pra o FGTS. Porque o que o patrão paga pro FGTS, pra quem paga um salário-mínimo, não dá mais de cem reais. Não dá cem reais o valor de pagar o FGTS pra quem ganha um salário-mínimo. E sem falar que o patrão teve vantagem, agora em 2015, o patrão teve vantagem, porque antes ele pagava 12% do INSS, e hoje eles pagam 8%, igualou à trabalhadora. A trabalhadora pagava 8% do INSS, que era descontado do salário dela, e o patrão pagava 12%. Com a questão da PEC, passou o patrão a pagar 8% e a trabalhadora 8%. Mas mesmo assim o patrão ainda acha que é um absurdo e tal. E, como agora, em 1988 também teve isso. Aí a partir de 1988 passa então a ter as diaristas. E agora com a Lei 150, aumentou muito o número de diaristas, né. Porque na Constituição de 1988, a maioria das domésticas morava no local de trabalho, e continuou morando. Quando é agora com a Lei 150, aumentou o número de domésticas que vai embora pra suas casas, porém aumentou também o número de pessoas trabalhando de diária, dois dias na semana, que não tem vínculo. Porque os patrões nunca — sempre deixa brecha pra que eles possam burlar a lei. E aí como o senhor Romero Jucá, que foi o relator da Lei 150, então ele botou essa brecha de diarista: a partir de dois dias não tem vínculo — até dois dias não tem vínculo, só a partir dos três dias. Então na Constituição de 1988, eles continuaram com a doméstica morando no local de trabalho porque não precisava pagar horas extras e o adicional noturno. Mas também eles continuaram sem assinar carteira, porque a carteira foi em 1972, então nós temos mais de 40 anos de direito a carteira assinada.*

Entrevistadora: *E até hoje muita gente não assina.*

Entrevistada: *E até hoje muita gente não assina carteira, pela própria desinformação da trabalhadora, e do empregador, que não quer assinar carteira pra não pagar INSS e tal. Isso em 1988, que não tinha direito a FGTS nem horas extras. E continua isso né. E pra você ver, que na Constituição de 1988, na época da Constituição de 1988, tinha em torno de quatro milhões de trabalhadoras domésticas. Aí depois da Constituição não diminuiu. Continuou aumentando o número de domésticas no Brasil, trabalhando no trabalho doméstico, sem carteira assinada ou não, mas esse número crescia. Agora com essa Lei 150, a gente não sabe como é que está. A gente sabe que tem crescido o número de diaristas. Que a diarista também é trabalhadora doméstica, a diferença é que ela trabalha só dois dias, mas ela continua dentro da casa, fazendo o trabalho doméstico, e no caso é doméstica, ela é uma trabalhadora doméstica. A diferença é que eles não entendem que tem vínculo dois dias, o que a gente entende que é mais uma discriminação. Porque o professor que trabalha dois dias em uma escola, ele trabalha na rede pública estadual de manhã e na rede pública municipal de tarde e ele tem vínculo nos dois, tanto municipal como estadual. Ele ensina numa rede pública, numa rede particular, ele também tem direito. Dois dias, um dia, ele também tem direito. O médico da mesma forma. Por que que com a doméstica é diferente? Tem gente que leva até dez anos na mesma casa dentro dos dois dias. Como é que não tem vínculo? Só não tinha vínculo se a pessoa viesse hoje e só voltasse dali a três meses, seis meses...*

Entrevistadora: *Seria eventual.*

Entrevistada: *Exato, eventual. Mas se eu vou lá toda semana duas vezes na semana, como é que eu não tenho vínculo?*

Entrevistadora: *Eu vi esse dado no discurso da Lenira, de que tinham quatro milhões de trabalhadoras na época. Como vocês levantaram esse dado? Como vocês fizeram a pesquisa na época?*

Entrevistada: *Naquela época era pesquisa mesmo, porque naquela época tinham entidades que faziam pesquisa, além de ter também o censo nacional. Tinha o censo e tinham outras pesquisas.*

Entrevistadora: *Se as trabalhadoras tinham vergonha de se assumir trabalhadoras, será que não tinham mais trabalhadoras do que quatro milhões e elas não respondiam pro censo?*

Entrevistada: Eu acredito sim que hoje também quando fala em oito milhões — hoje eu acho que não tem nem tanto, não sei, eu ainda não tenho esses dados, mas, assim, quando eles falam em oito milhões, que eles falavam em sete milhões e pouco, a gente é que diz "oito milhões", mas os dados oficiais falavam em sete milhões. O último dado, que foi ainda no governo Dilma, falava em sete milhões e pouco. Então eu já ouvi pessoas que lidam com pesquisa que diziam que era muito mais do que oito milhões. Muito mais. E eu acredito que sim, que seja mais mesmo. Porque com o desemprego, tem desemprego no trabalho doméstico, mas também tem pessoas que ficam desempregadas de suas áreas e vem pro trabalho doméstico, entendeu? Tem pessoas que circulam. "Tô desempregada aqui, vou pro trabalho doméstico". Aí quando consegue outro trabalho em outra área, aí vai pra lá. Aí tem a questão do rodízio, tem essa coisa do rodízio do trabalho doméstico. Hoje tem aumentado o número de homens no trabalho doméstico. Vou até ver esse dado, essas pesquisas novas, o que é que falam do trabalho doméstico.

Entrevistadora: Creuza, eu queria te perguntar. Na entrevista pra Gabriela [Ramos] e em outros momentos também, vocês falam muito do apoio das feministas na época da Constituinte. CFEMEA, Conselho da Mulher, Bancada do Batom, SOS Corpo, etc. Eu queria perguntar sobre o movimento negro na época. Vocês tinham articulação com outros parlamentares negros da época, e com o movimento negro?

Entrevistada: Não. Era no caso aí era com... parlamentar negro na época a gente tinha muito poucos. Aí era Benedita, Paulo Paim, pelo menos dois que eu sei que eram negros e tavam lá. Se hoje depois de trinta anos a gente tem dificuldade de ter representante negro lá, imagine naquela época. Hoje, que a questão da discussão racial tá mais na pauta do dia a dia, tá se falando mais em representação negra, tá se falando em candidaturas negras, naquela época não se falava tanto assim. Então a gente não tinha nem tanto contato com o movimento negro. Até hoje as entidades de doméstica que mais tem contato com o movimento negro é Bahia, São Luiz do Maranhão e Campinas tem algumas que militam no movimento de mulheres negras, e o outro é Rio Grande do Sul. São esses. Rio Grande do Sul lá em Pelotas. A Ernestina é bem atuante no movimento negro, certo? Então naquela época não tinha essa coisa assim. E o movimento negro tinha uma atuação importante, mas hoje tem mais movimento negro. Tem as mulheres negras, teve a marcha das mulheres negras, tem o movimento de mulheres negras feministas...

Entrevistadora: *Na época então vocês não tinham contato com o movimento de mulheres negras?*

Entrevistada: *Não, não. Feminista tava mais aflorando, tava mais visível, mesmo a gente sabendo que essas mulheres brancas eram nossas patroas e tal, e a gente sabia que tinha aquela discussão de direitos iguais, de direito a amamentar, direito a isso e aquilo, mas elas esqueciam da mulher negra que tava lá dentro da casa dela, inclusive tomando conta dos filhos dela pra ela ir pra militância. Então a gente pode dizer que tem o movimento de mulheres feministas, mas nem todas e nem tanto. Porque a gente tinha lá em Recife o SOS Corpo, com essa Betânia, Maria Betânia Ávila, uma mulher ferrenha na luta das domésticas, no apoio e tal, e aqui o CFÊMEA. Aqui a gente participava de alguns encontros feministas, porque nós participávamos enquanto... Nem todas também. Quem participava era eu, Lenira participava também, mas as outras de grupo de doméstica não era de participar de movimento feminista. E, nesse movimento feminista, as mulheres negras também participavam. Embora tinha a companheira Nair Jane, que participava de alguns encontros, que foi presidenta do sindicato lá do Rio, Nair Jane também era como eu, que gostava de circular em tudo que era lugar, mesmo naquele lugar que a gente via que não era tão... tão visível pra gente, que não ia nos dar visibilidade, mas a gente ia como uma forma de dizer "Estamos aqui. E aí? Vocês não estão discutindo igualdade? Ó nós aqui", né. Agora na década de 1980, foi importante a questão da Constituição Federal, mas também enquanto organização latino-americana e caribenha.*

Entrevistadora: *Desde os anos 1980 a Conlactraho?*

Entrevistada: *Desde os anos 1980. A Conlactraho foi criada em 1988 na Colômbia. O primeiro congresso latino-americano e caribenho na Colômbia, que daqui do Brasil foram quatro representantes.*

Entrevistadora: *Engraçado ter começado lá na Colômbia, porque o sindicato delas é mais recente.*

Entrevistada: *É, mas os encontros não depende se tem sindicato. Porque na verdade são encontros em hotéis, em atividade assim da igreja. Agora, lá já tinha uma organização de doméstica, porque a Jenny, que eu conheço lá da Colômbia, ela vem desse movimento desde o início, e agora nesse congresso mundial que a gente teve no ano passado. Ou foi esse ano? A* gente teve o segundo congresso mundial na Cidade do Cabo da África do Sul. E Jenny tava lá, e ela é uma das fundadoras da Conlactraho. Já está idosa [risos], mas tava lá firme nesse encontro. Que agora a gente tem uma federação mundial, né.

Entrevistadora: Então a organização na Colômbia é bem anterior ao sindicato, que o sindicato tem uns cinco anos. E tem uns dois anos que tem um sindicato na Colômbia que é exclusivo de mulheres negras.

Entrevistada: Pois é. Aí no caso a gente sabe que muitas vezes um movimento vai deixando de existir e vai criando outros. Mas lá na Colômbia, quando teve o primeiro congresso latino-americano, foi Lenira, Eva do Rio Grande do Sul, Isabel de São Paulo e uma outra companheira do Rio Grande do Sul.

Entrevistadora: Vocês chegaram a ter contato com a Lélia Gonzalez na época?

Entrevistada: Não. Eu não lembro. Não sei se o pessoal do Rio, como ela era do Rio, Nair Jane talvez tenha feito contato com ela.

Entrevistadora: E Dona Laudelina? Que ela tava viva ainda na época da Constituinte.

Entrevistada: É, Dona Laudelina tava viva, e eu conheci Dona Laudelina no V Congresso Nacional de Trabalhadora Doméstica em Pernambuco. Ela já estava idosa, bem velhinha, e eu lembro que algumas companheiras não queriam aceitar ela como sendo a pioneira da luta. Elas queriam ver o movimento a partir de 1960, não de 1930. Inclusive eu lembro que eu vi fala assim "Que nada essa mulher! Não tem nada a ver com a nossa luta" e não sei o quê. E tanto que o pessoal lá de Campinas, o movimento negro de Campinas e algumas companheiras de doméstica de Campinas começam a resgatar a história de Dona Laudelina, na universidade e tal, entendeu?

Entrevistadora: Trabalho da Elisabete Pinto, né.

Entrevistada: É, exato. Mas antes de Elisabete Pinto já teve um resgate da história de Dona Laudelina.

Entrevistadora: Você acha que essa resistência a Dona Laudelina no movimento de trabalhadoras domésticas tem a ver com a relação dela com o movimento negro?

Entrevistada: *Eu acho assim, que essa coisa da resistência é também disputa de poder, e muitas não querem reconhecer que a história da doméstica não começou na década de 1960 com a JOC. Começou com Dona Laudelina. A nossa luta enquanto categoria, eu sempre digo, começou a partir da década de 1930 com Dona Laudelina. Mas as domésticas, desde a época da escravidão, a gente já tinha uma atuação, que era não aceitar que nossos filhos nascessem escravos, abortar pra que o filho não nascesse escravo. Nós enquanto negras escravas nas casas dos senhores, que a escrava doméstica que estava dentro da casa podia ouvir conversa, podia perceber as coisas, e ela estava ali dentro e levava as informações para a senzala, pra que os outros negros se organizassem para tá programando e articulando as fugas para os quilombos, entendeu? Então nós enquanto escravas domésticas, a gente teve um papel importante. É claro que também na história diz que tinha escrava doméstica que não queria ir pro quilombo, porque, apesar delas serem escravas, principalmente aquelas escravas que usavam as joias dos senhores, pra mostrar a riqueza do senhor e tal. Então tem história que fala que muitas escravas de dentro da casa-grande não queriam ir pros quilombos. Mas elas levavam informação para os outros que estavam lá na senzala para organizar as fugas, quando o senhor ia viajar, quando o senhor ia chegar, elas ouviam. Então tiveram muitas escravas que colaboraram com a alforria que outros negros e tal.*

Entrevistadora: *É, em geral eram as mulheres que conseguiam trabalhar, juntar dinheiro e comprar outras alforrias.*

Entrevistada: *Sim, exato. Comprar sua própria alforria e também a dos outros. Então assim, no caso de Dona Laudelina, "Eu não aceito que seja referência, porque no meu sindicato meu movimento começou na década de 1960". E Dona Laudelina foi o movimento que não dependeu da Igreja Católica.*

Entrevistadora: *Era vinculado à Frente Negra né.*

Entrevistada: *Era vinculado à Frente Negra, ao movimento negro, era vinculado também ao movimento sindical na época e tal. E, da década de 1960, é o pessoal mais ligado à Juventude Operária Católica, à Pastoral da Doméstica e tal, era ligado à Igreja Católica. Ainda tem umas que insistem em falar de, quando vai falar, fala da história da organização se referindo à década de 1960, à Igreja Católica. Porque quando* *eu falo eu digo: "Olha, teve a década de 1930, Dona Laudelina, sem nenhuma vinculação à Igreja e tal, à movimento negro, à Frente Negra, mas o movimento se fortaleceu mais frequente na década de 1960 com a Juventude Católica.*

Entrevistadora: *Falando em escravas domésticas, você sabe de histórias de mulheres da sua que já passaram pelo trabalho escravo?*

Entrevistada: *Não. Assim, com certeza teve. Com certeza teve né, porque nossa família negra né, não tinha como não ter passado pelo trabalho escravo.*

Entrevistadora: *Você nasceu tempo depois da abolição, né?*

Entrevistada: *Eu não. Eu nasci em 1958. A abolição tem 130 anos.*

Entrevistadora: *Tinha menos de 70 anos da abolição.*

Entrevistada: *É, entendeu? Então não cheguei a... nem a minha mãe assim, a minha avó não falava. E olhe que a minha avó que podia ser mais perto, por causa da mãe dela, da avó dela e tal. Mas como a gente não era de falar muito sobre essas coisas... Talvez hoje, com a consciência que a gente tem, a gente podia até ter perguntado na época e tudo. Mas, quando eu nasci já tava quase 1960, que eu lembro ainda quando eu tava na casa do meu primeiro emprego, que tinha a música "Feliz 1969 pra você!".*

Entrevistadora: *E outras mulheres da sua família já passaram pelo emprego doméstico?*

Entrevistada: *Já, a maioria da minha família passou pelo trabalho doméstico, pelo emprego doméstico, ou pelo trabalhado rural. Trabalhador rural, trabalhadora rural. A minha mãe, ela trabalhou na zona rural na infância, na adolescência, na mocidade, e depois quando ela fugiu pra Salvador com meu pai, aí ela não trabalhou nem de doméstica nem na zona rural. Ela ficou sendo a dona de casa, né, fazer o trabalho doméstico na casa dela. Meu pai saia pra vender, meu pai vendia caranguejo, tempero, verdura. Diz que ele era muito querido lá em Salvador e vendia muito. Ele saía com o tabuleiro vendendo, e dizem que as pessoas compravam muito na mão dele porque ele era muito falante, muito alegre, e aí ele vendia e tal. E isso inclusive, pela história* *que falam, quem conheceu ele, causava inveja a um outro vendedor que não conseguia vender como meu pai vendia. Porque meu pai já tinha os fregueses, a freguesia dele certa, né, e aí num instante ele vendia. E minha mãe, depois que meu pai morreu, ela voltou pro interior, e aí ela voltou a trabalhar na roça. Aí logo depois, um ano depois, ela adoeceu, teve um câncer, que naquela época a gente nem sabia que era câncer, mas foi uma feridinha que nasceu debaixo da língua, e isso foi crescendo e tal. E naquela época não era como hoje que você tinha médicos e logo se descobria se era câncer ou não. Você vinha da roça pra cidade pra fazer o exame, e mandavam você voltar seis meses depois. Às vezes o paciente não ia mais. "Ah, não vou mais não, vou fazer o que lá?" Não tinha consciência que era importante voltar pra fazer o tratamento, e deixava pra lá. E aí o câncer se alastrou.*

Entrevistadora: *No trabalho da Gabriela [Ramos] você menciona que as domésticas e as trabalhadoras rurais atuaram juntas em alguns momentos na Constituinte.*

Entrevistada: *Foi.*

Entrevistadora: *Tinham agendas comuns?*

Entrevistada: *Não, não era agenda, mas coincidia da gente chegar aqui no Congresso e as mulheres trabalhadoras rurais e os homens tava junto e tal, entendeu. Que foram as duas categorias que mais tiveram atuação na Constituição, e que mais conseguiram direito foram as duas categorias: as trabalhadoras e trabalhadores rurais e as trabalhadoras domésticas. Na Constituição de 1988, que é considerada a Constituição Cidadã, foi nessa Constituição que as trabalhadoras rurais conseguiram aposentadoria, conseguiram os direitos. Nós, domésticas, a gente até já tinha o direito à aposentadoria, porque se a gente tinha direito a carteira assinada e contribuição da previdência, então a gente também já tinha direito à aposentadoria. Mas a gente não tinha direito a salário, décimo terceiro, esses direitos que a gente não tinha, que a gente conseguiu com a Constituição de 1988.*

Entrevistadora: *Os rurais foram equiparados aos urbanos, né. [gravação interrompida, celular tocou].*

[Laísa, que estava presente, menciona sua tia Joana, que se aposentou e continuou trabalhando]

Entrevistada: *É porque Joana, ela se aposentou. Ela trabalhava, o marido morreu, ela ganhava pensão do marido. Depois ela se aposentou e tinha a pensão do marido, tinha a aposentadoria dela mas continuava trabalhando. Agora a patroa morreu, e ela disse que agora que ela não vai mais trabalhar.*

Entrevistadora: *E... A gente falou do movimento negro, do movimento feminista. Como era a relação de vocês com o movimento sindical na época?*

Entrevistada: *O movimento sindical a gente não tinha lá essas relações não. Quem mais participava do movimento sindical era o pessoal do sindicato de Recife, que inclusive Lenira foi uma das fundadoras da CUT, a Central Única dos Trabalhadores. Era então lá o Recife sempre teve atuação. A gente começou a participar do movimento mais sindical a partir do momento que a gente se filia à Central Única dos Trabalhadores, aí a gente começa...*

Entrevistadora: *Depois de 1988.*

Entrevistada: *É, depois de 1988 e tal, né. Que a CUT também foi criada depois de 1988. Não me lembro a data, mas depois de 1980. Mas antes a gente participava do movimento das domésticas, movimento feminista, alguns do movimento negro, e aí depois é que a gente começa a participar do movimento sindical, que a gente é convidada pra participar de atividade do movimento sindical, e a gente começa a ir e tal. E principalmente depois que a gente cria os sindicatos, e a criação dos sindicatos foi a partir de 1988, quando a gente conquista o direito de criar os sindicatos.*

Entrevistadora: *Dona Laudelina chegou a receber aquela carta anônima de um sindicalista, dizendo que elas não deviam se organizar, que doméstica não é trabalhador e etc. Vocês chegaram a receber alguma hostilidade nesse sentido também?*

Entrevistada: *Com certeza, a gente sempre recebeu e ainda recebe, ainda tem sindicalista que acha que trabalho doméstico não é uma categoria econômica, acha que trabalho doméstico não deve tá dentro do movimento sindical. Com certeza tem sim. Mas a gente tem feito essa ação de estar dentro do movimento sindical, participando quando tem congresso das CUTs. Agora mesmo teve congresso de várias CUTs, e tem representação de doméstica na direção da CUT ou das CUTs. Tem Luiza,* *que é a presidenta da FENATRAD, que está lá na CUT de Pernambuco, na direção. Tá também na direção da CONTRACS, que é a confederação de trabalhadores de comércio e serviço, Luiza também tá na direção. Tem Cleide do Rio de Janeiro que está na direção da CUT do Rio, tem Quitéria de Sergipe que tá dentro da CUT de Sergipe. Agora, Valdelice, do sindicato do Maranhão, também tá dentro da CUT do Maranhão, entendeu? Então aos poucos a gente vai conquistando espaço, vai dando visibilidade. É claro que a gente sempre teve, a gente tá filiado à CUT, a maioria dos sindicatos que são da FENATRAD estão filiados à Central Única dos Trabalhadores. E a gente sabe que os outros sindicatos que têm mais poder aquisitivo, têm a atuação mais valorizada dentro das CUTs. Mas a gente também tava lá fazendo discussão nas secretarias de mulheres das centrais, estamos também dentro das comissões e tal, entendeu? Agora, não é fácil a sociedade e até companheiros nossos entender que a gente também faz parte da classe trabalhadora, que contribui para a economia mundial e brasileira, que a gente contribui com a sociedade, com o crescimento da sociedade. A gente tá mostrando que a gente tem esse valor social que muitos não dão. Mas antes era bem pior. Hoje já melhorou bastante. Teve época que a gente nem era citada ou convidada para as atividades das centrais.*

Entrevistadora: *Ainda que vocês fizessem parte.*

Entrevistada: *É, exato. Então hoje tem algumas centrais. A maior é a CUT, que é a maior central da América Latina, que também é a central que tem o maior número de doméstica dentro da central. Mas também tem a central CTB, que também já tem alguns sindicatos, tem uma outra, a Força Sindical, que também já tem, tem alguns sindicatos da Força Sindical.*

Entrevistadora: *O de Brasília inclusive, né.*

Entrevistada: *O de Brasília inclusive. Mas estamos aí.*

Entrevistadora: *O que você acha que mudou com a Constituição, e com a mudança de associações pra sindicatos?*

Entrevistada: *Mudou muito, né. Porque a associação, ela é importante. A gente se organiza em qualquer canto, inclusive sem associação, sem sindicato, a gente pode se organizar. Mas a organização via sindicato ela* *se torna mais representativa. Porque se a gente tá lutando por igualdade, por equiparação de direito, e aí não é só direito trabalhista, é o direito de participação sindical, é o direito nos direitos trabalhistas, é o direito de moradia, é o direito à saúde, é o direito de participação política, né. Então a gente tinha que tá nos sindicatos, não se organizando em associação. A gente pode ter uma associação. Mas o mais importante, se a gente tá querendo igualdade e equiparação, tem que ter também o sindicato. Até porque o sindicato tem mais representatividade. Quer dizer, tinha, né, porque com esse governo que tá aí acabando com os sindicatos, enfraquecendo cada dia mais, mas é importante a gente estar organizada enquanto sindicato.*

Entrevistadora: *E qual que é a principal atuação dos sindicatos, além de demandas trabalhistas?*

Entrevistada: *A principal é representação da categoria em nível jurídico, social, em todos os sentidos. A representação. Então, se o nosso sindicato vai ter um seminário, aí o sindicato tá lá representando a categoria. Se tem uma atuação jurídica, o sindicato vai representar juridicamente a categoria, acompanhando, dando entrada em alguma questão trabalhista, aí a nível de luta por moradia, cidadania de um modo geral. Então a importância do sindicato é isso. Uma coisa é a categoria ir sozinha, e outra coisa é ir acompanhada do sindicato, ou o sindicato ser o porta voz da categoria. Então a gente se organiza em sindicato, federações — que tem federação estadual e tem nacional, hoje a gente tem uma confederação latino-americana e tem uma federação mundial, tem uma federação nacional, e tem a federação que é de comércio e serviço que a gente também faz parte, que é a CONTRACS, que a gente também faz parte. Todas elas são importantes para o fortalecimento da organização da categoria, a nível estadual, nacional, mundial. Então são importantes.*

Entrevistadora: *E quais as principais demandas que vocês recebem das trabalhadoras que procuram?*

Entrevistada: *Os sindicatos recebem várias demandas, né, que vai da trabalhista até a questão das violências. Sindicato de doméstica não atua só pela questão trabalhista como os demais sindicatos. Demais sindicatos só luta, a pauta principal, é a data base, é algumas coisas assim. Nós, da categoria de doméstica, a gente luta pela questão de gênero, raça e classe. Então é comum você ver a gente lá em uma conferência falando* *da importância da luta das domésticas contra o genocídio da juventude negra, que é quem mais morre, são os filhos dessas mulheres que saem de manhã para trabalhar 5h, 6h da manhã, e só retorna 6h, 7h da noite, e os filhos delas não tem com quem deixar ou com quem ficar, e quando pensa que não os meninos já estão envolvidos e tal. Nós lutamos pela questão da creche, a gente luta por escola em tempo integral, a gente luta pela questão da saúde. Então o sindicato das domésticas, ele tem uma luta muito mais ampla que só a questão do salário, entendeu? A gente tem essa questão de dar visibilidade à categoria, valorização da categoria, combate à violência e ao assédio moral e sexual da trabalhadora doméstica. É tão difícil a gente conseguir provar o que acontece dentro do âmbito do trabalho doméstico, porque o âmbito é privado, não é igual em uma empresa, que você tá ali na empresa e tem os colegas tudo ali próximo, e aí é fácil, se acontecer alguma violência de uma colega pra outra, ou do chefe, tem ali outros e outras que estão presenciando. No caso da doméstica não. É dentro do âmbito privado que muitas vezes elas são violentadas, são assediadas sexualmente, moralmente, e elas não tem como provar as violências que ela sofre no local de trabalho.*

Entrevistadora: *Vocês já conseguiram acionar a Lei Maria da Penha pra casos de violência sexual dentro da casa do patrão?*

Entrevistada: *Não. A gente já tentou lá em Salvador, por exemplo. Agora nessa Lei 150 que diz que a Maria da Penha também tem a ver com trabalho doméstico. Por exemplo, se uma doméstica presenciar violência do patrão contra a patroa dela, ali já é uma demissão indireta. Ali ela pode se desligar do trabalho porque ali é uma demissão indireta. Mas a gente já teve caso lá em Salvador que a gente procurou a delegacia da mulher e disse que a Lei Maria da Penha só representa mulher e marido, namorado e namorada, mas a empregada que sofreu alguma violência no local de trabalho, não tem a ver com a Lei Maria da Penha. Mas, no entanto, nessa última versão da Lei 150, fala disso.*

Entrevistadora: *Que eu lembrei que no seminário que vocês organizaram no ano passado, que a gente foi, as mulheres do sindicato de Campinas disseram que conseguiram usar a LMP pra proteger a trabalhadora. Pessoal da Themis no Rio Grande do Sul disse que tentou e o tribunal não aceitou, em São Paulo conseguiram, aqui em Brasília também teve um pessoal que conseguiu, uma advogada feminista daqui. Aí eu acho que é isso, depende do lugar.*

Entrevistada: *É, depende da região, depende do estado, depende de quem está lá na gestão, entendeu? Infelizmente é assim. Tem coisa que depende de quem tá lá na gestão, que diz "Não", mas não é a maioria. Lá em Salvador a gente teve dificuldade lá da questão da LMP na questão do trabalho doméstico.*

Entrevistadora: *Qual, em geral, é o perfil das mulheres que vão militar na FENATRAD? Elas tão associadas a movimentos de bairro antes, outros movimentos sociais...?*

Entrevistada: *Pra ir pra FENATRAD, primeiro tem que ir pro sindicato. Depois do sindicato é que ela vem pra FENATRAD. Então o perfil é, geralmente, é uma trabalhadora doméstica que foi atendida pelo sindicato, que fez o trabalho de base, de convencimento, aí ela se associa ao sindicato, aí ela se associa e aí começa a participar das reuniões. Algumas se apaixonam pela luta e outras, não. Outras só querem o benefício da luta. "Vou lá no sindicato resolver meu problema. Depois que eu resolver, eu esqueço sindicato". Dali a alguns anos, precisando de novo, volta ao sindicato. Não é, assim, se viesse de montão era beleza se a doméstica viesse, tanto que a gente tem a maior dificuldade de renovar os quadros de direção dos sindicatos. Tem muitas que se filiam mas não quer participar, não quer ter responsabilidade de assumir cargos e tal. O sindicato tem eleição de três em três anos, e aí a gente precisa tá renovando. Infelizmente alguns cargos são repetidos, e outros a gente consegue botar algumas como suplente no conselho fiscal, aí vai trabalhando, pra que na próxima direção ela saia da suplência e venha pra executiva, mas não é fácil não. Até porque a participação no sindicato é um ato político, e nós mulheres, principalmente as mulheres negras, não foram educadas pra fazer política. E estar em uma direção de uma entidade sindical é fazer política. Então as pessoas não querem assumir responsabilidade, algumas preferem marido, preferem o casamento, namorado, do que estar na luta, e muitas são até afastadas pelo namorado, pelo marido, que não permite, que diz que não quer ela participando ali. Tem umas até que tá participando ativamente, daqui a pouco arranja um namorado, e aí pouco tempo depois ela sai do sindicato, deixa de participar. Uma outra coisa que tira muitas domésticas do movimento de mulheres, do movimento sindical, é a religião. Às vezes elas se convertem ao evangélio e aí deixam o movimento, não quer mais participar, não é o lugar dela e tal. E aí pra gente fazer essa conscientização que ela pode estar lá na religião* *e pode tá também na luta, até porque quando o benefício vem, vem pra todas, e quando vem o desemprego também vem pra todas, e quando vem exploração, também vem pra todas, é muito difícil. Então, o que mais afasta elas é falta de consciência da importância de se organizar, a outra é marido, namorado, e outra é a religião.*

Entrevistadora: *Foi um movimento que, principalmente antes, na década de 1960, até os anos 1980, era muito ligado à Igreja Católica. Você sente que alguma trabalhadora que eventualmente fosse de religião de matriz africana não se sentiria à vontade pra construir?*

Entrevistada: *Não, não. Não é isso não. Até porque o movimento não tava fazendo missa. As pessoas saíam daí e iam pra missa. Isso não impedia que quem fosse do Candomblé, ou quem fosse evangélica, ou quem não tivesse religião nenhuma, fosse ateia, isso não impedia.*

Entrevistadora: *Eu lembro que você mencionou uma companheira que era do movimento contra o racismo religioso...*

Entrevistada: *É, tem, no movimento tem, como Cota de lá de Campinas, tem Regina Teodoro, que é da religião de matriz africana, Candomblé, tem na Bahia, a gente tem colegas também que são, São Luiz do Maranhão também tem. Isso não impede não. Isso nunca impediu ninguém de ser do movimento, de participar do movimento. Até porque quando a gente tá na discussão da reunião, a gente não tá discutindo religião, a gente tá discutindo as coisas que tem a ver com desemprego e tal. Se bem que a gente sabe que também dentro da religião tem a discriminação no mercado de trabalho. Tem gente que não contrata uma pessoa do Candomblé pra trabalhar, pelo menos se as pessoas tiverem com a indumentária do terreiro, como turbante, assim como também tem gente que não contrata evangélicas pra trabalhar nas casas, e aí vai, entendeu. Mas assim, dentro do movimento a gente não tem essa discussão dentro das reuniões, não discute religião. Agora, nos nossos seminários a gente sempre bota, quando vai discutir questão de racismo, a gente sempre bota a questão da intolerância religiosa nos seminários.*

Entrevistadora: *Na época da Constituinte, vocês tinham pouca relação com o movimento negro. Mas depois, nos anos 1990 e 2000, vocês tiveram mais proximidade?*

Entrevistada: *Só quem tem proximidade são aquelas que eu já te falei, que é: Bahia, São Luiz, Campinas nem todas, algumas. Quem mais tem atuação com movimento negro é Bahia, São Luiz do Maranhão, Campinas algumas participa, e em Pelotas. No Rio...*

Entrevistadora: *E a sua atuação no movimento negro, como é?*

Entrevistada: *Minha atuação é sempre frequente, eu sempre participo de várias ações, como por exemplo o 20 de novembro, que é o novembro negro, a gente tá sempre, eu sempre incentivo o sindicato a tá na luta contra a discriminação racial, tô sempre levando essa discussão nas reuniões de sócia, nos cursos de formação, nos nossos seminários sempre tem uma pauta sobre o racismo.*

Entrevistadora: *E você sente que hoje a pauta do trabalho doméstico é uma prioridade dentro do movimento negro no Brasil?*

Entrevistada: *Não, não é prioridade não. A prioridade do movimento negro é a intolerância religiosa, é o extermínio da população negra e é a questão da participação política, do empoderamento das mulheres na participação política, no espaço de poder. É essa que é a prioridade. Discute outras coisas e tal, mas a prioridade é essa. Extermínio da juventude negra, participação no espaço de poder das mulheres negras, questão da saúde dos negros...*

Entrevistadora: *E nem no movimento de mulheres negras?*

Entrevistada: *Não, não. Se discute, mas não é a prioridade. Não é prioridade não. Porque na verdade, o movimento de mulheres negras é como se achasse que tinha que acabar o trabalho doméstico. Só que a gente sabe, no país que a gente vive, com tanta pobreza, com tanto desemprego, o trabalho doméstico não vai acabar. Não vai. Na América Latina o trabalho doméstico não acaba. E, na verdade, o trabalho doméstico é a porta de entrada para as mulheres negras. Hoje nem tanto para as jovens, mas já teve época que era a porta de emprego. Com esse retrocesso que está acontecendo, na época de Dilma, muitas domésticas jovens chegaram a ir pra outra... trabalhar em outras áreas. Teve muito mais jovens negras na faculdade. No sindicato nós temos cinco trabalhadoras domésticas fazendo faculdade. Direito, Serviço Social, Pedagogia.*

Entrevistadora: *Você sempre fala que a escolaridade das domésticas tem aumentado.*

Entrevistada: *Sim, tem aumentado. Tem aumentado nas últimas décadas a escolaridade da trabalhadora doméstica.*

Entrevistadora: *Vocês organizaram algumas ações de facilitar o acesso à educação, como o TDC (Trabalho Doméstico Cidadão).*

Entrevistada: *Assim, quando a gente tá lutando, a gente tá lutando e as coisas vão acontecendo. Com o TDC a gente lutou para elevação de escolaridade, em alguns projetos a gente sempre faz campanha nos nossos boletins sobre estudar é preciso, e as discussões que a gente faz é que a gente não luta pra acabar o emprego doméstico. A gente luta pela valorização do trabalho doméstico. Agora a mulher trabalhadora doméstica jovem, ela tem o direito de ir pra outros campos se ela não quer mais ser doméstica, se ela consegue avançar a ponto de conseguir um outro trabalho, ótimo. Entendeu? As duas mesmo, uma já se formou e a outra se forma esse ano. Uma tem nove anos na casa e a outra tem seis anos na casa. E ela diz que só vai sair do trabalho depois que ela conseguir emprego na outra área que ela está. Entendeu? Uma é Pedagogia e a outra é Social.*

Entrevistadora: *A própria Preta Rara fez História, né.*

Entrevistada: *Exatamente. Então, é o direito. Acho que tem pessoas que não são trabalhadoras ou trabalhador doméstico e tem três profissões. E porque no trabalho doméstico não pode ser? O que a gente tem que aprender é que pode ser trabalhadora doméstica, agora, com direitos, se valorizando e não aceitando determinadas humilhações e tal. Porque tem. Tem empregos humilhantes, domésticos, mas também tem patroas e patrões que respeitam aquela pessoa. Eu já tive patroa de todo jeito. Patroa que me respeitava e patroa que achava que eu era objeto dela, móvel da casa dela. Entendeu? Então a gente tem que saber não aceitar isso. Eu aceitei muitas coisas, porque na época eu tinha medo, eu achava que não ia achar coisa melhor se saísse dali, eu não tinha casa, como eu te disse, que eu não tinha pra onde ir, aí tinha que aceitar aquelas condições, porque eu não tinha pai nem mãe, não tinha casa. Hoje eu tenho minha casa. A partir do momento que eu passo a ter o movimento e tal, eu passo então a não aceitar determinadas situações. E também passo a incentivar outras a não aceitar.*

Entrevistadora: *Você mencionou naquela época no início do MNU que você sentia que era um movimento muito acadêmico. Você sente isso hoje ainda?*

Entrevistada: *Não, hoje não. Hoje é bem diversificado o pessoal do movimento. Tem o pessoal do hip-hop, tem jovens, tem pessoas... Inclusive, naquela época, eram pessoas com mais de 25 anos. Hoje tem jovens.*

Entrevistadora: *E sempre tem mulheres idosas também*, né.

Entrevistada: *É, tem mulheres idosas e tal. Mas hoje não. Hoje tem pessoas da academia, mas tem também pessoas que não é acadêmica. Então hoje o movimento é mais popular.*

Entrevistadora: *E como você sente essa relação do movimento de trabalhadoras domésticas com a academia hoje?*

Entrevistada: *Assim, eu vejo assim: a academia, como eu digo sempre, procura a gente pra pesquisar. Querem entrevista, querem pesquisar e tal. Mas muitas dessas acadêmicas tão lá dentro das academia, mas a questão de fato mesmo, de dizer "Não, na minha casa eu trato dessa forma, tem os direitos respeitados", não acontece isso. Assim como movimento feminista tá muito bem, feminista, quero direito e pá, quero isso, acha um absurdo a violência contra a mulher e tal tal tal, mas continua explorando uma outra mulher, que acha que só tem direito ao salário, não assina carteira também e depois diz que ela que não quis e tal. Então ainda tem dessa situação. Então dentro da academia era pra fazer mais um trabalho de divulgação da situação das domésticas, de levar mais discussões do trabalho doméstico para dentro da academia, era pra ter um comportamento diferente porque dentro da academia, muitos daqueles estudantes, homens e mulheres, tem trabalhadoras nas suas casas, e não vai tratar diferente a sua trabalhadora doméstica que seu pai, sua mãe, sua avó, sua bisavó. Então é uma cultura de uma tradição, que passa de geração em geração, e não quer reconhecer que aqueles — a gente vê, a Preta Rara mostra o teor das falas, dos preconceitos, dessa coisa toda. Muitos deles são acadêmicos. Essas pessoas são da academia. São formadores de opinião, e continua praticando dentro das suas casas. Quando a gente começou dentro do movimento, eu lembro que uma trabalhadora doméstica foi no sindicato reivindicar seus direitos, e aí né a gente chamou, que o cara era diretor da CUT, a Central Única dos Trabalhadores, e ele foi e ficou revoltado, porque a doméstica dele tinha ido no sindicato. Quer dizer, ele era sindicalista, mas ele não admitia que a doméstica dele fosse no sindicato. Aí ele chamou a doméstica de vagabunda, e a gente tentou negociar e ele disse que não ia, que preferia ir pra Justiça. Foi pra Justiça,* quando chegou lá na Justiça levou o filho dele pequeno, e disse que era pra mostrar pra o filho como era que se tratava essa gente. Então quer dizer, a educação dele, a educação de não respeitar o direito do outro e da outra, da pessoa que trabalha na casa dele, ele queria passar pro filho dele. Então, ainda acontece isso. Muito, dentro da academia, que eu já ouvi várias companheiras dizendo assim: "Você devia saber o que eu ouço na academia, na universidade, pessoas comentando sobre os direitos das domésticas", né. Então infelizmente muitas vezes vem, vai, leva a gente na faculdade, a gente fala e tal, mas não quer dizer que aquelas pessoas vão mudar de opinião, ou vai mudar de comportamento. Então assim, a gente vai continuar lutando, porque diz que água mole em pedra dura, tanto bate até que fura. Então temos que continuar fazendo a luta. Eu sei que a minha geração é diferente, conquistamos coisa que a minha avó, minha bisavó, minha tataravó não tiveram. Eu sei que a geração de Laísa tá tendo mais direito que a minha. Então quando surgiu FGTS, horas extras, adicional noturno, eu lutei mas não consegui ter esse direito, até porque eu já me aposentei. Não quero tá de novo dentro de uma casa trabalhando. Já tô aposentada, certo? Quero contribuir pra luta, não dentro de uma casa de uma patroa.

Entrevistadora: E como você sente que é a relação de vocês com o mundo do Direito, a classe jurídica, tanto no diálogo com as instituições quanto dentro dos tribunais, em audiência?

Entrevistada: Continuamos sendo as negras da senzala. Com certeza. Porque os três poderes nos discriminam, nos desrespeitam. Somos discriminadas pelos três poderes, Judiciário, Executivo e Legislativo. Então é comum, dentro da Justiça do Trabalho, você ver uma causa que podia ser resolvida e ela não é resolvida, uma causa de 10 mil reais, 5 mil reais, o juiz vai e diz assim: "mil e quinhentos reais". Isso é o que? É desvalorização da nossa categoria. É desvalorização, é o não reconhecimento dessa categoria. E quando a gente tenta, dentro do Legislativo, que é a Câmara, que é o Senado, aprovar leis – que eles aprovam leis que são absurdas, como dois dias na semana não ter vínculo, como o trabalho intermitente, como trabalho... várias outras coisas. Então a gente vê que a gente tá sendo discriminada pelo Legislativo. E o Judiciário, o Executivo, um monte de locais e tal. Então os três poderes não nos reconhecem enquanto classe trabalhadora, principalmente que somos mulheres, e a grande maioria mulheres negras. E o trabalho doméstico não é valorizado nem *pelas mulheres que exercem o trabalho dentro das suas casas, ele não é valorizado. E pra quem trabalha pelo trabalho doméstico remunerado também não é reconhecido. Então a gente ainda tem que fazer muita mudança de mentalidade, e de práticas, mudar muitas práticas no mundo do trabalho, infelizmente.*

Entrevistadora: *Como que é o diálogo sobre trabalho escravo contemporâneo no trabalho doméstico?*

Entrevistada: *Continua tendo trabalho escravo. Porque às vezes o trabalho escravo não é só aquele que você tá trabalhando de graça, tá de cárcere privado.*

Entrevistadora: *Esse livro aqui por exemplo [livro CONATRAE em cima da mesa], que é bem recente, não tem nada sobre trabalho doméstico, e é uma das formas mais comuns de trabalho escravo.*

Entrevistada: *Pois é. Exato. E aí, eu tenho participado de algumas discussões sobre trabalho escravo. Nas pesquisas fala: poucos são trabalho doméstico, muito poucos, mas fala. E aí a gente tem alguns casos na região Nordeste de trabalho de cárcere privado mesmo. Mas tem o trabalho escravo que é aquele que paga menos de um salário, e você trabalha, trabalha, trabalha mais de 8h e não sei o que e tal, que não tem carteira assinada, que não tá sendo indenizada pelos acidentes que sofre no local de trabalho. A gente tem o caso de Gabriela, é um caso emblemático. Gabriela trabalhou dos 10 aos 22 anos. Você conhece o caso de Gabriela?*

Entrevistadora: *Sim, você já comentou.*

Entrevistada: *E até hoje Gabriela não recebeu.*

Entrevistadora: *Já tem mais de 10 anos, né?*

Entrevistada: *Exato. Mês passado que saiu R$1.040,00 da causa dela. Gabriela saiu de uma violência pra ir pra outra, tá lá no interior, em Cansanção, no interior da Bahia, onde hoje ela tem três filhos, e vive catando latinha no centro da cidade, a cidade pequena, e catando licuri pra vender pra manter os filhos. Uma região seca, que não tem emprego, e que se a causa dela tivesse saído, com certeza ela estaria com uma casa, e tá lá morando de favor com os filhos, com medo que o juizado pegue os filhos dela e tal, aquela coisa toda. Então o trabalho escravo ainda é* *muito pouco falado. Quando se descobre um caso, que de denuncia e tal, os senhores de engenho não são punidos, apenas retira a pessoa de lá, como é o caso de Gabriela, que ela foi retirada de lá do local de trabalho, teve o processo na justiça, e aí? Mas ela acabou sem ter, continua sem ter os direitos dela garantidos.*

Entrevistadora: *E como que foi a discussão da emenda constitucional em 2013?*

Entrevistada: *A mesma coisa da Constituição de 1988. Foi o mesmo processo. A diferença é que lá foi em oitenta e... na década de 1980, e agora em 2000, na época 2000, que a gente começa desde a época do governo Lula, com o Ministério do Trabalho, Igualdade Racial, Secretaria da Mulher, Direitos Humanos, e direto no Parlamento e tudo, houve todo um processo pra que se chegasse à Lei Complementar 150. Todo um processo de ida e vinda dentro do Congresso, na Câmara, no Senado, conversando com líderes de bancada, bancada feminina, os líderes de partido de direita e de esquerda. Então houve muita mobilização nossa aqui pra conquistar. E, claro que no governo de 2003 foi diferente da Constituição de 1988, porque nesse, no governo de Lula e Dilma era um governo democrático, por mais crítica que a gente tenha, mas a gente teve mais chance de conseguir as discussões, de levar o debate pra dentro da Câmara, pra dentro do Senado, pra movimento social do que na década de 1980, entendeu? E a gente conseguiu, só que o governo não era composto só de democráticos. Tinha lá também os senhores de engenho, que dizia: "Você quer assim, mas a gente quer dessa forma". E aí tinha a queda de braço, puxa pra lá, puxa pra cá. Com certeza a gente tem críticas, mas foi importante, teve um avanço, por mais crítica que a gente tenha da lei, que deixou muito a desejar, mas também teve avanços importantes.*

Entrevistadora: *Teve aquela fala do Renan Calheiros que ele falou que tava assinado a segunda Lei Áurea, depois ele pegou a cave da senzala de volta.*

Entrevistada: *Exatamente né. Pois é. Infelizmente, tem o discurso deles, mas na prática não é bem assim. Agora que houve avanço, teve um avanço, a gente não pode negar que hoje as domésticas têm direito ao adicional noturno, horas extras, FGTS, ao seguro-desemprego, apesar da quantidade de meses ser menor que as outras categorias. O seguro-desemprego pras outras categorias é cinco meses, a gente é só três. O FGTS, os outros* *trabalhadores é com 12 meses, a gente é com 15. Teve diferença, não equiparou de fato. Mas teve um avançozinho importante. A gente tá aí com a convenção 189 que o Brasil ratificou...*

Entrevistadora: *Ano passado né [2018].*

Entrevistada: *Pois é, o Brasil ratificou, porém a implementação dessa convenção a gente tem preocupação. A gente prefere que nem seja implementada, porque se for implementada eles vão tirar direito. Que a Lei 150, mesmo com a Reforma Trabalhista, eles não buliram em nada, que aí é uma lei especial, a gente não tá na CLT. Mas no caso da... [comentário sobre a temperatura]. Entendeu? O certo era a gente querer que fosse implementada. Porque se fosse implementada, quem trabalha dois dias ia ter vínculo, quem trabalha até um dia tem direito a vínculo, a gente ia ter direito sindical, de organização sindical, direito à contribuição sindical que foi tirada das outras categorias, e a gente não chegou a nem ter. Quando a gente tava perto, aí eles tiraram das outras categorias. Entendeu? Então é isso.*

Entrevistadora: *Quais você acha que foram os impactos da Reforma Trabalhista sobre as domésticas? Vocês têm sentido?*

Entrevistada: *Não, pra nós não, porque como eu falei, a Lei 150 não tá dentro da CLT. Então o que atingiu foi a questão da participação no sindicato. Ou seja, dos empregadores ir fazer homologação. Que muitos tão dizendo pra trabalhadora que o sindicato não existe mais, que com a reforma do trabalho não precisa mais ir em sindicato. Poucos patrões têm ido. Antigamente iam mais, mas agora poucos tão indo no sindicato pra homologar e tal. Mas na questão dos direitos não houve impacto não. Já a Reforma Previdenciária, com certeza terá, né. Um pequeno número de domésticas contribui pra previdência, e agora com essa reforma da previdência, muitas tão dizendo que até quem já paga previdência tá querendo desistir, porque acha que não vai se aposentar. E a gente diz "Não, continue pagando". Porque aí, com essa história do MEI, algumas patroas dizem "Ai, não adianta, porque você não vai se aposentar, é melhor você se inscrever no MEI", que o MEI é o microempreendedor individual. Trabalhadora doméstica não é microempreendedora. Microempreendedor é a pessoa que tem seu próprio salão, que tem sua merceariazinha, que trabalha num espaço que é seu. "Eu sou empresária, ou seja, o negócio é meu". Então, a pessoa que vai na casa de alguém fazer uma faxina ou* *trabalhar, ela não é microempreendedora. Ela tá vendendo sua mão de obra pra alguém. Então a gente tem conversado: "Não aceite ser microempreendedora, porque microempreendedora não tem direito a férias, não tem direito a décimo, não se aposenta por tempo de contribuição, só por idade". Então não é fácil atingir esse contingente de pessoas que tá sendo enganada, iludida. Não é fácil.*

Entrevistadora: *Eu queria saber um pouco sobre como foi a atuação... Ó, tá acabando, você já tá cansada, eu tô cansada. Mas eu queria saber como que foi a atuação internacional em alguns momentos. Em Durban, na conferência lá na África do Sul contra o racismo em 2000, e em Genebra em 2011.*

Entrevistada: *É, Durban já tem muito tempo, né. Eu fui como convidada da ONU, convidada pela ONU pra participar. Tinha um fórum. Foi o fórum das vozes do racismo. E aí eu fui convidada, eu praticamente nem tive participação na conferência porque eu era desse grupo. E esse grupo que ia apresentar lá na conferência tinha representação de várias partes do mundo, pessoas que viveram em situação de violência por conta do racismo. E aí tinha pessoas negras e pessoas não negras, tinha mulheres brancas, homens brancos, tinha homens e mulheres indígenas, tinha homens e mulheres negras e indígenas que participavam desse fórum. E esse fórum tinha todo um esquema de cuidado, porque também tinham pessoas que vieram de países em guerra, e aí a gente ficava em um local onde a gente só aparecia no local no dia do nosso testemunho. Então a gente não ia assim pra outras coisas. Mas teve muitos brasileiros nessa conferência, pessoas do movimento negro, movimento sindical, que participaram de várias ações lá dentro da conferência. E eu participei desse fórum, onde eu falei da minha vida, dos racismos, as situações de racismo, que o trabalho doméstico com certeza foi um deles, de várias situações. Tinha uma equipe que julgava, era como se fosse um julgamento. Um fórum que se julgava as falas, os testemunhos de pessoas. Aí tinha pessoas de várias situações, como uma adolescente que foi pintada o corpo dela de branco, tiraram a roupa dela e pintaram de branco, com a tinta branca, e botaram ela pra andar dentro da loja, que acharam que ela tinha roubado alguma coisa dentro da loja, e a forma de humilhação foi levar ela lá pro porão, tirar a roupa, pintar e botar ela pra andar. Tem um outro caso que tinha uma jovem que foi vendida pela sua própria família para o trabalho escravo. Tinha o caso de um senhor* *de 90 anos que trabalhava em uma fazenda desde jovem sem receber salário, só comida e o espaço pra morar. Mas ele tinha que trabalhar pra pagar o espaço que ele morava, mas não ia ser dele aquele espaço. Era como se fosse um aluguel que ele pagava [servidão por dívida]. Teve um caso de um casal negro, todos dois, que a etnia era diferente, mesmo eles sendo negros, mas a patente dele era uma, a dela era outra, aí não podia tá juntos, mas eles se apaixonaram e insistiram nisso. E aí eles vivem hoje eu outro país com nomes diferentes pra não ser achado. Que a família deles foram assassinadas por causa dessa relação deles dois. Teve caso de índios que perderam suas terras por conta dessa questão da ocupação, da invasão, de tomarem as terras deles e botarem eles pra fora. Então tem vários caso, vários casos falando daqui do Brasil foram vários nomes, mas o meu foi escolhido. Eles liam a história de vida de cada pessoa, e dizia "não, esse caso aqui é o caso". E aí eu fui. Quem me indicou foi Luiz Alberto, indicou meu nome, e aí tinha que escrever a história toda, contar toda a sua vida. E aí se eles avaliassem que era uma situação de racismo, que era importante participar do testemunho, aí eles pagavam tudo, a passagem, hospedagem, tudo isso. Então eu participei, foi boa, foi muito bom o evento lá de Durban.*

E sobre Genebra, Genebra eu já fui várias vezes. Já fui pra falar sobre trabalho infantil doméstico, já fui pra falar sobre violência da mulher, e já fui na questão da Convenção 189, que foram várias idas pra Genebra. Mas a mais foi sobre o trabalho infantil.

Entrevistadora: *E teve impacto no Brasil?*

Entrevistada: *Teve. Teve impacto, né, porque se hoje a gente tem uma convenção ou um pacto, o que não impactou mais por causa do governo, né. Mas teve pacto que hoje já mais de trinta países já ratificaram essa convenção, que é mundial. E no Brasil foi ratificada, mas a gente não quer que ela seja implementada por conta desse governo que tá aí. A questão da discussão sobre o trabalho infanto-juvenil foi importante porque foi criado um decreto que proíbe o trabalho doméstico até os 18 anos. E a questão do trabalho infanto-juvenil, houve várias discussões que por conta dessa questão do trabalho infanto-juvenil foi que a ONU chegou a uma resolução que tinha que ter uma convenção específica pra doméstica. Então isso foi importante. Embora a gente às vezes não veja o resultado imediato, mas com o tempo você vai vendo que as coisas vão mudando. Não muda melhor por conta desse governo que tá aí, porque* *realmente foi um retrocesso terrível com esse governo que a gente está aí. A discussão do trabalho infanto-juvenil foi uma discussão que se deu na época da Dilma. Eu participei de encontros no Peru, no México, no Equador, no Chile pra discutir sobre o trabalho doméstico e o trabalho infanto-juvenil.*

Entrevistadora: *Que é a forma mais comum de exploração do trabalho infantil na América Latina.*

Entrevistada: *Com certeza. Mas às vezes a gente fala América Latina e a gente esquece que tem um país que é bem pior, que é a Índia. A Índia é terrível, não tem nada que defenda a criança, o adolescente, a mulher, o trabalho doméstico. Na Índia, trabalho doméstico não tem direito a nada. Trabalho infanto-juvenil não existe estatuto da criança e do adolescente, não existe delegacia de proteção, não existe juizado de menor. Então é uma situação terrível na Índia. Inclusive, quando eu tive na Índia, era como se eu fosse um... Que eu falei das conquistas aqui no Brasil e as mulheres aplaudiram de pé. E lá na Índia tem o trabalho dos homens e das mulheres que trabalham no trabalho doméstico. Lá a trabalhadora doméstica não faz a comida, que a comida, a cultura lá, quem faz a comida é a mulher, a patroa, a dona da casa, e coisa e tal. Então a trabalhadora doméstica faz o trabalho da casa, mas o alimento é coisa sagrada, e se é sagrada não é para outra pessoa tocar na alimentação, quem toca é a dona da casa, entendeu? Então lá na Índia, a trabalhadora doméstica leva a comida dela, e quando chega na hora do almoço ela sai, senta do lado de fora, come a marmita dela e depois volta pro serviço. Entendeu? E lá não tem direito nenhum. Inclusive se uma doméstica for violentada, for... não tem. Não existe proteção. Tanto que com a convenção, estamos esperando que melhore. Acho que a Índia ainda não ratificou a convenção.*

Entrevistadora: *É isso, mesmo com muitos limites, aqui no Brasil ainda tá melhor que em muitos lugares.*

Entrevistada: *Tá melhor, com certeza. Inclusive muitos países. Porque aqui, na América Latina, no mundo, o local que mais tem organização de doméstica, e há mais tempo, e é a própria doméstica que está à frente, é o Brasil, que tem mais organização sindical, que as trabalhadoras domésticas estão à frente, que é mais fortalecido, é o Brasil. Na América Latina tem os sindicatos que tem doméstica na associação, às vezes são ONGs que* *têm pessoas que são de outros movimentos. Eu fui no congresso mundial e eu fiquei besta de ver que lá na África do Sul, o pessoal lá, e quando ia sondar pra ver se era doméstica que tava à frente, não. A pessoa nunca foi doméstica e tava na organização de doméstica. Entendeu? Homens, que nunca foi doméstico, tava à frente da instituição, que era mais ONG do que realmente um sindicato. Entendeu?*

Entrevistadora: *Creuza, só mais uma última pergunta e a gente encerra. Como que foi sua atuação político-partidária? Você já foi candidata pelo PT da Bahia.*

Entrevistada: *É, eu já fui candidata várias vezes. Já fui pelo PT, já fui pelo PSB. PT e PSB, PSB uma vez só, e PT, já fui umas sete vezes. Fui seis vezes candidata à vereadora, e uma deputada estadual, e uma deputada federal. Quer dizer, oito vezes. E aí não foi nada fácil ser candidata, uma mulher negra, sem recurso, sem recurso, sem dinheiro. E não é só recurso financeiro. É recurso em todos os sentidos. É gente pra trabalhar na campanha, é gente qualificada que tenha, que saiba fazer um planejamento e tal, recursos financeiros, a atuação do partido, do apoio do partido, isso aí não acontecia. A gente ia por ousadia, a gente ia pra dar visibilidade à categoria, a gente ia por uma questão de insistência, que acho que o pessoal dizia "Não é possível". E teve momentos que eu não tinha dinheiro e tinha mais voto do que quem tinha dinheiro. A gente não conseguia se eleger, mas tinha votação superior a quem tinha dinheiro. Entendeu? Quando eu fui candidata a deputada estadual em 2006, eu tive 10 mil votos em Salvador. Eu tive 12 mil votos, sendo que 10 mil votos em Salvador. E a gente não tinha dinheiro pra boca de urna, para botar placa, pra botar um monte de coisa que outros tinham. A gente não tinha carro de som, a gente não tinha carro, aí fazia campanha de ônibus. E, no entanto, eu tive, pra deputada estadual, eu tive mais de 12 mil, sendo 10 mil em Salvador. Pra vereadora, eu tive a primeira vez 1.200, depois tive 1.500, depois 3.000, sem dinheiro. E cheguei a ser segunda suplente, e sempre assim. Aí depois eu fui pra o PSB, porque no PSB a votação era menor, partido menor é votação menor. Mas no partido ou de direita ou de esquerda a gente vai ser negra, preta sem dinheiro, e além de preta sem dinheiro, não é acadêmica. Porque uma questão de Olívia Santana, que é negra, é uma mulher negra, e hoje tá pré-candidata à prefeita em Salvador, ela é acadêmica. Foi eleita vereadora, depois foi* *eleita deputada, foi secretária, e foi candidata a estadual e foi eleita. O partido investiu na candidatura dela. Aí tem toda essa questão. Ela entrou pela secretaria. Tudo isso fortalece as pessoas. E, agora, ela tá pré-candidata pelo partido PCdoB à prefeita. E o partido já anunciou que Olívia é pré-candidata a prefeita. Isso o partido fez. Enquanto que o PT não, nunca investiu em mim, Creuza, ele tinha as prioridades dele, e as prioridades dele era os caras de sindicatos fortes, quem tinha bala na agulha, que eram os sindicatos que tinham dinheiro. Então meu sindicato não tinha dinheiro, não tinha recurso. Então, era importante o nome de Creuza pela questão das cotas de gênero, racial, de mulher, mas o investimento não veio. Mas foi boa a experiência, participar do processo e tal. Hoje tem algumas pessoas me chamando pra ser candidata de novo, tem gente do PSOL, "Venha pro PSOL!" e tal. "Ai, cadê?". Inclusive tive processo judicial no TRE, que eu levei quase três anos pagando, também não tive apoio de nenhum partido, paguei com o meu salário.*

Entrevistadora: *Foi por que o processo na Justiça Eleitoral?*

Entrevistada: *Porque não houve uma prestação de contas. A gente não tinha profissionais, contador, pra fazer a prestação de contas. Quem fez não tinha muita experiência, e acabou que ficou lacunas que não foi justificado e tal. E a gente entregou a prestação de contas e achou que tava tudo ok. Só que quando foi dois anos depois, que a gente foi novamente tentar a candidatura, foi que a gente viu que o TRE não tinha aceitado a prestação, inclusive já tinha sido julgada à revelia, porque eles não informam.*

Entrevistadora: *Vocês não foram nem citados?*

Entrevistada: *Você que tem que ter advogado pra acompanhar se a prestação foi feita, se foi aceita. Aí a gente não, a gente fez, achou que tava tudo ok, e não... entendeu? Eles não mandam avisar nada, e a gente achando que se não tivesse ok, que mandava, mas não mandou. E aí pronto, eu fui julgada, condenada, e paguei. Levei quase três anos pagando todo mês quase R$500,00 pela multa. Terminei de pagar né. Também não fui pedir a nenhum partido, porque essa dívida eu contraí na campanha do PT em 2012, aí quando foi em 2014 que eu fui ser candidata, fui candidata, mas não foi computada a minha votação. E aí a gente tentou, a gente nem sabe quanto foi que eu tive como deputada.*

Até hoje tem gente que pergunta "Creuza, quantos votos você teve? Eu votei em você pra deputada federal! A gente não conseguiu ver seu voto, sua votação". Porque se acompanha a votação dos nossos candidatos. Só que o meu aparecia 0000. Eu tive a votação. Mas não foi computada por conta disso. E assim, a participação da campanha, ou seja, é muito desigual. É desigual pela questão de gênero, de raça, classe. Porque tinha gente que dizia "Ah, Creuza é um bom nome, mas...". Aí tinham pessoas que diziam "Não, eu não voto em Creuza porque ela é evangélica". Outros diziam "Ai, eu não voto em Creuza porque é uma doméstica. O que que uma doméstica vai fazer lá na Câmara, né?". Outros diziam "Ah, Creuza é um bom nome, mas eu já tenho um candidato". Que aquele candidato já tinha oferecido assessoria, já tinha oferecido, pagava. Tinham pessoas que a gente ia conversar pra pedir o apoio e diziam que apoiavam. Aí vinha um outro candidato do PT e dizia "Eu chego aqui pra você me apoiar". Aí entre eu, que ia ser uma campanha voluntária, e o cara que tava com dinheiro pra ele apoiar, ele ia pegar o que tava dando dinheiro pra apoiar. Entendeu? E a gente ficava decepcionada, ficava triste quando a gente voltava lá e ouvia dizendo: "Não, a gente vai pra Gilmar, a gente vai pra não sei quem né, porque você sabe né, o grupo aqui é desempregado e tal. E aí Creuza é um bom nome, vamo torcer por ela, mas...". Entendeu? O horário no horário eleitoral era muito ruim, era duas ou três aparições de três segundos. Só dava pra você dizer "Creuza" [risos].

Entrevistadora: *Fala o nome e se der tempo fala o número.*

Entrevistada: *Você abre a boca assim, pá pá. "Fala de novo!" "Não, não, não, tá passando de novo". E você fica repetindo pra falar em dois ou três ou quatro segundos. Não tinha um minuto, né, pronto. Mas valeu, foi boa a experiência. E eu gostava, e gosto, de campanha eleitoral. Tanto que o pessoal dizia "Creuza, menina, que candidata feliz, contente", que tinham outros candidatos que eram mau humorados, recebia mal o eleitor, fazia grosseria, e eu não. Eu na maior, rindo, contente e tal. Aí pronto.*

Entrevistadora: *Tem mais alguma coisa que você queira dizer pra encerrar?*

Entrevistada: *Não, não tem mais nada pra dizer não [risos].*

Entrevistadora: *Já disse muita coisa, foi muito longa a entrevista. Então acho que a gente pode terminar por aqui. Creuza, obrigada, mesmo!*

Entrevistada: *Eu que agradeço.*

Aponte a câmera do celular para o QR Code para ouvir a *playlist* do Capítulo 7.

EPÍLOGO. UM SOPRO DE ESPERANÇA

Entre os dias 29 de outubro e 1 de novembro de 2018, na Faculdade de Direito da Universidade de Brasília, o Maré – Núcleo de Estudos em Cultura Jurídica e Atlântico Negro e o Centro Acadêmico de Direito da UnB – Gestão Mandacaru organizaram a XXII Semana Jurídica, com o tema "Raça, Memória e História Atlântica: Enegrecendo a gramática do Estado de Exceção nos 30 anos da Constituição Federal e 130 anos da Abolição da Escravidão".

O evento teve início no dia seguinte à eleição presidencial de Jair Messias Bolsonaro e se inseria ao mesmo tempo no calendário dos eventos de comemoração dos 30 anos da Constituição Federal, promulgada no dia 5 de outubro de 1988, que mobilizaram juristas por todo o Brasil e na própria UnB, e nas atividades do Novembro Negro, em celebração ao Dia Nacional de Zumbi dos Palmares e da Consciência Negra.

Tínhamos o objetivo de falar da nossa história constitucional demarcando a centralidade da questão racial a partir das contradições entre as conquistas de direitos no marco de 1988 e a negação de cidadania negra em sua vigência. Houve painéis sobre ações afirmativas, direito à terra das comunidades quilombolas, trabalho doméstico, violência doméstica, direitos sexuais e reprodutivos, povos e comunidades tradicionais de terreiro e genocídio.

No último dia, uma quinta-feira, fizemos um ato de renomeação do auditório da Faculdade de Direito, que carregava o nome do abolicionista Joaquim Nabuco, para Esperança Garcia, em homenagem à então recém--reconhecida primeira advogada do estado do Piauí (hoje, primeira do Brasil), em virtude da pesquisa empreendida pela Comissão Estadual da Verdade da Escravidão da OAB/PI, presidida pela professora Maria Sueli Rodrigues de Sousa. Esperança foi uma mulher escravizada que em 1770 escreveu ao governador da capitania do Piauí denunciando maus tratos contra ela, seus filhos e suas companheiras de trabalho, e demandando o direito de batizar a si e as crianças, e de se reunir com o marido, de quem fora separada ao ser enviada para outra fazenda. Na carta, foi identificada natureza jurídica de petição, por isso o reconhecimento como advogada.

> Eu sou uma escrava de Vossa Senhoria da administração do Capitão Antônio Vieira do Couto, casada. Desde que o capitão lá foi administrar que me tirou da fazenda algodões, onde vivia com meu marido, para ser cozinheira de sua casa, ainda nela passo muito mal. A primeira é que há grandes trovoadas de pancadas em um filho meu sendo uma criança que lhe fez extrair sangue pela boca, em mim não posso explicar que sou um colchão de pancadas, tanto que cai uma vez do sobrado abaixo peiada; por misericórdia de Deus escapei. A segunda estou eu e mais minhas parceiras por confessar há três anos. e uma criança minha e duas mais por batizar. Peço a Vossa Senhoria pelo amor de Deus ponha aos olhos em mim ordinando digo mandar ao procurador que mande para a fazenda aonde me tirou para eu viver com meu marido e batizar minha filha.
> de V.Sa. sua escrava
> Esperança Garcia (Sousa, 2017, p. 9).

Substituímos provisoriamente a placa do auditório com o nome de Esperança, na presença do diretor da faculdade e da comunidade acadêmica, e fizemos a leitura de um manifesto logo antes do painel de encerramento sobre genocídio, com Ana Luiza Flauzina e Deise Benedito, mediado por Maíra de Deus Brito. Flauzina, que fora nossa professora de Pensamento Negro Contemporâneo e formou uma geração de estudantes negras e negros de diversos cursos da universidade, voltava à Faculdade de Direito depois de alguns anos. Por pouco quase nem chegava.

Dois anos depois do golpe que destituiu Dilma Rousseff da presidência, ela falou[115] sobre genocídio como chave que articula o contexto político racial, quando o Rio de Janeiro estava sob intervenção federal, ainda no governo de Michel Temer. A professora afirmou que a vitória expressiva nas urnas no domingo anterior indicava a identificação massiva do eleitorado com uma ideologia de criação do Outro a partir de uma dicotomia do bem contra o mal, expressa no aprofundamento das políticas de morte do racismo antinegro como forma de acalmar as elites, que se acirravam de tal forma que passavam a atingir também corpos brancos. Comprado por muitos grupos "oprimidos", era ainda um sintoma de que

---

[115] A fala a seguir não foi publicada. Sua reprodução se deu a partir de anotações pessoais no dia do evento.

os discursos dos movimentos sociais ditos "identitários" não alcançavam várias mulheres, negros e LGBTs.

No centro desse discurso moralizante, estava colocada uma disputa sobre o sentido de brasilidade. Se antes havia alguma defesa da suposta cordialidade do povo brasileiro, agora tínhamos a violência escancarada como assentamento da ordem, da família e da sanha punitivista da segurança pública.

Na tensão entre a ameaça de ditadura e as torturas cotidianas sobre peles pretas desde a escravidão, entre os ataques à liberdade de expressão nas universidades e as décadas de perseguição aos bailes funks e outras expressividades culturais e políticas das periferias brasileiras, Ana cobrava a conta da condescendência dos progressistas, sob o risco de repetirmos a velha história de sustentar as bases dos governos de esquerda deste país enquanto continuam nos matando, para daqui a 30 anos termos novamente as mães dos mártires brancos celebradas e as mães dos "bandidos" no meio da rua.

Ela advertia que, na hora que os cortes do governo federal chegassem às ações afirmativas, uma das políticas públicas de maior impacto social dos últimos 30 anos, veríamos quem é que seguraria nossa mão. Ana provocou militantes e intelectuais negras e negros a se voltarem para a resistência de nossas comunidades, ouvindo sem romantizar, sem nos deixar levar pelas modas acadêmicas, buscando ter domínio das ferramentas que precisamos para investigar o que pesquisamos. A centralidade do racismo na compreensão dos modos de subjugação que têm pautado a experiência democrática não deveria obliterar questões de classe, pois o processo é mais intenso na periferia.

Ana destacou que as agendas de luta enquanto movimento negro eram ocupadas há muito tempo pelos homens cis-hetero mortos, chorando esses corpos como se fossem os únicos, o que evidencia hierarquias internas entre corpos negros pautadas pelo gênero, ao passo que a masculinidade tóxica desses homens a quem sempre seguramos e que nunca nos seguraram também vinha promovendo nossas mortes.

Enquanto Bolsonaro estava ferido, com a suposta facada que o alçou ao cargo máximo da República, e Lula estava preso, como símbolo maior da ruptura democrática pós-golpe, Marielle estava morta, um lembrete brutal do lugar das mulheres negras no nosso Estado Democrático de Direito. A Constituição é genocida e não precisa de ditadura nenhuma pra isso. Nossa vida nunca coube em seus artigos.

Longe de assumir uma postura pessimista, o diagnóstico de Ana demandava que inovássemos em nossas respostas, tendo a heresia jurídica como horizonte e compromisso com a nossa gente, profanando as ladainhas que já cansamos de escutar. Por fim, sua mensagem foi de amor como chave das lutas que estavam por vir, de afetos e encontros, sem que abandoássemos as utopias.

A placa com o nome de Esperança foi arrancada e destruída no mesmo dia. Produzir um evento como esse tem um custo do racismo institucional que estávamos dispostos a pagar, mas nada poderia nos preparar para os acontecimentos que se seguiram. Durante a festa de encerramento do evento, um casal de mulheres lésbicas foi brutalmente espancado na saída da faculdade. Ainda naquela madrugada, um garoto de 19 anos foi assassinado a tiros no mesmo local (Jovem morre [...], 2018; UnB diz [...], 2018). Tanto tempo depois, ainda é difícil encontrar palavras diante do horror daquelas horas e os efeitos que permaneceriam.

Um ano depois, o auditório passou oficialmente a se chamar Esperança Garcia — não sem protestos de parte da comunidade acadêmica. Parecia absurdo mudar o nome do espaço de maior prestígio do prédio pra uma figura pouco conhecida, "só" porque era mulher e negra, às custas de desrespeitar a memória de um jurista "de verdade", que reconhecidamente lutara contra a escravidão. O auditório teve como seu primeiro evento o lançamento do livro de Dora Lúcia de Lima Bertúlio, *Direito e Relações Raciais: uma introdução crítica ao racismo*, 30 anos depois da dissertação defendida em 1989.

Esperança virou um símbolo do desejo de profanar a tradição bacharelesca representada por "São Nabuco" (Azevedo, 2001). Convertida em lugar de memória, ali à esquerda, em frente à lanchonete, essa inscrição no espaço sinaliza um esforço de romper o silêncio que protege o ego branco e confrontar o trauma do racismo, não como questão moral, mas num percurso de responsabilização, que passa pelos estágios da negação, culpa, vergonha, reconhecimento e reparação (Kilomba, 2019). O pedido da cozinheira da fazenda Algodões, registrado por meio da rebeldia do letramento, guarda as marcas da resistência das mulheres da diáspora africana: é coletiva, ligada à comunidade racial, à maternidade e à família, sem deixar pra trás suas companheiras de ofício e cativeiro, mobilizada pelo amor e pela fé, pleiteando o direito de reconectar laços familiares rompidos pela escravidão (Morrison *apud* Gilroy, 1993; Collins, 2019; hooks, 1993).

Assim como Esperança Garcia agora faz parte da história da Faculdade de Direito da Universidade de Brasília, também o fazem os eventos traumáticos da noite do dia 1º de novembro de 2018. O nome do auditório não encerra as lutas das gerações de juristas negras e negros que passaram e ainda vão passar pelos corredores da faculdade, mas regista um momento no tempo em que nós estivemos aqui.

Aponte a câmera do celular para o QR Code para ouvir a *playlist* do Capítulo 8.

REFERÊNCIAS

Entrevista

OLIVEIRA, Creuza Maria. Entrevista concedida à autora. Brasília, 3 dez. 2019. [A entrevista encontra-se transcrita no Capítulo 7].

Fontes documentais

ANTEPROJETO Constitucional elaborado pela Comissão Provisória de Estudos Constitucionais, instituída pelo Decreto nº 91.450 de 18 de junho de 1985. *Diário Oficial* – Suplemento Especial ao nº 185, Brasília, Presidência da República, 1986. Disponível em: https://www.senado.leg.br/publicacoes/anais/constituinte/afonsoarinos.pdf. Acesso em: 13 abr. 2021.

ASSEMBLEIA Nacional Constituinte (Ata de Comissões). *VII-A Subcomissão dos Direitos dos Trabalhadores e Servidores Públicos*. Brasília: Senado Federal, 1987. Disponível em: https://www.senado.leg.br/publicacoes/anais/constituinte/7a_Subcomissao_Dos_Direitos_Dos_Trabalhadores.pdf. Acesso em: 6 nov. 2019.

ASSEMBLEIA Nacional Constituinte (Ata de Comissões). *VII Comissão da Ordem Social*. Brasília: Senado Federal, 1987a. Disponível em: https://www.senado.leg.br/publicacoes/anais/constituinte/7_Comissao_De_Ordem_Social.pdf. Acesso em: 6 nov. 2019.

ASSEMBLEIA Nacional Constituinte (Ata de Comissões). *Comissão de Sistematização*. Brasília: Senado Federal, 1987b. Disponível em: https://www.senado.leg.br/publicacoes/anais/constituinte/sistema.pdf. Acesso em: 6 nov. 2019.

ASSEMBLEIA Nacional Constituinte (Ata de Comissões). *I Comissão da Soberania e dos Direitos e Garantias do Homem e da Mulher*. Brasília: Senado Federal, 1987c. Disponível em: https://www.senado.leg.br/publicacoes/anais/constituinte/7_Comissao_De_Ordem_Social.pdf. Acesso em: 25 out. 2022.

ASSEMBLEIA Nacional Constituinte (Ata de Comissões). *VIII-C Subcomissão da Família, do Menor e do Idoso*. Brasília: Senado Federal, 1987d. Disponível em: https://www.senado.leg.br/publicacoes/anais/constituinte/8c_Sub._Familia,_Do_Menor_E_Do.pdf. Acesso em: 25 out. 2022.

ASSEMBLEIA Nacional Constituinte (Ata de Comissões). *IV-A Subcomissão do Sistema Eleitoral e Partidos Políticos*. Brasília: Senado Federal, 1987e. Disponível em: https://www.senado.leg.br/publicacoes/anais/constituinte/4a_Subcomissao_Do_Sistema_Eleitoral_E_Partidos_Politicos.pdf. Acesso em: 25 out. 2022.

ASSEMBLEIA Nacional Constituinte (Ata de Comissões). *III-C Subcomissão do Poder Judiciário e do Ministério Público*. Brasília: Senado Federal, 1987f. Disponível em: https://www.senado.leg.br/publicacoes/anais/constituinte/3c_Subcomissao_Do_Poder_Judiciario.pdf. Acesso em: 25 out. 2022

ASSEMBLEIA Nacional Constituinte (Ata de Comissões). *VI-C Subcomissão da Política Agrícola e Fundiária e da Reforma Agrária*. Brasília: Senado Federal, 1987g. Disponível em: https://www.senado.leg.br/publicacoes/anais/constituinte/3c_Subcomissao_Do_Poder_Judiciario.pdf. Acesso em: 25 out. 2022.

ASSEMBLEIA Nacional Constituinte (Ata de Comissões). *VII-C Subcomissão dos Negros, Populações Indígenas, Pessoas Deficientes e Minorias*. Brasília: Senado Federal, 1987h. Disponível em: https://www.senado.leg.br/publicacoes/anais/constituinte/3c_Subcomissao_Do_Poder_Judiciario.pdf. Acesso em: 25 out. 2022.

BRASIL. Congresso. Câmara dos Deputados. *Centro de Documentação e Informação*. Quadro histórico artigo 7º, parágrafo único da Constituição Federal de 1988. Brasília, 2014. p. 3-5. (Mensagem institucional). Disponível em: https://bd.camara.leg.br/bd/handle/bdcamara/35480i. Acesso em: 10 ago. 2020.

BRASIL. *Emenda* nº 00147. Proponente: Senador Meira Filho. Brasília: Senado Federal, 1987. Disponível em: https://www6g.senado.gov.br/apem/data/data/EMEN-B/5567.html. Acesso em: 8 de nov. 2021.

BRASIL. Emenda nº Relatório e Anteprojeto. *Subcomissão dos Direitos dos Trabalhadores e Servidores Públicos*. Brasília: Câmara Federal, 1987. Disponível em: https://www2.camara.leg.br/atividade-legislativa/legislacao/Constituicoes_Brasileiras/constituicao-cidada/o-processo-constituinte/comissoes-e-subcomissoes/comissao7/subcomissao7a. Acesso em: 8 de nov. 2021.

BRASIL. *Emendas Populares Vol. 2*. Constituição 20 anos – Documentos Avulsos. Brasília: Câmara dos Deputados, 1987. Disponível em: https://www.camara.leg.br/internet/constituicao20anos/DocumentosAvulsos/vol-231.pdf. Acesso em: 27 out. 2022.

BRASIL. Emendas ao Anteprojeto do Relator da Subcomissão. *VI-A Subcomissão de Princípios Gerais, Intervenção do Estado, Regime de Propriedade do Subsolo e Atividade*

Econômica. Constituinte Fase B, vol. 166. Seção de Documentação Parlamentar. Brasília: Senado Federal, 1987a. Disponível em: https://www6g.senado.gov.br/apem/data/data/AVULSO/vol-166.pdf. Acesso em: 17 jan. 2022.

DIÁRIO da Assembleia Nacional Constituinte – DANC (Suplemento). Brasília, 1987. Disponível em: https://www2.camara.leg.br/atividade-legislativa/legislacao/Constituicoes_Brasileiras/constituicao-cidada/o-processo-constituinte/sugestoes-dos-constituintes/arquivos/sgco10101-10200. Acesso em: 21 nov. 2019.

DIÁRIO da Assembleia Nacional Constituinte – DANC (Suplemento). Brasília, 1987a. Disponível em: https://www2.camara.leg.br/atividade-legislativa/legislacao/Constituicoes_Brasileiras/constituicao-cidada/o-processo-constituinte/sugestoes-dos-constituintes/arquivos/sgco10601-10700. Acesso em: 6 nov. 2019.

DIÁRIO da Assembleia Nacional Constituinte – DANC (Suplemento). Brasília, 1987b. Disponível em: http://imagem.camara.gov.br/Imagem/d/pdf/sup171Canc27jan1988VolumeI-II.pdf. Acesso em: 6 nov. 2019.

DIÁRIO da Assembleia Nacional Constituinte – DANC (Suplemento). Brasília, 1988. Disponível em: https://imagem.camara.gov.br/Imagem/d/pdf/193anc01mar1988.pdf. Acesso em: 6 nov. 2019.

JOVEM morre baleado na UnB durante festa na madrugada. *Correio Braziliense*, [s. l.], 2018. Disponível em: https://www.correiobraziliense.com.br/app/noticia/cidades/2018/11/02/interna_cidadesdf,717133/jovem-morre-baleado-na-unb-durante-festa-na-madrugada.shtml. Acesso em: 3 fev. 2020.

UNB diz que usará imagens do circuito interno para identificar agressores. Aluna do curso de antropologia foi espancada na véspera do dia de finados. *Correio Braziliense*, [s. l.], 2018. Disponível em: https://www.correiobraziliense.com.br/app/noticia/eu-estudante/ensino_ensinosuperior/2018/11/06/ensino_ensinosuperior_interna,717875/un b-diz-que-usara-imagens-do-circuito-interno-para-identificar-agress.shtml. Acesso em: 3 fev. 2020.

Legislação e Decisões Judiciais

BRASIL. *Ato Institucional nº 1 de 9 de abril de 1964*. Dispõe sobre a manutenção da Constituição Federal de 1946 e as Constituições Estaduais e respectivas Emendas, com as modificações introduzidas pelo Poder Constituinte originário da revolução Vitoriosa. Rio de Janeiro, 1964.

BRASIL. *Decreto-Lei nº 2.848 de 7 de dezembro de 1940*. Código Penal. Rio de Janeiro, 1940.

BRASIL. *Decreto-Lei no 5.452 de 1º de maio de 1943*. Aprova a Consolidação das Leis do Trabalho. Rio de Janeiro, 1943.

BRASIL. *DECRETO-LEI Nº 3.078, DE 27 DE FEVEREIRO DE 1941*. Dispõe sobre a locação dos empregados em serviços domésticos. Rio de Janeiro, 1941.

BRASIL. *Emenda Constitucional nº 72 de 2 de abril de 2013*. Altera a redação do parágrafo único do art. 7º da Constituição Federal para estabelecer a igualdade de direitos trabalhistas entre os trabalhadores domésticos e os demais trabalhadores urbanos e rurais. Brasília, 2013.

BRASIL. *Constituição da República Federativa do Brasil*. Brasília, 1988.

BRASIL. *Lei nº 11.340 de 7 de agosto de 2006*. Cria mecanismos para coibir a violência doméstica e familiar contra a mulher, nos termos do § 8º do art. 226 da Constituição Federal, da Convenção sobre a Eliminação de Todas as Formas de Discriminação contra as Mulheres e da Convenção Interamericana para Prevenir, Punir e Erradicar a Violência contra a Mulher; dispõe sobre a criação dos Juizados de Violência Doméstica e Familiar contra a Mulher; altera o Código de Processo Penal, o Código Penal e a Lei de Execução Penal; e dá outras providências. Brasília, 2006.

BRASIL. *Lei nº 5.859 de 11 de dezembro de 1972*. Dispõe sobre a profissão de empregado doméstico e dá outras providências. Brasília, 1972.

BRASIL. *Lei Complementar nº 150 de 1º de junho de 2015*. Dispõe sobre o contrato de trabalho doméstico; altera as Leis no 8.212, de 24 de julho de 1991, no 8.213, de 24 de julho de 1991, e no 11.196, de 21 de novembro de 2005; revoga o inciso I do art. 3o da Lei no 8.009, de 29 de março de 1990, o art. 36 da Lei no 8.213, de 24 de julho de 1991, a Lei no 5.859, de 11 de dezembro de 1972, e o inciso VII do art. 12 da Lei no 9.250, de 26 de dezembro 1995; e dá outras providências. Brasília, 2015.

BRASIL. *Lei nº 10.639 de 9 de janeiro de 2003*. Altera a Lei no 9.394, de 20 de dezembro de 1996, que estabelece as diretrizes e bases da educação nacional, para incluir no currículo oficial da Rede de Ensino a obrigatoriedade da temática "História e Cultura Afro-Brasileira", e dá outras providências. Brasília, 2003.

Brasil. *Lei 11.645 de 10 de março de 2008*. Altera a Lei no 9.394, de 20 de dezembro de 1996, modificada pela Lei no 10.639, de 9 de janeiro de 2003, que estabelece as diretrizes e bases da educação nacional, para incluir no currículo oficial da rede de ensino a obrigatoriedade da temática "História e Cultura Afro-Brasileira e Indígena". Brasília, 2008.

BRASIL. *Lei nº 601 de 18 de setembro de 1850*. Dispõe sobre as terras devolutas do Império. Rio de Janeiro, 1850.

BRASIL. Supremo Tribunal Federal. *Arguição de Descumprimento de Preceito Fundamental 186*. Relator: Ricardo Lewandowsky. Brasília/DF, 2012. Disponível em: http://www.stf.jus.br//arquivo/. Acesso em: 21 ago. 2020.

BRASIL. Supremo Tribunal Federal. *Habeas Corpus nº. 82.424/RS*. Relator: Carlos Moreira Alves. Brasília/DF, 2003.

OIT. *Convenção e Recomendação sobre Trabalho Decente para as Trabalhadoras e os Trabalhadores Domésticos*. Série Trabalho doméstico remunerado no Brasil, nota nº. 5. Brasília, DF: Escritório no Brasil, 2011e. Disponível em: http://www.oit.org. br/sites/default/files/topic/gender/pub/trabalho_domestico_nota_5_565_739. pdf. Acesso em: 1 fev. 2022.

Bibliografia

AGAMBEN, G. *O que resta de Auschwitz*: o arquivo e a testemunha (Homo Sacer III). Tradução de Selvino J. Assmann. São Paulo: Boitempo, 2008.

ALBUQUERQUE, Poliana Vanucia de Paula. *Liberdade sindical e trabalho doméstico*: uma análise da organização coletiva das trabalhadoras domésticas. 2016. Dissertação (Mestrado em Direito Constitucional) – Universidade de Fortaleza, Fortaleza, 2016.

ALCOFF, Linda. The Problem of Speaking for Others. *Cultural Critique*, Minneapolis, n. 20, p. 5-32, Winter 1991-1992.

ALVES, Raissa Roussenq. *Entre o silêncio e a negação*: uma análise da CPI do trabalho escravo sob a ótica do trabalho "livre" da população negra. 2017. Dissertação (Mestrado em Direito) – Universidade de Brasília, Brasília, 2017.

ANZALDUA, Gloria. Falando em línguas: uma carta para mulheres escritoras do terceiro mundo. *Estudos feministas*, UFSC, v. 8, n. 1, p. 229-236, 2000.

AZEVEDO, Celia Maria Marinho de. *Onda negra, medo branco*: o negro no imaginário das elites século XIX. 3. ed. São Paulo: Annablume, 2008.

AZEVEDO, Célia Maria Marinho de. Quem precisa de São Nabuco? *Estudos Afro--Asiáticos*, Rio de Janeiro, ano 23, n. 1, p. 85-97, 2001.

BARDIN, L. *Análise de conteúdo*. Lisboa: Edições 70 Ltda, 1977.

BARRETO, Raquel. Prefácio. *In*: GONZALEZ, Lélia. *Primavera para rosas negras*. São Paulo: União dos Coletivos Panafricanistas – UCPA, 2018. p. 28-51.

BENTO, Maria Aparecida Silva. *Pactos narcísicos no racismo*: Branquitude e poder nas organizações empresariais e no poder público. 2002. Tese (Doutorado em Psicologia) – Universidade de São Paulo, São Paulo, 2002.

BERNARDINO-COSTA, Joaze. *Sindicatos das trabalhadoras domésticas no Brasil*: teorias de descolonização e saberes subalternos. 2007. 274 f. Tese (Doutorado em Sociologia) – Universidade de Brasília, Brasília, 2007.

BERTÚLIO, Dora Lúcia de Lima. *Direito e Relações Raciais*: uma introdução crítica ao racismo. Rio de Janeiro: Lumen Juris, 2019.

BEZERRA LEITE, Carlos Henrique; LEITE, Laís Durval; LEITE, Letícia Durval. *A nova lei do trabalho doméstico*: Comentários à Lei Complementar n. 150/2015. São Paulo: Saraiva, 2015.

BRITO, Maíra. *Não, ele não está*. Curitiba: Editora Appris, 2018.

BRITO, Yuri Santos de. *"Professora, que bom que você tá aqui"*: trajetórias e identidades de docentes de Direito da UFBA, UnB e USP no contexto pós-cotas. 2019. 213 f. Dissertação (Mestrado em Sociologia) – Universidade de Brasília, Brasília, 2019.

BRUSCO, Emílio; RIBEIRO, Ernani Valter. *O processo histórico da elaboração do texto constitucional*: mapas demonstrativos. Brasília: Câmara dos Deputados, 1993.

BUCK-MORSS, Susan. Hegel e Haiti. Tradução de Sebastião Nascimento. *Novos Estudos – CEBRAP*, São Paulo, n. 90, p. 131-171, jul. 2011.

BUTLER, Octavia. *Kindred*: Laços de sangue. São Paulo: Ed. Morro Branco, 2017.

CANOTILHO, J. J. Gomes. Constituição e constitucionalismo. *In*: *Direito constitucional e teoria da constituição*. 2. ed. Coimbra: Almedina, 1998. p. 43-95

CÁRDENAS, Teresa. *Mãe sereia*. Tradução de Michelle Strzoda. Rio de Janeiro: Pallas Mini, 2018.

CARNEIRO, Sueli. *A construção do outro como não-ser como fundamento do ser*. 2005. Tese (Doutorado em Educação) – Programa de Pós-Graduação em Educação, Universidade de São Paulo, São Paulo, 2005.

CARNEIRO, Sueli. *Lélia Gonzalez*: o feminismo negro no palco da história. Brasília: Abravídeo, 2014.

CARVALHO, Lenira. *A luta que me fez crescer*. Org. C. Parisius. Recife: DED: Bagaço, 1999.

CARVALHO, Lenira. Só a gente que vive é que sabe: depoimento de uma doméstica. *Cadernos de Educação Popular*, Petrópolis: Vozes, v. 4, p. 9-78, 1982. (NOVA –Pesquisa, Assessoramento e Avaliação em Educação).

CARVALHO NETTO, M. de; SCOTTI, G. *Os Direitos Fundamentais e a (In)Certeza do Direito A Produtividade das Tensões Principiológicas e a Superação do Sistema de Regras*. 1. ed. Belo Horizonte: Editora Fórum, 2011. v. 1.

CARVALHO NETTO, Menelick. A hermenêutica constitucional sob o paradigma do estado democrático de direito. *In*: OLIVEIRA, Marcelo Cattoni. *Jurisdição e hermenêutica constitucional no estado democrático de direito*. Belo Horizonte: Mandamentos, 2004. p. 25-44.

CÉSAIRE, A. *Discurso sobre o colonialismo*. Lisboa: Livraria Sá da Costa Editora, 1978.

CHAVES, Marjorie Nogueira. Terceirização dos serviços de limpeza: Vivências de sofrimento de mulheres negras trabalhadoras diante do trabalho. *In*: SIMPÓSIO NACIONAL SOBRE DEMOCRACIA E DESIGUALDADES, 2., 7 a 9 de maio de 2014, Brasília. *Anais* [...]. Brasília, 2014.

CHUERI, Câmara. (Des)ordem constitucional: engrenagens da máquina ditatorial no Brasil pós-64. *Lua Nova*, São Paulo, v. 95, p. 259-288, 2015. Disponível em: https://www.scielo.br/j/ln/a/8RfRJB7FzjkNr8HCMgmStSb/?lang=pt&format=pdf. Acesso em: 18 abr. 2018.

COLLINS, Patricia Hill. *Pensamento Feminista Negro*: Conhecimento, Consciência e a Política do Empoderamento. Tradução de Jamille Pinheiro Dias. São Paulo: Boitempo, 2019.

CRENSHAW, Kimberlé. Twenty Years of Critical Race Theory: Looking Back To Move Forward. *Connecticut Law Review*, Connecticut, v. 43, n. 5, p. 1253-1352, 2011.

CRENSHAW, Kimberlé. (Ep 6) What Slavery Engendered: An Intersectional Look at 1619. Entrevistadora: Kimberlé Crenshaw. Entrevistada: Dorothy Roberts. [S. I.]: AAPF, 14 nov. 2019. Podcast. Disponível em: https://aapf.org/all-episodes. Acesso em: 17 dez. 2019.

CRUZ, Mariane dos Reis. *Trabalhadoras domésticas brasileiras*: entre continuidades coloniais e resistências. 2016. Dissertação (Mestrado em Direito) – Universidade Federal de Minas Gerais, Belo Horizonte, 2016.

CURIELL, Ochy. *La Nación Heterosexual*: Análisis del discurso jurídico y el régimen heterosexual desde la antropología de la dominación. Bogotá, Colombia: Editora Brecha Lésbica y en la frontera, 2013.

DAVIS, Angela. *Mulheres, Raça e Classe*. Tradução de Heci Regina Candiani. São Paulo: Boitempo, 2016.

DELGADO, Maurício Godinho. *Delgado, Gabriela Neves*. O Novo Manual do Trabalho Doméstico. 2. ed. São Paulo: LTr, 2016.

DELGADO, Maurício Godinho. *Curso de Direito do Trabalho*. 18. ed. São Paulo: LTr, 2019.

DIAS, Maria Berenice. *Manual de Direito das Famílias*. 11. ed. São Paulo: Revista dos Tribunais, 2016.

DE VOLTA Pro Aconchego. Intérprete: Elba Ramalho. Compositor: Dominguinhos, Nando Cordel. *In*: Fogo na Mistura. Intérprete: Elba Ramalho. Rio de Janeiro, Universal Music Ltda., 1985. Digital (4h38 min).

DINIZ, Débora; COSTA, Bruna Santos; GUMIERI, Sinara. Nomear feminicídio: conhecer, simbolizar e punir. *Revista Brasileira de Ciências Criminais*, São Paulo, v. 114, p. 225- 239, maio/jun. 2015.

DUARTE, Evandro C. Piza. *Criminologia e Racismo*: Introdução ao processo de recepção das teorias criminológicas no Brasil. 1998. Dissertação (Mestrado em Direito) – Universidade Federal de Santa Catarina, Florianópolis, 1998.

DUARTE, Evandro; PIZA, Evandro; SCOTTI, Guilherme. História e memória nacional no discurso jurídico: o julgamento da ADPF 186. *Universitas JUS*, Brasília, v. 24, n. 3, p. 33-45, 2013. Disponível em: https://www.publicacoesacademicas. uniceub.br/jus/article/view/2611. Acesso em: 15 ago. 2019.

DUARTE, Evandro Piza; SCOTTI, Guilherme; CARVALHO NETTO, Menelick de. Ruy Barbosa e a queima dos arquivos: as lutas pela memória da escravidão e os discursos dos juristas. *Universitas JUS*, Brasília, v. 26, n. 2, p. 23-39, 2015. Disponível em: https://www.publicacoesacademicas.uniceub.br/jus/article/view/3553. Acesso em: 23 set. 2018.

DUSSEL, Enrique. Colonialidade do poder, eurocentrismo e América Latina. *In*: LANDER, Edgardo (org.). *A colonialidade do saber*: eurocentrismo e ciências sociais. Buenos Aires: CLACSO, 2005, p. 107-130.

DWORKIN, Ronald. *O Império do Direito*. São Paulo: Martins Fontes, 1999.

ENGELS, F. *A Origem da Família, da Propriedade Privada e do Estado*. São Paulo: Boitempo, 2019.

EVARISTO, Conceição. Da grafia-desenho de minha mãe um dos lugares de nascimento da minha escrita. *In*: ALEXANDRE, Marcos Antônio (org.). *Representações performáticas brasileiras*: teorias, práticas e suas interfaces. Belo Horizonte: Mazza Edições, 2007. p. 16-21.

EVARISTO, Conceição. *Becos da Memória*. Rio de Janeiro: Pallas, 2017.

EVARISTO, Conceição. A Escrevivência e seus subtextos. *In*: DUARTE, Constância Lima; NUNES, Isabella Rosado (org.). *Escrevivência*: a escrita de nós: reflexões sobre a obra de Conceição Evaristo. Rio de Janeiro: Ed. Mina Comunicação e Arte, 2020. p. 26-47.

FANON, Frantz. *Pele negra, máscaras brancas*. Tradução de Renato da Silveira. Salvador: EDUFBA, 2008.

FARGE, Arlette. *O sabor do arquivo*. São Paulo: Editora EDUSP, 2009.

FAUSTO-STERLING, Anne. *Cuerpos sexuados*: La política de género y la construcción de la sexualidad. Tradução de Ambrosio García Leal. Santa Cruz de Tenerife: Ed. Melusina, 2000.

FEDERICI, Silvia. *O Calibã e a bruxa*: mulheres, corpo e acumulação primitiva. Tradução de Coletivo Sycorax. São Paulo: Editora Elefante, 2018.

FÉLIX, Doreen St. Toni Morrison and what our mothers couldn't say. *New Yorker*, 2019. Disponível em: https://www.newyorker.com/books/page-turner/toni-morrison-and-what-our-mothers-couldnt-say. Acesso em: 1 dez. 2019.

FLAUZINA, Ana Luiza Pinheiro. As fronteiras raciais do genocídio. *Revista Direito*, UnB, v. 1, n. 1, p. 119-146, jan./jun. 2014.

FLAUZINA, Ana Luiza Pinheiro. *Corpo negro caído no chão*: o sistema penal e o projeto genocida do Estado brasileiro. 2006. Dissertação (Mestrado em Direito) – Universidade de Brasília, Brasília, 2006.

FLAUZINA, Ana Luiza Pinheiro. Democracia genocida. *In*: PINHEIRO-MACHADO, Rosana; FREIXO, Adriano de (org.). *Brasil em transe*: Bolsonarismo, Nova Direita e Desdemocratização. Rio de Janeiro: Oficina Raquel, 2019a.

FLAUZINA, Ana Luiza Pinheiro. Prefácio. *In*: BRANDÃO, Isadora. *Da invisibilização ao reconhecimento institucional*. Belo Horizonte: Editora Letramento, 2019b, p. 13-15.

FRANCO, Marielle. Marielle 8 de Março. [*S. l.: s. n.*], 2018. 1 vídeo (16min38s). Publicado pelo canal do Plínio Melo. Disponível em: https://www.youtube.com/watch?v=G5sjJvK_Txs. Acesso em: 6 jan. 2020.

FREYRE, Gilberto. *Casa grande & senzala*. Rio de Janeiro: Record, 2017.

FONSECA, Lívia Gimenes Dias da. *A luta pela liberdade em casa e na rua*: a construção do Direito das Mulheres a partir do projeto Promotoras Legais Populares do Distrito Federal. 2012. Dissertação (Mestrado em Direito) – Faculdade de Direito, Universidade de Brasília, Brasília, 2012.

GILROY, P. *Small acts*: Thoughts on the politics of black cultures. London: Serpent's Tail, 1993.

GILROY, Paul. *O Atlântico negro*: modernidade e dupla consciência. Tradução de Cid Knipel Moreira. São Paulo: Editora 34; Rio de Janeiro: Universidade Candido Mendes; Centro de Estudos Afro-Asiáticos, 2012.

GOMES, Rodrigo Portela. Cultura Jurídica e diáspora negra: diálogos entre Direito e Relações Raciais e Teoria Crítica da Raça. *Revista Direito e Práx.*, Rio de Janeiro, v. 12, n. 2, p. 1203-1242, 2021.

GONZALEZ, Lélia, Mulher negra: um retrato. *In*: *Primavera para rosas negras*. São Paulo: União dos Coletivos Panafricanistas – UCPA, 2018a. p. 28-51.

GONZALEZ, Lélia. A mulher negra na sociedade brasileira: Uma abordagem político-econômica. *In*: GONZALEZ, Lélia. *Primavera para rosas negras*. São Paulo: UCPA, 2018b. p. 34-53.

GONZALEZ, Lélia. A categoria político-cultural de amefricanidade. *Tempo Brasileiro*, Rio de Janeiro, n. 92/93, p. 69-82, jan./jun. 1988.

GONZALEZ, Lélia. Por um feminismo afrolatinoamericano. *In*: RIOS, Flávia; LIMA, Marcia (org.). *Por um feminismo afrolatinoamericano*. Rio de Janeiro: Zahar, 2020, p. 139-150.

GONZALEZ, Lélia. Racismo e sexismo na cultura brasileira. *Revista Ciências Sociais Hoje* – Anpocs, p. 223-244, 1984.

GONZALEZ, Lélia. Prefácio a Cadernos Negros 5. *In*: *Cadernos Negros 5*. São Paulo: Edição dos Autores, 1982. p. 3-6. Disponível em: http://www.letras.ufmg.br/literafro/arquivos/ensaistas/prefacioacadernosnegrosleliagonzales.pdf. Acesso em: 20 maio 2022.

GRAHAM, Sandra Lauderdale. *House and street*: the domestic world of servants and masters in nineteenth-century Rio de Janeiro. Austin: Texas University Press, 1992.

GUIMARÃES, Ulysses. *Discurso de promulgação da constituinte*. Brasília. Câmara dos Deputados, 1998. Disponível em: https://www2.camara.leg.br/atividade-legislativa/plenario/discursos/escrevendohistoria/25-anos-da-constituicao-de-1988/constituinte-1987-1988/pdf/Ulysses%20Guimaraes%20-%20DISCURSO%20%20REVISADO.pdf. Acesso em: 3 nov. 2019.

HABERMAS, Jürgen. *O discurso filosófico da modernidade*: doze lições. Tradução de Luiz Sérgio Repa e Rodnei Nascimento. São Paulo: Martins Fontes, 2000.

HALL, Stuart. Cultural identity and diaspora. *In*: WILLIAMS, P.; CHRISMAN, L. (org.). *Colonial discourse and post-colonial theory*: A Reader. Abingdon: Routledge, 1993. p. 392-403.

hooks, bell. *E eu não sou uma mulher?* Mulheres negras e feminismo. Rio de Janeiro: Rosa dos Tempos, 2019.

hooks, bell. *Olhares negros*: raça e representação. São Paulo: Editora Elefante, 2019a.

hooks, bell. Intelectuais Negras. *Revista Estudos Feministas*, Florianópolis, v. 3, n. 2, p. 464-478, 1995.

hooks, bell. Vivendo de amor. Tradução de Mendonça, Maísa. *Portal Gueledés*, [s. l.], 2010. Disponível em: https://www.geledes.org.br/vivendo-de-amor/. Acesso em: 10 maio 2019.

HORDGE-FREEMAN, Elizabeth. *The color of love*: racial features, stigma & socialization in black Brazilian families. Austin: University of Texas Press, 2015.

HARRIS, Cheryl I. Whiteness as property. *Harvard Law Review*, Cambridge, v. 106, n. 8, p. 1709-1791, jun. 1993.

HARTMAN, Saidiya. The belly of the world: a note on Black women's labor. *Souls*: A Critical Journal of Black Politics, Culture, and Society, Chicago, v. 18, n. 1, p. 166-173, 2016.

HARTMAN, Saidiya. *Lose Your Mother*: A Journey Along the Atlantic Slave Rout. New York: Farrar, Straus and Giroux, 2008.

HARTMAN, Saidiya. *Wayward lives, beautiful experiments*: intimate histories of social upheaval. New York: W. W. Norton & Company, 2019.

IPEA. *Os Desafios do Passado no Trabalho Doméstico no Século XXI*: Reflexões sobre o Caso Brasileiro a Partir dos Dados da PNAD. Brasília, 2019.

IDENTIDADE. Intérprete: Jorge Aragão. *In*: Ao Vivo. Intérprete: Jorge Aragão. Indie Records Ltda, 1999 (3min51s).

JACOB, Fernanda. Carta de Meire. Espetáculo Afetos, 2019 (no prelo).

JAMES, C. R. L. *Os jacobinos negros*: Toussaint L'Ouverture e a revolução de São Domingos. Tradução de Afonso Teixeira Filho. São Paulo: Boitempo, 2007.

JAMES, Joy. "The Womb of Western Theory: Trauma, Time Theft and the Captive Maternal". *Carceral Notebooks*, v. 12, 2016. Disponível em: https://sites.williams.edu/jjames/files/2019/05/WombofWesternTheory2016.pdf. Acesso em: 26 abr. 2020.

JESUS, Carolina Maria de. *Quarto de despejo*. São Paulo: Ática, 2019.

JUNQUEIRA, Mariane Oliveira. *Produção da periculosidade nos dossiês de medidas de segurança executadas pelo PAILI – Programa de Atenção Integral ao Louco Infrator – entre os anos de 2014 e 2016.* 2019. Dissertação (Mestrado em Direito) – Universidade de Brasília, Brasília, 2019.

KILOMBA, Grada. *Memórias da Plantação*: Episódios de racismo cotidiano. Rio de Janeiro: Cobogó, 2019.

KOFES, Maria Sueli. *Mulher, Mulheres*: Identidade, Diferença e Desigualdade na relação entre patroas e empregadas. 1991. Tese (Doutorado em Antropologia) – Universidade Estadual de Campinas, Campinas, 1991.

LOPES, Juliana Araújo. *Mulheres negras moldando o Direito Constitucional do Trabalho Brasileiro*: a doméstica, o Feminismo Negro e o Estado Democrático de Direito. 2017. Monografia (Graduação em Direito) – Faculdade de Direito, Universidade de Brasília, Brasília, 2017.

LORDE, Audre. *Irmã outsider*: ensaios e conferências. Tradução de Stephanie Borges. Belo Horizonte: Autêntica Editora, 2019.

LORDE, Audre. Poesia não é um luxo. Tradução de tatiana nascimento. *Traduzidas*, [s. l.], 2013. Disponível em: https://traduzidas.wordpress.com/2013/07/13/poesia-nao-e-um-luxo-de-audre-lorde/. Acesso em: 17 out. 2017.

LOURENÇO FILHO, Ricardo Machado. *Entre continuidade de ruptura*: uma narrativa sobre as disputas de sentido da Constituição de 1988 a partir do direito de greve. 2014. 293f. Tese (Doutorado em Direito) – Universidade de Brasília, Brasília, 2014. Acesso em: https://repositorio.unb.br/handle/10482/17567. Acesso em: 2 out. 2019.

LUCINDA, Elisa. Mulata exportação. *In*: LUCINDA, Elisa. *O Semelhante*. 3. ed. Rio de Janeiro: Edição do autor, 1997. p. 180- 181.

LUHMANN, Niklas. A Constituição como Aquisição Evolutiva. [Tradução realizada a partir do original "Verfassung als evolutionäre Errungenschaft"]. *Rechthistorisches Journal*, v. IX, p. 176-220, 1990. Cotejada com a tradução italiana de FIORE, F. La costituzione comeacquisizione evolutiva. *In*: ZAGREBELSKY, Gustavo; PORTINARO, Pier Paolo; LUTHER, Jörg. *Il Futurodella Costituzione*. Torino: Einaudi, 1996, por Menelick de Carvalho Netto, Giancarlo Corsi e Raffaele DeGiorgi. Notas de rodapé traduzidas da versão em italiano por Paulo Sávio Peixoto Maia (texto não revisado pelo tradutor).

MACHADO, Taís Sant'Anna. Paralelos entre a mãe-preta brasileira e a mammy estadunidense? Sobre a identidade, culinária, raça e diáspora negra. *In*: Jornada de Estudos Negros da UnB, 1., 2016, Brasília. *Anais* [...]. Brasília: UnB, 2016. p. 119-137.

MACHADO, Taís de Sant'Anna. *Um pé na cozinha*: uma análise sócio-histórica do trabalho de cozinheiras negras no Brasil. 2021. 305f. il. Tese (Doutorado em Sociologia) – Universidade de Brasília, Brasília, 2021.

MAEDA, Patrícia. *Interseccionalidade e direitos*: a participação das trabalhadoras na Assembleia Nacional Constituinte. 2020. Tese (Doutorado em Direito) – Universidade de São Paulo, São Paulo, 2020.

MARGARIDO, Larissa Cristina. *Entre discursos e silêncios*: a aprovação da PEC das domésticas na Câmara dos Deputados. 2020. Dissertação (Mestrado em Direito) – Fundação Getúlio Vargas, São Paulo, 2020.

MARKLOUF, Luiz. *1988*: segredos da constituinte. Rio de Janeiro, Record, 2017.

MARTINS, Sérgio Pinto. *Manual do Trabalho Doméstico*. 14. ed. São Paulo, Saraiva, 2018.

MBEMBE, Achille. *Políticas da inimizade*. Lisboa: Antígona, 2017.

MELO, Manuela. *O tratamento da palavra da vítima de estupro pelo Sistema de Justiça*. Criminal: Uma revisão de literatura. 2019. Monografia (Bacharelado em Direito) – Universidade de Brasília, Brasília, 2019.

MENON, Nivedita. *Recovering Subversion*: Feminist Politics Beyond The Law. Chicago, University of Illinois Press, 2004.

MILLS, Charles. *The Racial Contract*. Ithaca, Cornell University Press, 1997.

MOREIRA, N. C.; PAULA, R. F de. O constitucionalismo da falta no Brasil. Revista de *Direito Administrativo e Constitucional*, Curitiba, v. 17, n. 70, p. 93-105, 2017. Disponível em: https://www.revistaaec.com/index.php/revistaaec/article/view/497. Acesso em: 10 jul. 2019.

MORRISON, Toni. *Amada*. Tradução de Siqueira, José Rubens. São Paulo, Companhia das Letras, 2007.

MOURA, Clóvis. *Sociologia do negro brasileiro*. São Paulo: Ática, 1988.

MUNHOZ, Sara Regina. A atuação do "Centrão" na Assembleia Nacional Constituinte: dilemas e contradições. *Revista Política Hoje*, v. 20, n. 1, p. 343-394, 2011. Disponível em: https://periodicos.ufpe.br/revistas/politicahoje/article/view/3816. Acesso em: 17 jan. 2022.

NASCIMENTO, Beatriz. *Beatriz Nascimento*: quilombola e intelectual. São Paulo: Editora Filhos da África, 2018.

NASCIMENTO, Guilherme; DUARTE, Evandro; QUEIROZ, Marcos. O silêncio dos juristas: a imunidade tributária sobre templo de qualquer culto e as religiões de matriz africana à luz da constituição de 1988. *Revista Quaestio Iuris*, Rio de Janeiro, v. 10, n. 2, p. 1162-1180, 2017.

NÃO IDENTIFICADO. Intérprete: Gal Costa. Compositor: Caetano Veloso. *In*: Gal Costa. Intérprete: Gal Costa. Rio de Janeiro, Universal Music Ltda., Warner Chappell Music, 1968. Digital, (3:18 min).

NERIS, Natália. *A voz e a palavra do movimento negro na Constituinte de 1988*. São Paulo: Casa do Direito, 2018.

NOBRE, Marcos. Luta por reconhecimento: Axel Honneth e a Teoria Crítica (Apresentação). *In*: HONNETH, Axel. *Luta por Reconhecimento*: a gramática moral dos conflitos sociais. Tradução de Luiz Repa. São Paulo: Editora 34, 2003, p. 7-19.

NUCCI, Guilherme de Souza. *Manual de Direito Penal*. 10. ed. Rio de Janeiro: Forense, 2014.

OLIVEIRA, Adriana Vidal de. *A Constituição da Mulher Brasileira*: Uma análise dos estereótipos de gênero na Assembleia Constituinte de 1987-1988 e suas consequências no texto constitucional. 2012. Tese (Doutorado em Direito) – Pontifícia Universidade Católica, Rio de Janeiro, 2012.

OLIVEIRA, Aristeu de. *Manual Prático do Trabalhador Doméstico*: da contratação ao desligamento. Atlas, 2016.

OLIVEIRA, Creuza Maria. Em: Entrevista ao portal Blogueiras Negras na III Conferência Nacional de Promoção da Igualdade Racial – CONAPIR no ano de 2013. [*S. l.: s. n.*], 2013. 1 vídeo (47min22s). Disponível em: https://www.youtube.com/watch?v=CjG4zfPomoM. Acesso em: 30 jun. 2019.

OLIVEIRA, D. C. Análise de Conteúdo Temático-Categorial: Uma proposta de sistematização. *Revista Enfermagem UERJ*, Rio de Janeiro, v. 16, n. 4, p. 569-76, out./dez. 2008. Disponível em: https://pesquisa.bvsalud.org/portal/resource/pt/lil-512081. Acesso em: 3 fev. 2022.

OLIVEIRA, Mauro Márcio. *Fontes de informações sobre a Assembleia Nacional Constituinte de 1987*: quais são, onde buscá-las e como usá-las. Brasília: Senado Federal, Subsecretaria de Edições Técnicas, 1993.

OYĚWÙMÍ, Oyèrónké. *The invention of women*. London: University of Mineapolis Press, 1997.

OYĚWÙMÍ, Oyèrónké. Conceituando o gênero: os fundamentos eurocêntricos dos conceitos feministas e o desafio das epistemologias africanas. Tradução para uso didático de Oyèrónke OyěWùmi. 'Conceptualizing Gender: The Eurocentric Foundations of Feminist Concepts and the challenge of African Epistemologies. *In*: *African Gender Scholarship*: Concepts, Methodologies and Paradigms. Dakar: CODESRIA, 2004. v. 1, p. 1-8.

OYĚWÙMÍ, Oyèrónké. Matripotência: Iyá nos conceitos filosóficos e instituições sociopolíticas [iorubás]. Tradução para uso didático de Oyèrónke OYĚWùmi.'' *In*: *Matripotency*: Ìya ín philosophical concepts and sociopolitical institutions. What Gender is Motherhood? Nova Iorque: Palgrave Macmillan, 2016. p. 57-92.

PAIXÃO, Cristiano; FRISSO, Giovanna. Usos da memória: as experiências do holocausto e da ditadura no Brasil. *Lua Nova*, São Paulo, v. 97, p. 191-212, 2016.

PENSAR Africanamente. "A pensadora é... Lélia Gonzalez". [*S. l.: s. n.*], 2020. 1 vídeo (2h43min.). Disponível em: https://www.you- tube.com/watch?v=DW1k-Z9yzkI8&t=2745s. Acesso em: 18 jul. 2020.

PILATTI, Adriano. *A Constituinte de 1987-1988*: progressistas, conservadores, ordem econômica e regras do jogo. Rio de Janeiro: Lumen Juris, 2008.

PINHO, Angela; ESTARQUE, Marina. *Negros são menos de 1% entre advogados de grandes escritórios, diz pesquisa. Folha de São Paulo*, São Paulo, 2 jun. 2019.

PINTO, Elisabete Aparecida. *Etnicidade, gênero e educação*: trajetória de vida de Laudelina de Campos Mello. São Paulo: Anita Garibaldi, 2015.

PIRES, Thula. *Colorindo memórias e redefinindo olhares*: Ditadura Militar e Racismo no Rio de Janeiro. Relatório de Pesquisa. Rio de Janeiro, Comissão da Verdade do Rio, 2015.

PIRES, Thula. Por um constitucionalismo ladinoamefricano. *In*: BERNARDINO--COSTA, J.; MALDONADO-TORRES, N.; GROSFOGUEL, R. (org.). *Decolonialidade e pensamento afrociaspórico*. Belo Horizonte: Autêntica Editora, 2018, p. 285-303.

PIRES, Thula. *Criminalização do racismo*: entre política de reconhecimento e meio de legitimação do controle social dos não reconhecidos. 2013. Tese (Doutorado em Direito) – Pontifícia Universidade Católica, Rio de Janeiro, 2013.

PIRES, Thula. Legados de Liberdade. *Revista Culturas Jurídicas*, Niterói, v. 8 n. 20, p. 291-316, 2021. (Dimensões de interseccionalidade e culturas jurídicas no contexto pandêmico).

QUEIROZ, Marcos Vinícius Lustosa. *Constitucionalismo brasileiro e o Atlântico Negro*: a experiência constitucional de 1823 diante da Revolução Haitiana. 2017. Dissertação (Mestrado em Direito) – Universidade de Brasília. Brasília, 2017.

QUEIROZ, Marcos. *No aniversário de 70 anos da Sueli Carneiro...* Brasília, 24 jun. 2020. Disponível em: https://twitter.com/marcosvlqueiroz/status/1275809688450367488. Acesso em: 3 jul. 2020.

RAMOS, Gabriela Batista Pires Ramos. *"Como se fosse da família"*: o trabalho doméstico na Assembleia Nacional Constituinte de 1987/1988. 2018. Dissertação (Mestrado em Direito) – Universidade Federal da Bahia, Salvador, 2018.

RANCIÈRE, Jacques. O conceito de anacronismo e a verdade do historiador. *In*: SALOMON, Marlon (org.). *História, verdade e tempo*. Chapecó: Ed. Argos, 2011. p. 21-50.

RARA, Preta. *Eu, Empregada Doméstica*: a senzala moderna é o quartinho da empregada. Belo Horizonte, Letramento, 2019.

RATTS, Alex; RIOS, Flávia Lélia Gonzalez. *Retratos do Brasil Negro*. São Paulo: Selo Negro, 2010

RIOS, Flávia Mateus. *Elite Política Negra no Brasil*: Relação entre movimento social, partidos políticos e Estado. 2014. Tese (Doutorado em Sociologia) – Universidade de São Paulo, São Paulo, 2014.

ROBERTS, Dorothy. *Killing the Black Body*: Race, Reproduction, and the Meaning of Liberty. New York: Vintage Books, 1997.

ROCHA, Antônio Sérgio. Genealogia da constituinte: do autoritarismo à democratização. *Lua Nova*: Revista de Cultura e Política, CEDEC, n. 88, p. 29-87, 2013. Disponível em: http://repositorio.unifesp.br/handle/11600/7561. Acesso em: 27 ago. 2020.

RODRIGUES, Leôncio Martins. *Quem é Quem na Constituinte*: uma Análise Sócio-política dos Partidos e Deputados. São Paulo: Maltese, 1987.

RONCADOR, Sônia. *A doméstica imaginária*: literatura, testemunhos e a invenção da empregada doméstica no Brasil (1889-1999). Brasília: Editora Universidade de Brasília, 2008.

ROSENFELD, Michel. *A identidade do sujeito constitucional*. Tradução de Menelick de Carvalho Netto. Belo Horizonte: Mandamentos, 2003.

ROUSSO, Henry. "Nosso tempo" e "Diante do trágico". *In:* ROUSSO, Henry. *A última catástrofe*: a história, o presente, o contemporâneo. Tradução de Fernando Coelho e Francisco Coelho. Rio de Janeiro: FGV, 2016.

SANTANA, Raquel Leite da Silva. *O trabalho de cuidado remunerado em domicílio como espécie jurídica do trabalho doméstico no Brasil*: uma abordagem justrabalhista à luz da trilogia literária de Carolina Maria de Jesus. 2020. 255f. Dissertação (Mestrado em Direito) – Universidade de Brasília, Brasília, 2020.

SANTOS, Aloysio. *Manual de Contrato de Trabalho Doméstico*: direitos, deveres e garantias dos empregados e empregadores domésticos. 5. ed. Rio de Janeiro, Forense, 2015.

SANTOS, Judith Karine Cavalcanti. *Quebrando as correntes invisíveis*: uma análise crítica do trabalho doméstico no Brasil. 2010. 120 f. Dissertação (Mestrado em Direito) – Universidade de Brasília, Brasília, 2010.

SANTOS, Martha M. "Slave Mothers", Partus Sequitur Ventrem, and the Naturalization of Slave Reproduction in Nineteenth- Century Brazil. *Tempo*. Niterói, v. 22, n. 41, p. 467-484, set./dez. 2016. Disponível em: https://www.scielo.br/scielo.php?script=sci_arttext&pid=S1413-77042016000300467. Acesso em: 2 jul. 2020.

SANTOS, Tainá Aparecida Silva. Histórias de mulheres negras no mercado de trabalho: caminhos trilhados e trajetos que ainda podem ser percorridos. *In*: SILVA, Lúcia Helena Oliveira; RODRIGUES, Jaime; SOUZA, Airton Feliz Silva. *Escravidão e liberdade* [recurso eletrônico]: estudos sobre gênero & corpo, memória & trabalho. São Paulo: FFLCH, 2023. (História Diversa, v. 30).

SANTOS, Talita Najara da Silva. *Yalodês* – Mulheres negras na encruzilhada do Direito Achado na Rua: A centralidade racial nas Promotoras Legais Populares do Distrito Federal. 2018. Monografia (Graduação em Direito) – Faculdade de Direito, Universidade de Brasília, 2018.

SARAPU, Thais Macedo Martins; SARAPU, Daniel Vieira. M*anual Prático do Trabalho Doméstico*. Belo Horizonte: RTM, 2018. (kindle).

SCHWARCZ, L. M. *O espetáculo das raças*: Cientistas, instituições e questão racial no Brasil do século XIX. São Paulo: Companhia das Letras, 1993.

SILVA, Denise Ferreira da. À brasileira: racialidade e a escrita de um desejo destrutivo. *Revista Estudos Feministas.*, Florianópolis, v. 14, n. 1, p. 61-83, abr.

2006. Disponível em: http://www.scielo.br/scielo.php?script=sci_arttext&pid=S0104-026X2006000100005&lng=pt&nrm=iso. Acesso em: 23 nov. 2017.

SILVA, Denise Ferreira da. *A Dívida Impagável*. Oficina de Imaginação Criativa e Living Commons. Tradução de Packer, Amilcar, Daher, Pedro. São Paulo, 2019.

SILVA, Denise Ferreira da. *Toward a global idea of race*. Minneapolis: University of Minnesota Press, 2007.

SILVA, Vanessa Rodrigues. *"Escravizados livres"*: crítica ao discurso jurídico sobre a história do direito do trabalho a partir da representação historiográfica do trabalho escravo. 2015. 90f. Monografia (Bacharelado em Direito) – Universidade de Brasília, Brasília, 2015.

SILVA, Isadora Brandão Araujo da. *Da invisibilização ao reconhecimento institucional*: limites da proteção jurídica das empregadas domésticas. 2016. Dissertação (Mestrado em Direito) – Universidade de São Paulo, São Paulo, 2016.

SOUSA, Maria Sueli R. de *et al*. *Dossiê Esperança Garcia*: Símbolo de Resistência na Luta pelo Direito. Teresina/PI: EDUFPI, 2017.

SOUZA, Flávia Fernandes de. *Criados, escravos e empregados*: o serviço doméstico e seus trabalhadores na construção da modernidade brasileira. 2017. Tese (Doutorado em História) – Universidade Federal Fluminense, Niterói, 2017.

STRANGE Fruit. Intérprete: Billie Holiday. Compositor: Lewis Allan. In: Billie Holiday Verve Reissues, 1957.

TATE, Shirley Anne. Descolonizando a raiva: a teoria feminista negra e a prática nas universidades do Reino Unido. *In*: BERNARDINO-COSTA, J.; MALDONADO-TORRES, N.; GROSFOGUEL, R. (org.). *Decolonialidade e pensamento afrociaspórico*. Belo Horizonte, Autêntica Editora, 2018, p. 183-201.

TRABALHO Escravo e Gênero. *Repórter Brasil*, [*s. l.*], 2021. Disponível em: https://escravonempensar.org.br/biblioteca/trabalho-escravo-e-genero/. Acesso em: 14 nov. 2023.

Vida Loka Parte 1. Intérprete: Racionais MC's. Compositor: Mano Brown. *In*: Nada Como um Dia Após o Outro Dia, Vol. 1 & 2. Intérprete: Racionais MC's. Boogie Naipe, 2002 (5min3s).

VIEIRA, Regina Stela Corrêa. *O cuidado como trabalho*: uma interpelação do direito do trabalho a partir da perspectiva de gênero. 2018. Tese (Doutorado em Direito) – Universidade de São Paulo, São Paulo, 2018.

VON MARTIUS, Carlos Frederico. Como se deve escrever a história do Brasil. *Jornal do Instituto Histórico e Geográfico Brasileiro*, Rio de Janeiro, n. 24, p. 401-402, jan. 1845.

WERNECK, Jurema. De Ialodês e Feministas: Reflexões sobre a ação política das mulheres negras na América Latina e Caribe. *Mulheres Rebeldes*, [s. l.], 2008. Disponível em: http://mulheresrebeldes.blogspot.com/2008/10/de-ialods-e-feministas.html. Acesso em: 26 jan. 2024.

Playlists

Capítulo 1

UM CORPO no Mundo. Intérprete: Luedji Luna. Compositor: Luedji Luna. *In*: Um Corpo do Mundo. Intérprete: Luedji Luna. [*S. l.*]: YB Music, 2017. (6:25 min).

ESCUTA Beatriz Nascimento. Intérprete: Zé Manoel, Beatriz Nascimento. Compositor: Zé Manoel. *In*: Do Meu Coração Nu. Intérprete: Zé Manoel. [*S. l.*]: Joia Moderna, 2020. (3:41 min).

LAMENTO Sertanejo. Intérprete: Gilberto Gil. Compositor: Dominguinhos, Gilberto Gil. *In*: As canções de eu, tu, eles. Intérprete: Gilberto Gil. [*S. l.*]: WM Brazil, 1999. (4:21 min).

A VIDA do Viajante (feat Gonzaguinha). Intérprete: Luiz Gonzaga, Gonzaguinha. Compositor: Hervê Cordovil, Luiz Gonzaga. *In*: Baião de Dois. Intérprete: Luiz Gonzaga. [*S. l.*]: Sony BMG Music Entertainment, 2012. (3:37 min)

DE VOLTA Pro Aconchego. Intérprete: Elba Ramalho. Compositor: Dominguinhos, Nando Cordel. *In*: Fogo na Mistura. Intérprete: Elba Ramalho. [*S. l.*]: Universal Music Ltda., 1985. (4:38 min).

ENSABOA. Intérprete: Cartola. Compositor: Cartola. *In*: Cartola (1976). Intérprete: Cartola. [*S. l.*]: Universal Music Ltda., 1976. (3:23 min).

NÃO IDENTIFICADO. Intérprete: Gal Costa. Compositor: Caetano Veloso. *In*: Gal Costa. Intérprete: Gal Costa. [*S. l.*]: Universal Music Ltda., Warner Chappell Music, 1968. (3:18 min).

MULHER do Fim do Mundo. Intérprete: Elza Soares. Compositor: Alice Coutinho, Romulo Fróes. *In*: A Mulher do Fim do Mundo. Intérprete: Elza Soares. [*S. l.*]: Circus Produções Culturais & Fonográficas, 2016. (4:48 min).

Capítulo 2

BOA Esperança. Intérprete: Emicida, J. Ghetto. Compositor: Leandro Roque de Oliveira, Vinícius Leonard Moreira. *In*: Sobre Crianças, Quadris, Pesadelos e Lições de Casa. Intérprete: Emicida. [*S. l.*]: Laboratório Fantasma, 2015. (3:03 min).

DA PONTE pra Cá. Intérprete: Racionais MC's. Compositor: Mano Brown. *In*: Nada Como um Dia Após o Outro Dia, Vol. 1 & 2. Boogie Naipe, 2002. (8:47 min).

MLK 4TR3V1D0. Intérprete: Djonga, Coyote Beatz. Compositor: Djonga. *In*: Ladrão. Intérprete: Djonga, Coyote Beatz. [*S. l.*]: Ceia, 2019. (1:16 min).

COISA de Pele. Intérprete: Jorge Aragão. Compositor: Acyr Marques, Jorge Aragão. *In*: Ao Vivo. Intérprete: Jorge Aragão. [*S. l.*]: Indie Records Ltda, 1999. (3:56 min).

NÃO DEIXE o Samba Morrer. Intérprete: Alcione. Compositor: Aloisio, Borges Edson. *In*: A Voz do Samba. Intérprete: Alcione. [*S. l.*]: Universal Music Ltda, 1974. (4:27 min),

BOA NOITE. Intérprete: Karol Conka. Compositor: Karol Conka, Nave. *In*: Batuk Freak. [*S. l.*]: Elemess, 2013. (2:46 min).

PARTY – Homecoming Live. Intérprete: Beyoncé. Compositor: Andre 3000, Beyonce, Dexter R. Mills, Douglas Davis, Jeff Bhasker, K. West, Ricky Walters. *In*: Homecoming: The Live Album. Intérprete: Beuoncé. [*S. l.*]: Columbia, 2019. (3:47 min).

INTRO. Intérprete: Ms. Lauryn Hill. Compositor: Spoken Word. *In*: The Misseducation of Lauryn Hill. Intérprete: Ms. Lauryn Hill. [*S. l.*]: Ruffhouse: Columbia, 1998. (0:47 min).

Capítulo 3

BABÁ alapalá. Intérprete: Zezé Motta. Compositor: Gilberto Gil. *In*: Zezé Motta. Intérprete: Zezé Motta. [*S. l.*]: WM Brazil, 1977. (3:50).

ME LIBERTEI. Intérprete: Toni Tornado. Compositor: Frankye, Toni Bizarro. *In*: B.R.3. Intérprete: Toni Tornado. [*S. l.*]: EMI Brazil, 1970. (3:37 min).

NÃO CHORE Mais. Intérprete: Gilberto Gil. Compositor: Vincent Ford, Gilberto Gil. *In*: Realce. Intérprete: Gilberto Gil. [*S. l.*]: Palco, 1979. (4:36).

DIVINO Maravilhoso. Intérprete: Gal Costa. Compositor: Caetano Veloso, Gilberto Gil. *In*: Gal Costa. Intérprete: Gal Costa. [*S. l.*]: Universal Music Ltda, Warner Chappell Music, 1968. (4:20 min).

COMO NOSSOS Pais. Intérprete: Elis Regina. Compositor: Belchior. *In*: Falso Brilhante. Intérprete: Elis Regina. [*S. l.*]: Universal Music Ltda, 1976. (4:21 min).

NADA SERÁ Como Antes. Intérprete: Milton Nascimento, Beto Guedes. Compositor: Milton Nascimento, Ronaldo Bastos. *In*: Clube da Esquina. Intérprete: Milton Nascimento, Lô Borges. [*S. l.*]: Universal Music Ltda, 1972. (3:24 min).

AFRICA Brasil (Zumbi). Intérprete: Jorge Ben Jor. Compositor: Jorge Ben Jor. *In*: Africa Brasil. Intérprete: Jorge Ben Jor. [*S. l.*]: Universal Music Ltda, 1975. (3:47 min).

APESAR de Você – Live. Intérprete: Péricles. Compositor: Chico Buarque. *In*: Samba Social Clube Volume 6 – Chico (Live). [*S. l.*]: Universal Music Ltda, 2013. (3:57 min).

Capítulo 4

MEU GURI – Ao Vivo. Intérprete: Elza Soares. Compositor: Chico Buarque. In: Beba-Me (Ao Vivo Deluxe). Intérprete: Elza Soares. [*S. l.*]: Biscoito Fino, 2020 (1:08 min).

MÃE. Intérpretes: Emicida, Dona Jacira, Anna Tréa. Compositor: Eduardo dos Santos Balbino, Jacira Roque de Oliveira, Leandro Roque de Oliveira, Renan Lelis Gomes. *In*: Sobre Crianças, Quadris, Pesadelos e Lições de Casa... Intérprete: Emicida. [*S. l.*]: Laboratório Fantasma, 2015 (4:58 min).

RAP do Silva. Intérprete: Bom Rum. Compositor: Bob Rum. *In*: Perfil. Intérprete: Bob Rum. Bom Rum Produções, 2018. (4:13).

AMERICA HAS A PROBLEM. Intérprete: Beyoncé. Compositor: Mike Dean, The-Dream, Andrell D. Rogers, Beyoncé, S. Carter, Terius "The-Dream" Gesteelde-Diamant. *In*: RENAISSANCE. Intérprete: Beyoncé. [*S. l.*]: Parkwood Entertainment/ Columbia, Warner Chappell Music, 2022. (3:18).

UM DEFEITO de Cor. Interprete: Rio Carnaval, Portela, Gilsinho. Compositor: André do Posto Sete, Bira, Hélio Porto, Jefferson Oliveira, Rafael Gigante, Ubirajara

Marques – Bira, Vinícius Ferreira, Wanderlei Monteiro. *In*: Sambas de Enredo Rio Carnaval 2024. [*S. l.*]: Rio Carnaval – Edimusa, 2023. (4:54 min).

MARINHEIRO Só. Intérprete: Clementina de Jesus. Compositor: Caetano Veloso. *In*: Para Sempre. Intérprete: Clementina de Jesus. [*S. l.*]: EMI Brazil, 2000. (1:52 min).

BATUQUE na Cozinha. Intérpretes: Pixinguinha, Clementina de Jesus, João da Baiana. Compositor: João Baiana. *In*: Gente da Antiga. Intérpretes: Pixinguinha, Clementina de Jesus, João da Baiana. [*S. l.*]: EMI, 1968. (3:22 min).

DURA na Queda – Ao Vivo. Intérprete: Elza Soares. Compositor: Chico Buarque. *In*: Beba-Me (Ao Vivo Deluxe). Intérprete: Elza Soares. [*S. l.*]: Biscoito Fino, 2020. (3:38 min).

Capítulo 5

LEIA o Livro Universo em Desencanto. Intérprete: Tim Maia. Compositor: Sebastião Maia. *In*: Racional Vol. I. Intérprete: Tim Maia. [*S. l.*]: Vitória Régia Discos Ltda, 1975. (2:42 min).

DIZ Quanto Custa. Intérpretes: Liniker, Tassia Reis. Compositor: Liniker, Mahmundi, Tassia Reis, Vitor Hugo. *In*: Indigo Borboleta Anil. Intérprete: Liniker. [*S. l.*]: Liniker, 2021. (3:22 min).

OUÇA-ME RMX. Intérprete: Tassia Reis. Compositor: Carlos Eduardo, Renan Sabino, Tassia Reis. *In*: Outra Esfera. Intérprete: Tassia Reis. [*S. l.*]: Tassia Reis, 2016. (3:56 min).

FALSA Abolição. Intérprete: Preta Rara, Joyce Fernandes. Compositor: Joyce Fernandes. *In*: Audacia. Intérprete: Preta Rara. OQProduções, 2015. (5:48 min).

RITO de Passá. Intérprete: Mc Tha. Compositor: Thais Dayane da Silva. *In*: Rito de Passá. [*S. l.*]: Elemess, 2019. (3:21 min).

TESTANDO. Intérprete: Ellen Oléria, Alexandre Silveira de Castilho. Compositor: Ellen Oléria. *In*: Ellen Oléria. Intérprete: Ellen Oléria. [*S. l.*]: Universal Music Ltda, 2012. (4:11 min).

MARAVILHA Marginal. Intérprete: Letícia Fialho. Compositor: Letícia Fialho. *In*: Maravilha Marginal. Intérprete: Letícia Fialho. [*S. l.*]: Letícia Fialho e a Orquestra de Rua, 2017. (3:33 min).

HISTÓRIA Antiga. Intérprete: Zé Manoel. Compositor: Zé Manoel. *In*: Do Meu Coração Nu. Intérprete: Zé Manoel. [*S. l.*]: Joia Moderna, 2020. (5:14 min).

Capítulo 6

MULATA Exportação. Intérprete: Elisa Lucinda. Compositor: Elisa Lucinda. *In*: O Semelhante. Intérprete: Elisa Lucinda. [*S. l.*]: Rob Digital, 2000. (2:03 min).

A CARNE. Intérprete: Elza Soares. Compositor: Marcelo Yuka, Seu Jorge, Ulisses Cappelette. *In*: Do Cóccix Até o Pescoço. Intérprete: Elza Soares. [*S. l.*]: Dubas Musica, 2002. (3:39 min).

DELAÇÃO Premiada. Intérprete: Mc Carol, Leo Justi. Compositor: Carolina de Oliveira Lourenço, Leo Justi. *In*: Bandida. Intérprete: Mc Carol. [*S. l.*]: Heavy Baile, 2016. (3:06 min).

VAI malandra (feat Tropikillaz & DJ Yuri Martins). Intérprete: Anitta, ZAAC, Maejor, Tropkillaz, DJ Yuri Martins. Compositor: Anitta, Maejor, Tropkillaz, ZAAC. *In*: Vai Malandra (feat Tropkillaz & DJ Yuri Martins). [*S. l.*]: WM Brazil, 2017. (3:21 min).

SALVE. Intérprete: Tasha & Tracie, JXNNV$, Pizzol. Compositor: Tasha, Tracie. *In*: Salve. Intérprete: Tasha & Tracie, JXNV$. [*S. l.*]: ceia ent, 2020. (3:12 min).

BITCH Better Have My Money. Intérprete: Rihanna. Compositor: Ebony Oshun-rinde, Badriia "Bibi"Bourelly, Jacques Webster, Jamille Pierre, Kanye West, Robyn Fenty. *In*: Bitch Better Have My Money. [*S. l.*]: Roc Nation/Rihanna, BMG Publishing, 2015. (3:39 min).

DON'T HURT Yourself (feat. Jack White). Intérprete: Beyoncé, Eric Gorfain, Jack White. Compositor: Beyoncé, Diana Gordon, Jack White, James Page, John Bonham, John Paul Jones, Robert Plant. *In*: Lemonade. Intérprete: Beyoncé. [*S. l.*]: Parkwood Entertainment/Columbia, 2016. (3:53).

SINNERMAN. Intérprete: Nina Simone. Compositor: Nina Simone. *In*: Pastel Blues. Intérprete: Nina Simone. [*S. l.*]: Verve Reissues, 1965. (10:22 min).

Capítulo 7

CANTO de Oxum/Inscrição. Intérprete: Maria Bethânia. Compositor: Sophia de Mello Breyner, Toquinho, Vinícius de Moraes. *In*: Mar de Sophia. Intérprete: Maria Bethânia. [*S. l.*]: Biscoito Fino, 2005. (5:14 min).

AIN'T GOT No. Intérprete: Luedji Luna, Conceição Evaristo. Compositor: Galt MacDermont, Gerome Ragni, James Rado. *In*: Bom Mesmo é Estar Debaixo D'água. Intérprete: Luedji Luna. [*S. l.*]: Luedji Luna, 2020. (2:48).

UMA CANÇÃO Pra Você (Jaqueta Amarela). Intérprete: As Baías. Compositor: Assucena. *In*: Mulher. Intérprete: As Baías. [*S. l.*]: Pomm_elo, 2015. (5:16 min).

TRISTE, Louca ou Má. Intérprete: Francisco, el Hombre, Labaq, Helena Maria, Salma Jô, Renata Éssis. Compositor: Andrei Martinez Kozyreff, Juliana Strassacapa, Mateo Piracés-Ugarte, Rafael Gomes, Sebastián Piracés-Ugarte. *In*: Soltasbruxa. Intérprete: Francisco, el Hombre. [*S. l.*]: Francisco, el Hombre, 2016.

GATAS Extraordinárias. Intérprete: Cássia Eller. Compositor: Caetano Veloso. *In*: Com Você... Meu Mundo Ficaria Completo. Intérprete: Cássia Eller. [*S. l.*]: Universal Music Ltda, Warner Chappell Music, 1999. (3:35 min).

A PAIXÃO Tem Memória. Intérprete: Alcione. Compositor: Ed Wilson, Solange. *In*: A Paixão Tem Memória. Intérprete: Alcione. [*S. l.*]: Universal Music Ltda, 2000. (4:28 min).

MARIA da Vila Matilde. Intérprete: Elza Soares. Compositor: Douglas Germano. *In*: A Mulher do Fim do Mundo. Intérprete: Elza Soares. [*S. l.*]: Circus Produções Culturais & Fonográficas, 2015. (3:44 min).

UANGA. Intérprete: Luedji Luna, Lande Onawale. Compositor: Lande Onawale. *In*: Bom Mesmo é Estar Debaixo D'água. Intérprete: Luedji Luna. [*S. l.*]: Luedji Luna, 2020. (1:08 min).

Capítulo 8

PONTA de Lança (Verso Livre). Intérprete: Rincon Sapiência. Compositor: Rincon Sapiência. *In*: Ponta de Lança (Verso Livre). Intérprete: Rincon Sapiência. [*S. l.*]: Boia Fria Produções, 2016. (3:34 min).

CIRANDA. Intérprete: Heany baile, Leo Justi, Goes. Compositor: Gabriel A. Oliveira, Leo Justi. *In*: Ciranda. Intérprete: Heavy Baile, Leo Justi, Goes. [*S. l.*]: Heavy Baile Sounds, 2019. (3:02 min).

A PRAIEIRA. Intérprete: Chico Science, Nação Zumbi. Compositor: Chico Science. *In*: Da Lama Ao Caos. Intérprete: Chico Science, Nação Zumbi. [*S. l.*]: Chaos, 1994 (3:36 min).

SULAMERICANO. Intérprete: BaianaSystem, Manu Chao. Compositor: Jose-Manuel Thomas Arthur Chao, Marcelo Seko, Roberto Barreto, Russo Passapusso. *In*: O Futuro Não Demora. [*S. l.*]: Máquina de Louco, 2019. (4:06 min).

ENQUANTO Engomo a Calça. Intérprete: Ednardo. Compositor: Climério, Ednardo. *In*: Ednardo. Intérprete: Ednardo. [*S. l.*]: Sony BMG Music Entertainment, 1979. (3:33 min).

ALRIGHT. Intérprete: Kendrick Lamar. Compositor: Pharrell Williams, Sounwave, Kendrick Lamar, M. Spears, P. Williams. *In*: To Pimp a Butterfly. [*S. l.*]: Aftermath, Sony Music Publishing, 2015. (3:39 min).

DEIXA a Gira Girar. Intérprete: Os Tincoãs. Compositor: Dadinho, Heraldo, Mateus. *In*: Welcome To The ORISHAS HOMELAND – In The Rhythm Of Nature And Faith. Intérpretes: Clara Nunes, Zeca Pagodinho, Gal Costa, Jorge Ben Jor, Teresa Cristina, Grupo Semente, Alcione, Fafá de Belém, Clementina de Jesus, Elba Ramalho, Ronnie Von, Leci Brandão, Noriel Vivela, Angela Maria, Os Tincoãs. [*S. l.*]: Universal Music Ltda, 2012. (3:11 min).

OBATALÁ. Intérprete: Metá Metá. Compositor: Kiko Dinucci. *In*: Metá Metá. Intérprete: Metá Metá. [*S. l.*]: YB Music, 2011. (7:54 min).